異端思想の500年

グローバル思考への挑戦

大津真作

学術選書 073

京都大学学術出版会
KYOTO UNIVERSITY PRESS

異端思想の５００年◉目　次

目次

はじめに

私は歴史が決定されているということも、人間には道徳的選択を行ない自由意志を働かせる能力があるということも、どちらも容易に信じることができる。

マーヴィン・ハリス

一般に、考える力や思考する自由は、個人を取り囲む外的な環境圧力とのあいだに相互関係を成り立たせている。思考する自由は、さまざまな学問的成果を産み、それが環境を変えていくマルチチュード（多数者）の力と結びついて、われわれにとって、より自由な環境を作り出し、われわれをより幸せにする。

一方、絶えず変化していく環境は、人間の考える力を制限し、既成観念のなかにわれわれを閉じ込めようとする。既成観念が幅を利かせる環境であればあるほど、われわれの理性は、考える力を行使する必要がなくなって、眠りに入ってしまう。

ところが、この状態のなかに、ごく少数ではあるが、現状には満足せずに環境を変えようとする思想が必ず生まれてくる。それは既成の環境に負けない強靭な思考力を持つ思想家が環境圧力に抗して作り出す新たな観念連合体である。それが育っていけば、やがては、それがマルチチュードを獲得することになる。

こうしたダイナミックな思考と環境の力関係を合理的に説明する哲学的、科学的方法論に立って、本書は、宗教、政治、グローバリゼーション、近代経済に関して批判的・異端的な思想を展開した思想家たちを、中世ヨーロッパの末期から、一八世紀末までの歴史空間のなかで、検討の俎上に載せ、彼らが抱いた異端的思想が未来の常識になる可能性を持っていることを紹介しようとしている。その意味では、本書は、スピノザの哲学的方法論とマーヴィン・ハリスの人類学的方法論とを思想史に適用した、いわば「思考と環境の力関係史」となっている。

思考にも、思考するための「力」が必要である。知ろうとする「力」、学ぼうとする「力」、書こうとする「力」、発表しようとする「力」、意見を聞こうとする「力」、反省する「力」……。思考活動の一切に、活動という名にふさわしく「力」が必要である。

この「力」は、感覚のように、条件反射的側面を持っている。残酷なものや嫌なものや怖いものは見たくないように、人間の思考のなかにも、条件反射的に思考対象を排除しようとする「力」が働いてしまう。だから、そこから立ち直って、思考活動を再開するのには、とても勇気がいる。人間にあっては、勇気と力は同義だから、思考には勇気が必要であるということになる。

しかし、古代ギリシア哲学者のアリストテレスが勇気を徳目のひとつに数え入れていることからもわかるように、勇気のある人間は、昔からあまりいない。なぜだろうか？　それは、思考する個人に、言い知れぬ環境の圧「力」がかかっているからだ。

思考はなんらかの実体ではないから、それそのものになにか力が備わっているわけではない。常識では、そうは考えられていないのだが、思考はみずからのうちに、思考を導き出す力の源泉を持ってはいない。というのも、思考には、必ず思考「対象」が必要だからだ。

これはデカルトの懐疑論法を考えてみれば一目瞭然である。なにもかも疑って、なにもなくなったかというと、そうではない。無を考えることは、無限を考えることができないのと同様、人間にはできない。結局、彼は「我」という思考対象に行き着いたのではないだろうか。およそ、懐疑論であれ、不可知論であれ、すべては相対的だなどと考える超相対主義論者であれ、すべての疑り深い人間が持っている究極の思考対象がこの「我」つまり自己という観念的な思考対象であることは明白である。

常識には反して思考は、純粋なものではなく、思考対象があってはじめて開始される。それは、いわば対象の従属関数である。ところで、対象すなわちobjectという言葉は、ご存知のように外界の物体であり、思考対象というときには、心のなかに浮かぶそのダミーのことを指す。したがって、外界に、その断片が存在しないダミーを思い浮かべられる人間は残念ながらひとりもいない。そんな超想像力を持ち合わせる人間がいたとしたら、それは神である。だから、思考のなかで、このダミーは外界の環境の「力」を代表しているわけである。

想像「力」と言うくらいだから、想像するのは自由だなどと誤解してはいけないことになる。想像も拘束されている。このように思考は、すべて思考対象に拘束されている。思考は自由ではない。想像も自由ではない。対象によって拘束されている。その対象は、環境のダミーである。

この思考対象が思考を妨げるのである。心のなかでのダミーであっても、それは、対象であるかぎり、思考のなかでは力を代表しており、観念連合のなかで、力を発揮する。これがわれわれの思考という「神の属性」（スピノザ）を妨害する源である。

ところで、思考力は、わが雑然たる頭のなかでは、条件反射の力と区別がつかない。思考力は理性で、条件反射は、感性だと言ってみたところではじまらない。その間の区別は、相対的なもので、より理性的であるか、それとも、より理性的でないかの違いであり、これは結局言葉の違いだけで、現実の相違ではない。

われわれは、恐怖感や嫌悪感を抱いたときに思わず目をつぶったり、目を背けたりするが、この条件反射的反応が思考を妨げる要因になるのは、それが身体を動かすからである。ものが見えないということは、思考対象がなくなるということである。思考対象が目の前から消えてなくなれば、思考はもう一度、その思考対象を思い浮かべるまで働かない。しかし、思い出したくもない光景であれば、もはや、そんな思考対象を相手にしようとも思わなくなるのである。これが現実を見る勇気と思考力が結びついている例である。

そうすると、思考対象がエボラ熱にかかった患者であれば、患者を助けようと思うだけでも、とても勇気がいることになるだろう。差別感を持っていればなおのことである。この患者＝客体を思考対象にするには、理性に裏打ちされた勇気がとても必要になってくる。だから、医学を志すには勇気がいるのである。医学を学ぶ学生は、解剖の現場に立ち会う勇気を持っていなければ、良き臨床医にはなれないだろう。

人間存在の惨めさや無力さを見なければならない哲学、倫理学、文学、法律学、教育学、社会学……などの学問は学ぶのに勇気がいる。これらの学問では、研究対象が大体の場合、受動的存在で、救済を求めているひ弱な存在であるので、心のなかに同情心とともに生まれる人道的勇気が必要である。経済学を学ぶには、別の勇気もいる。本書で取り扱うランゲという一八世紀末フランスの社会思想家が指摘するように、国民の四分の三の貧困のうえに、四分の一の富裕が必然的に築かれる近代経済のもとでは、四分の一の富裕層に上昇する秘訣を教えてくれる学問には人気があるかもしれないからだ。経済学には、支配者の学問にもなり得るマキアヴェッリ的政治学と同様、誘惑を斥ける勇気が必要であろう。

ところで、思考対象というのは、もうひとつの特徴を持っている。それは、対象というくらいだから、明らかにこの世に存在しているものである。存在しているものは、唯名論者オッカムの助けを借りるまでもなく、限界づけられている。限界づけられているということは、定義されているということとである。この定義された対象は、限界を持つがゆえに、個物である。個々ばらばらなのである。

このばらばらな思考対象のあいだに、共通性を見るのが科学的考察「力」である。ばらばらな思考対象を関連づけ、共通性を発見する力である。これは理性的思考にしか備わっていない能力である。というのも、感覚がたとえ外形的類似をいくら発見できても、本質的類似性、共通的本性を認識しなければ、類似しているとか、共通だとか、判断を下すわけにはいかないからだ。おまけに、外形的にまったく似ても似つかないものが共通していたりする。観念連合を作り出すには理性の洞察力が必要となるゆえんである。

現実を分析したうえで、諸観念を総合するために、科学的考察「力」がどの学問にも共通して必要なことは言うまでもない。学問にもハサミと糊が必要である。科学的考察力は、理科系の学問すべてに通ずる論理的思考力である。科学的考察にとても力がいることは、ガリレオを考えれば、すぐわかる。最後に、およそ学問全体に共通する学問として存在している歴史あるいは歴史記述は、ことのほか、書くために「力」を要する学問である。とくに、異端の思想家を扱っている本書のような場合には、世の常識に逆らって筆を進めなければならないので、大変な労力を必要とする。

しかし、思考する個人にかかっているこの言い知れぬ圧力の本体はなにかを少し考えてみなければならない。そうしないと、圧力に抗することもできないからだ。本体が何かを突き止めるには、スピノザの方法論が役に立つ。

スピノザは、絶対性と相対性の関係を哲学的にはっきりとさせた。神即自然、その法則は絶対であり、必然であるがゆえに、まったく力を要しないものであり、したがって動かざるものである。ガリレオは異端説を撤回したが、それでも地球は動いていた。それに反して、世の実在物はすべて限定された、相対的なもので、やがて滅びる運命にあるとスピノザは定義したのである。このスピノザの認識論的秩序づけによって、われわれが目にするものはすべて、相対的な力関係のもとにあることが明白になった。ちなみに、彼の哲学には、世の実在物すべてを一時的な、持続的なもので、やがて消え去ると断定する勇気があったのである。

この定義のうえに、人間存在は、あらゆる存在物と同じく、この永遠の絶対法則を目指す努力(conatus) そのものであると彼は定義した。つまり、われわれは、つねにおのが存在を絶対多数に持って行こうと努力する存在だと言うのである。絶対多数になれば、努力しなくて済むからである。だから、とにかく人間は自由になればなるほど、他者とのおしゃべりの機会を持とうとし、自分の意見を世間の常識とすべく努力するのである。この絶対多数の力、マルチチュードの力、それが常識というダミーの力であり、思考への最大圧力である。

そのようなわけで、本書に登場する神学者や哲学者、法=政治思想家や経済思想家は、そのほとんどが知られていないか、またはあまりに異端的すぎて世の人びとから疎《うと》まれ、警戒されてきたか、どちらかの系譜に属しているのである。彼らは、みずからの思想が常識に成長することを目指して勇気を持って思考し、勇気を持って自説を表明した。ときには、現実と妥協せざるを得なかったが、そのことを非難することはできない。当時のマルチチュードを支配しきっていた絶対の専制権力の圧力のものすごさは、われわれの想像を越えている。

『薔薇の名前』という小説にも映画にも替え玉が登場したことがあり、宗教改革を唱えた神学者で言語哲学者のウィリアム・オブ・オッカム。神学・医学・法学を学んだのち、政治思想に人民主権論と世俗権力全一論を持ち込んだパドヴァのマルシリウス。啓蒙末期フランスで、西欧グローバリゼーションに関する膨大な批判的世界史の書『両インド史』を完成させたギヨーム＝トマ・レーナル。格差と貧困を産み出す近代社会経済システムに対して、同じく啓蒙末期フランスから痛烈な批判の矢を放った弁護士シモン＝ニコラ＝アンリ・ランゲ。これらの批判的思想家たちは、その名前さえおそらくほとんど知られていない。本書では、その事績の紹介とその思想が持つ批判的射程の計測だけで紙幅が尽きたが、著者の希望は、やがて多くの人びとがこれらの「薔薇」に惹かれて、その著作を読んでみたり、彼らを研究してみたりする意欲を持つようになることである。

付言しておくが、これらの人物のうち、オッカムは実際に異端審問を経験した。そのおかげでマルシリウスとともにドイツに亡命しなければならなかった。そして彼は見知らぬ土地で果てたのである。ディドロは、レーナルの『両インド史』にも協力した『百科全書』の総合編集者だが、彼もまた風俗壊乱の罪でヴァンセンヌの獄に繋がれたことがある。『両インド史』の企画、編集、総合執筆に携わったレーナルも、『両インド史』が禁書目録に登録されたために、公安当局の弾圧を逃れて何度も国外に逃亡した。また、大革命時代には、「革命の父」と一時期はもてはやされたが、立憲君主制の回復を主張したために公安当局から目をつけられ、パリ近郊に逼塞した生活を送らなければならなかった。ランゲに至っては、専制権力の象徴であったバスティーユ監獄に放り込まれた。もっとも、彼は出獄後『バスティーユ回想』を出版して大当たりをとったが、二度目の獄は、断頭台への道に通じていた。彼は、飢えと借金に苦しむ日雇い人夫たちの境遇を改善するためには、東洋の専制君主制に学ばなければならないなどと主張したために、啓蒙主義的自由を掲げた独裁政権によって即決裁判で処刑されてしまったのである。あと一ヶ月もすれば、獄から解放されたはずなのに。

一方、ニッコロ・マキアヴェッリとベネディクトゥス・デ・スピノザは、悪名が轟いている思想家の代表格である。どちらも反宗教、反倫理、無神論の巨魁で、地獄の主と悪魔の契約を結んだと噂されている極め付きの危険思想の持ち主とされている。一八世紀に至るもなお、これら二人の思想家の著作を出版したり、読んだりすることは、ヨーロッパでは禁止されていた。

だが、だれが禁止したのか？　キリスト教の宗務当局である。異端審問所である。彼らに対する悪評の出所は、またもやここにある。オッカムとマルシリウスは、偽法王と批判されたアヴィニョンの「幽囚」法王ヨハネス二二世によって、「魂を喪失した二人の息子」と断罪され、異端と宣告された。彼らも、中世末期では、悪評しきりであったが、その悪名が轟いた期間は短かった。法王の世俗権力が崩壊したからである。

だが、マキアヴェッリとスピノザは違う。彼らは、ヨーロッパ中世のローマ・カトリック全盛時代が崩壊したのちの世界で、激しい呪詛の対象となり続けたのである。それはなぜだろうか？　その謎は、この二人とともに「地獄に堕ちた三兄弟」に擬せられた英国の哲学者トーマス・ホッブズを加えれば、解けよう。これら三名の思想家は、無神論者ではないかと疑われたのである。無神論者は、悪魔と契約を結んだ連中である。悪魔は人間と契約を結ぶとき、人間が必ず持っている欲望を利用する。欲望は風俗壊乱の犯人であるから、彼らはこの点で、宗教者からも、世の道徳家からも、永遠に許されることはないのだ。ちなみに、いささかパロディーじみているが、モーセ、イエス、マホメットは、反宗教宣伝家でディドロの盟友ドルバック男爵にとっては、「三大詐欺師」ではあったのだが。金満家の男爵は自宅に地下文書出版工房を備えていたおかげで、官憲に逮捕されることもなく、終生安穏に暮らした。

これらの異端思想を産み出した力とはなにか。

それらに共通の思考パターンはあるのか。

なぜ異端思想はグローバル化しようとするのか。

異端思想のグローバル化の原動力はなにか。

それらは世間というマルチチュードの常識的思考力にどのような論理を用いて挑戦したのか。

みずからの新しい、より自由な思想体系をどのようにして世間常識たらしめようとしたのか。

これらの問いに対する答えを探るために、いよいよ彼らの努力の跡をたどってみることにしよう。

だが、最初に、われわれの頭のなかがどうなっているかを見てみよう。

第1章……永遠の相の下に

事物を偶然としてではなく、必然として考えることは理性の本質に属する。事物のこの必然性は神の永遠なる本性の必然性そのものである。ゆえに事物をこの永遠の相の下に考えることは理性の本質に属する。

スピノザ

ギリシア人は神話を信じたか？

荒唐無稽なギリシア神話を信じていた[1]と言われる古代ギリシア人は、どのような色の空をどのような目で見ていたのだろうか？　人間が進歩したのなら、われわれは、古代ギリシアの紺碧の空とは違う色の空を見ているだろうか？　望遠鏡の発達した今日、われわれは、オリオン座にギリシア人が見たのとは、別の形の星の集まりを見ているだろうか？　同じ星座を見ているのではなかろうか？

だから、古代ギリシア人が神話を発明したからといって、彼らが幼稚だったことにはならない。ギリシア人のなかには、神話を信じない人間もいたし、それに対して半信半疑の人間もいた。つまり、すでに古代ギリシアの昔から、啓蒙主義者もいたし、理神論者もいたし、経験論者もいたし、懐疑論者もいた。

おまけにギリシアの王は、みずからの政治の正当化を図るために、神託を作為的に利用したとさえ言われている。ギリシアの王は、果たして、巫女が伝える神託を信じていたのかどうかを問うことは、宗教が信じられたか否かの宗教社会学の問題ではなく、政治史の問題である。いつの時代でも、どこの地域にも、マキアヴェリストが存在したということは、統治者とマルチチュードすなわち民衆との関係は、永遠の昔から同じパラダイムに乗っているということであろう。だから、そこにおける想像力には限界があるはずだ。

比較と差別

望遠鏡が発達して群小の星群が見えたからと言って、だれもオリオン座を否定することに夢中にはならない。ほとんどの人がギリシア多神教と戦う何々教の狂信者ではなく、むしろほほえましくオリオン座の存在を許容する。

ただし、ほほえましく、ギリシア神話を許容するほとんどの人は、古代ギリシア人が現代人に比べて、やはり少し幼いと見ている。なにが幼いのか？　もちろん知性である。科学である。科学的知識が少ないのである。

世間は想像力の勝った人間のことを幼いと見る。幼い子どもが夜空を見るのと、大人が夜空を見るのとでは違いがあると思っている。前者は、知性に劣り、知識に乏しいために想像をたくましくしているし、後者は「大人」びていて、想像力に訴えることが少なく、科学的に星を見ているというのである。

おそらく、こういう単純な理由から、人びとは、古代ギリシア人は少し幼稚で単純な人間ではなかったかと、心ひそかに思っている。だから、彼らのことをほほえましく思い、その想像力の産物を許容する。およそ寛容な人はたいてい、自分は相手よりも知性や品性やその他なんやかやにおいて優れている、と考えている。そこには優越感が働いている。

このことから、すぐわかるように、われわれ現代人は、自分たちの方が古代ギリシア人よりも知的に優秀であり、知性や品性の面で彼らよりも優れていると思っているのである。われわれは、こういう一種差別的な人間観をどこかに持ち続けている。この人間性比較検定での優位性は、普通、「進歩」と呼ばれる概念の基本原理となっている。つまり、現代の方が古代に比べて、人間自体が社会ともども進歩していると考えているわけだ。これが有名な、とかくの批判を招く「進歩史観」を産み出す源泉であり、おそらく、九割がたの現代人が暗黙の前提として持っている歴史観である。それは先入見となっている。マーヴィン・ハリスに言わせれば、このヴィクトリア朝以来の先入見の寿命は長く、今日に至るまで、人びとの頭のなかで生き続けている。寿命が長い分、この先入見を打ち崩すのには骨が折れる。

しかし、社会の進歩はいいとして、人間性にまで優劣がつくとなると、由々しき問題であると思われる。だが、現代人は、黒人差別を許さない割には、人びとが古代ギリシア人を幼稚な人間と見ることにさほど抵抗感がないように見える。それはなぜだろうか？

強力なのは身体

古代ギリシア人に対して、その幼稚さを微笑ましく思う人間でも、黒人に対しては、彼らに対して差別感を抱かないようにするには、苦労するし、また、勇気も必要とする。黒人差別は、古代ギリシア人に対する知的優位にもとづく差別とは違って、差別を支える肉体的特徴がある。つまり、差別の根拠となる黒人自身の肉体がだれの目にも見えているということである。そこから差別感が生まれるのだから、この偏見は強力である。

古代ギリシア人の場合、われわれの感覚器官がとらえるものは、彼ら古代ギリシア人が残してくれた「世界遺産」という客観的な累積物だけである。のちに見るように、この累積物は、進歩を表現する作用主である。だから、現代のわれわれは、われわれの累積物とこの「世界遺産」とを比べて、優劣を決めているだけだから、すべては、思考のなかだけの話にとどまっている。この優越感を古代ギリシア人に向かって示そうと思っても、相手がいないから、荒野に向かって叫んでいるようなもので、優越感を物的に表現しようがない。

ところが、現在生きている生身の身体に、われわれとは違う特徴があり――特徴がない身体はないが――、それを根拠として差別しようと思えば、それは、簡単なことなのである。身体が物質的な共通信号になるから、共通意識が生まれやすい。理論で納得させるのではなく、観察すればいいだけの話である。したがって、マルチチュードは物質的支柱で支えられている観念的信号に弱いということになる。これが、スピノザが唱えた心身合一論の特徴である。つまり、これが、肉体あるいは物質における優劣に関しては、世間が非寛容である理由である。精神と肉体のこの牢固として続く二元論のうち、肉体における優劣のしるしについては、世間はことのほか敏感になるということである。同じくこれが想像力、ひいては観念に限界を与える作用主である。意外にも精神を限界づけるのは、身体なのである。心身が合一している証拠である。

ヘロドトスと彼の同時代人がスキュタイ地方のさらに北方には、乱暴で、獰猛なことこの上ない狼のような人間が住んでいると想像していたことは知られている。それから、一ミレニアムは優に経っている中世ヨーロッパ人も、大同小異の想像をしていた。もっと言えば、中世人は、地球の反対側には、頭が胴体について、逆さまに歩く(?)対蹠《せき》人が住んでいると思っていた。その他、魚人、昆虫人、鳥人、「亀島」人など、ブリューゲルの絵に出てくるような奇妙奇天烈なことおびただしいありとあらゆる「動物」人間が住んでいる地域が地の果て、未知の海にはあると想像されていた。この点は、古代ギリシアも中世と同じであった。もっと奇妙なのは、翡翠やルビーなど金銀財宝を食べて生きる「鉱石」人まで存在していたことである。これがスペイン人たちの黄金欲をおそらくかきたてた。

いずれにせよ、このことは、文明と環境が古代ギリシアと中世ヨーロッパとでは、さほど変わってはいなかったことを意味する。文明と環境が両方でほぼ同じであることを確かめるには、当時の地図を見ればよい。中世ヨーロッパには、もっとも正確で詳しい地図としては、古代ローマのプトレマイオスの世界地図しかなかった。あとは、ほぼ想像力に任せて書いたもので、不正確なことおびただしく、しかも地図とはいえ、それは絵図にすぎなかった。そこには想像力の枠を凝らした、異様な姿をした人間もどきとともに、大雑把に山や海が描かれているだけであった。ここでは、想像力の限界とは、交易と旅行を可能にするぎりぎりの範囲のことであった。その範囲が古代ギリシアと中世ヨーロッパでは、ほぼ変わらなかったのである。だから、想像力は進歩しなかったわけである。

いや、進歩がなかったと言い切ってしまったら、嘘になる。たしかに、中世ヨーロッパの地図には、先ほども触れたように、古代ギリシアに見られない「動物」人間が見られるが、おそらくこの違いは、印刷技術や絵の具などの物質的な表現手段の違いにすぎない。言い換えると、外部の累積物である作用主の違いである。想像する人間の違いではない。

ところで、古代ギリシア人は、スキュタイ地方のさらに北方にどんな人間が生きていると想像していただろうか？　それは、まさしく狼の頭を持ち、全身毛で覆われた「狼人」だったのである。そして、この狼人は、中世ヨーロッパの絵図にも登場する。いや中世ヨーロッパでは、普通に狼人は、自分たちの村の村はずれから少し遠くのところに住むとさえ思われていた。差別問題の核心はここである。先ほど触れたように、異なる時代の人間比較は、現実的な差別と結びつかないが、同時代の人間同士の比較となれば、別である。古代ギリシア人はたしかにバルバロイを差別していたのである。今日の黒人差別のように。

想像力が狼人を描くようになると、その描写行為にひそむ差別意識は決定的となる。一見してわかるような異形の人間であるからには、もはや人間とはみなし得なくなってしまうのである。人間の野蛮さと無知は、精神だけにとどまらず、肉体的支柱を持っているということである。

狼のように残虐非道な野蛮性を北方人は精神的に持っている。それならまだしも、知性の比較問題と笑って済ませられるが、しかし、彼ら北方人は、それどころではなく、身体的本質まで、狼になってしまっている。これではおしまいである。本質と存在が結びついてしまっている。救いようがない。彼らは狼なのだ。こういう認識を古代ギリシア人は共通認識として持っていたに違いない。

もっとも強烈な差別「意識」、差別「感」は、みなこれに似た物質的支えを必要とし、それによって確定され、動かざるものとなる。そうしたものを欠いた、知性という抽象的な分類項目そのものにおける優劣なら、純粋な比較の問題にすぎず、文字通り相対的な問題だから、許容し、寛容になれるということである。身体にしるしがなければ、差別しようがない。だからこそユダヤ人狩りでは、割礼の証拠をナチは嗅ぎまわったのである。

つまり、当時もいまも、もっともわかりにくく、また、もっとも受け入れがたいスピノザの心身合一論を、黒人を差別する人間はおのが哲学としていたということであり、もっとも奇妙なのは、そのことにこの差別主義者たちは、まったく気づかず、自分たちを世界でもっとも優れた精神主義者であり、倫理主義者であると思っていることである。あらゆる人間は自然に哲学者である。しかも、欲の皮の突っ張った、浅ましくも卑しい「物質優先主義的」哲学者である。言い換えると、人びとは、人間の身体が精神または知性あるいは心に比して、人間を規定し、決定し、しっかりと固定すると考える思考様式を、つねに心のなかに隠し持っているということである。身体と差別意識がこのような関係のうちにあるということは、身体およびそれをめぐる物質的環境が精神や意識の在り方を決定し、したがって、また、想像力の「自由」の度合いを決定するという証拠なのである。

人間の頭のなか

いったいだれが、イカロスの神話を額面通りに受け取るだろうか。普通の人間、つまり、永遠の人間像である人間存在には、羽根を使って、鳥のように空を飛ぶという人間に対しては、疑いを向けるように、永遠の昔から思考様式が決まっているからだ。

イカロスの父は、物理学と化学の知識を持っていたようである。羽根がないと、空を飛べないという知識は、空を飛ぶ鳥がすべて羽根を激しく動かしたり、ゆうゆうと揚力で滑空したりしている姿から得られたのであろう。だが、羽根を人工的に身体に密着させなければならない。そうするために、彼は蝋を使って羽根を身体に貼り付けたのである。しかも、彼は、それが太陽熱で溶けるかも知れないということまで知っていたので、息子に注意した。息子は、注意されたにもかかわらず、親の言うことを聞かない子どものつねで、太陽に近づきすぎ、哀れ羽根が溶けるとともに海へ落下したというわけである。一体この話のどこに嘘があるであろうか？

誤った認識や誤謬というものは、現実の断片的な表象がもたらすものにほかならない。だから、この認識は、それそのものとしては、個別的には真である。そのために、荒唐無稽と言われているギリシア神話も、個別的対象に関する個別的真理としては、きわめて現実的なノン・フィクションとならざるを得ない。

それでは、なにが疑われるかというと、断片的表象が相互接続された全体である。これこそは、信じるか、信じないかの決定的対象である。部分的に真でも、全体としては偽である学説を信じる現代人はどこにでもいるから、ギリシア人と比べてわれわれの頭のなかは、進歩したとは言えないのではないか。われわれの頭のなかはどうなっているのだろうか？

理性を用いて「脱呪術化」をやってのけたのが、かの有名なピーテル・ブリューゲルの作品と言われる『イカロスの墜落のある風景』である。「脱呪術化」は「啓蒙」の理性に固有の思考ではなかった。これもまた、いつの時代にでも人間精神がやっていたことなのである。

『イカロスの墜落のある風景』のディテールをもう一度、正確に思い起こしてほしい。彼は、普通の物理学の知識でイカロスを描いている。海に落ちた少年が溺れかけていて、両足だけが描かれている。落下の法則で、相当高空から落ちて、頭から海に突っ込んだことを覗《うかが》わせている。普通の物理学的法則である。そこには想像力は働いていない。この絵のなかに描かれたものすべてが現実的であり、物理学的法則に則っている。そこには、想像力を示すなにものも描かれてはいない。少年が溺れそうになっているのを知ってか知らずか、釣り人がいままさに竿を投げて釣りをしようとしている。これまた、普通の物理学法則である。鋤を引かせながら農夫が淡々と農作業をしている。時は大航海時代らしく、ゆうゆうと新世界をめざす大型帆船が航行している。まさに、どこにでもある人間主義的、歴史的風景であり、現代でも、これに近い状況の世界は残っており、ギリシア的神話世界の理性的終焉かとも思わせる。だから、ここでのブリューゲルは理性崇拝の啓蒙主義者で、ギリシア神話の完璧な脱神話化、脱呪術化をやっているようにみえる。

だが、しかし、である。同じブリューゲルは全体としては信仰の人であったのである。彼は、キリスト教を信じるとともに、師匠ボス（ボッシュ）の地獄絵にも次から次へと出てくるような怪物神話を信じていた。そのことは、『バベルの塔』と『怒ったフリート』の二幅の名画を見るとわかる。雲の上にそびえ立つバベルの塔を、建築技師になったかのように、彼は細密に描き、どこにでもいそうな石工と労働者、それに設計師をリアルに描く。同時に、彼は、旧約聖書にもとづいて、バベルの塔の建設を企てた王と彼にひれ伏す民とその言葉を通訳する人間を描いている。かと思えば、同じくギリシア神話に題材をとりながら、彼は、フリート、つまり復讐の女神フリアを普通の女に描く。フリートは、ギリシア神話でのように、決して蛇髪に描かれてはいない。にもかかわらず、彼女の周辺には怪奇きわまりない、人間を食らう魚やダンゴムシのような格好をした人間や城の格好をした人間の顔が描かれている。彼は、現実と想像、日常と神話が入り交じっていても平気なのだ。

視覚に規定されたわれわれの思考は、つねに平面的、二次元的なので、一幅の絵のなかに、現実つまり現世に生きる人間の肉体の絡み合いを描き、同時に、思考する人間から生まれるイメージや観念を描くと、このような作品にならざるを得ない。前者は理性的だが、後者は想像力を表現する。つまり、この絵は、どう見てもブリューゲルの「頭のなか」を表現しているのだ。ところで、われわれの「頭のなか」もみな、このブリューゲルのそれと同じで、全体として、煙突からクリスマス・イヴに枕元に忍び込むサンタクロースの神話を信じながら、サンタクロースは実は父親なのではないかと科学的、理性的に考えている。想像力の産物である空想のイメージと科学的思考の産物である現実のイメージとが混在しているのがつねにわれわれの思考である。夢や欲望と科学との混在と言ってもいい。

この「頭のなか」の姿に、昔もいまも変わりはないとすれば、そこに進歩はないということになる。思考形式には進歩がない。

想像力は欲望である

機械化、コンピューター化の時代にあっても、人間の想像力のあり方は、ギリシア時代から変わっていないように思える。空を飛びたいという願望なり、欲望なりが働くとき、必ず、想像力が働くというわけだ。手当たり次第、どのような材料を使ってでも「空を飛びたい」という欲望である。欲望がなければ、想像力は働かないだけでなく、理性も働くことはない。欲望はあらゆる思考の起爆剤である。だから、いまでは、飛行機が鳥にかわって空を飛ぶものとして、いろいろな想像をかきたてている。

想像力というのは、欲望と同じであるから、昔と今とでは、このように、少しも変わっていない。欲望主体として見られる人間自身はなにも変わっていないが、われわれを取り巻く客観的環境は激変している。つまり、私は、大昔に生まれても、私であったし、同じ空を飛びたいと言う欲望を持っていたというわけである。同じことを想像し、同じことを欲する。そこに進歩はない。進歩と見えるのは、人間の作り出した対象物が昔と比べて、やたらと多いということに起因するのではないか。

想像力にも、欲望にも、それそのものとしては、進歩をもたらす力がないとなると、人類の完成という先験的仮説を説いているカントの『啓蒙とは何か』での進歩思想ははなはだ怪しくなる。人類は幼年時代を経て大人へ成長するという神話である。

認識論の哲学者としてのカントは、人間の理性には、世界に目的があると考える働きが「超越的」に、すなわち「先験的」に存在していると主張する。そして、目的を設定せずにはおかない人間の認識は、結局のところ、そういう目的を神が設定してくれたのだという神学と結びつかざるをえないが、問題の神学的な認識には、残念ながら、神が目的を設定したのだということを合理的には説明できない、とカントは固く確信している。

カントは、『判断力批判』のなかで、自然の合目的性を先験的原理に格上げし、そして「自然物は世界全体の偶然性のもっとも主要な証明をなすものである(2)」と偶然を目的性と結びつけ、最後にこの探求を「こういうわけで、目的論がその自然研究に対し、自然について解明したところのものの完結を見出すのは神学においてよりほかにない」と、この係争問題を神学に還元してしまう。ここでカントが想起し、かつ前提としているのは、偶然であり、自由意志であり、結局は、人間の欲望である。

このようにカントは、スピノザが一世紀前に批判してやまなかった目的原因論に到達している。古来、目的原因は、哲学的思考のなかに厳然として存在し、アリストテレスの目的因以来連綿と受け継がれてきた。

ところが、人間の思考は、この目的因つまり、目的を原因の座に昇格させると必ず破綻し、先験的なものを想定せざるを得なくなる。なぜかといえば、目的とは、人間の欲望の結果だからである。結果を原因にしてしまっては、話は終わりである。現実の歴史秩序とは、異なるからである。そのうえ、欲望にすべての力の源を求めると、欲望と恣意や偶然や自由は踵を接しているから、大混乱を人間の思考のなかに引き起こしてしまうのである。

アリストテレスは、『自然学』においては、自然の事物の運動に、「終わり」(テロス)――ギリシア語では「目的」――がある場合に目的因を考えている。運動が起き、あるときにそれが終わり、停止した。なぜ、停止したか? それは目的が達成されたからだ、と考えるわけである。そうすると、運動した目的は、その終わりにあるものだということになり、運動が起きたのは終わり、つまり目的のせいだ、と目的を原因にするのである。すると、一部の運動者は目的を持つ存在だということになる。この運動者は目的を持ち、行動しているから、主体であり、かつ自由を持っていることになる。

ここで、カントの元祖とも見えるアリストテレスが戦っている相手はだれだろう? それは自然には目的がないとする必然性論者である。雨が降るのは、大地を濡らして作物を育てようとするからではない、という至極もっともな発想をするのが必然性論者であり、近代思想で言えば、スピノザである。彼は、この思想と戦っているのである。

この必然性の一元論的説明と戦う人間は、必ず大混乱に陥る。現にアリストテレスは、技術と自然を一緒に説明しようとして、『形而上学』で行なったかに見える自然と人工の区別を取っ払ってしまう。そのうえで、人工、つまり技術の優位まで説くのである。

そうかと思えば、蜘蛛の巣の見事さに、蜘蛛にも餌をとるために巣作りをするという目的因を設定している。アリストテレスは、古代のラマルクだったのである。目的論にもとづく進化論もこんなに昔からある。人間の思考はちっとも進歩してない。目的因を設定すると、古代から近代まで、思想が見事につながってしまう。

カントは、はっきりしていて、人類にも進歩という目的があり、自然にも、たとえば自然美というような目的があることになって、目的という点で、主体的人類と客観的環境とで区別がつかなくても別段構わないという二元論である。言い換えると、人間認識（理性）に読み取れる世界とまったく読み取れない、客観的科学の限界外にあるものという二元論である。現象界と本体界の二元論であり、可知と不可知の二元論である。そのような区別は成り立つのだろうか？　はなはだ疑問だ。

ついでながら、この二元論がアリストテレスの比ではないくらい徹底した二元論になっているわけは、実は、客観的に証明できるのである。ギリシア時代から啓蒙の時代までのあいだに自然科学がギリギリのところまで進歩したということである。そのために、カントにあっては、とにかくわからないものがないくらいにまで科学が進んだのだが、それを全面的に科学の勝利として人間理性の賛歌を歌い上げるまでには、カントの心性は科学信仰にははまってはいなかったのである。なぜ彼が科学信仰にははまらなかったかは、ドイツの社会の自由度に関係している。彼の時代のドイツは、スピノザの時代のオランダほどにも思考の自由が拡張されていなかったということである。

コペルニクス的転回

人間理性の営みが行き着く先は、客観的科学の限界外にあるものだというのである。これがカント的二元論の特徴であり、それは、唯名論で名を馳せた中世のウィリアム・オッカムの二元論を踏襲していると言えるかもしれない。

しかし、オッカムの神は、絶対的意志を持つ存在、言い換えると、恣意的決定をする、人間には不可知の存在である。だから、神が世界に目的を設定しているかどうかがわからないし、かりに設定されているにしても、なぜそのようなことを神が望んだかはわからないのである。そういう恣意的な意志を持つ神を信仰するかどうかをオッカムはわれわれに迫っているのである。神が見えないままで、信仰せよというわけであり、近代的な「隠れたる神」を彼は想定している。

ところが、カントの場合は、神をだれにでもわかる信仰的真理として与える。それは、目的原因として人間には見えるようなものである、と。ここでカントの混乱は最高潮に達するように見えるが、実はこれは混乱ではなく、目的を設定するには、神を想定するほかないというカントの巧妙な理神論である。不可知の本体界とは、なんなのかわからないけれども、そのようなものはどちらでもいい。それは神信仰とは無関係である。それは、人間理性の限界を示すだけである。カントの神は、自然のなかに見て取れるものである。自然の調和した美しさは神以外のどんな主体が作り出せたというのだろうか？

目的があることを人間が証明しようとすると必ず神に行き着くということを言っただけのカントには、そもそも、人類史が進歩していることをなんらかの客観的証拠によって、科学的、客観的に証明しようという気があったのだろうか？

われわれは、その証明がほしいと思う。人類史という電車に乗り込んでいるわれわれには、その電車の行き先がわかっているのとわかっていないのとでは、たしかに、電車のなかでの振る舞いが違ってくるだろうから。

しかし、カントにとっては、人類史の方向性を客観的に証明する必要などまったくない。有名なコペルニクス的転回のせいである。この転回を支えた彼の哲学の奥底には、客観性を必要としないヒューム的な懐疑論が潜んでいる。つまり、その目的なるものを、人間は客観的世界の因果関係からは説明することができないというのだ。因果関係とは人間の思考が作り出した観念連合にすぎないからである。ヒュームによって「眠りを覚まされた」カントは、同じ『判断力批判』のなかで書いている。

「普遍的自然法則の根拠は、われわれの悟性のうちに存する。つまり、われわれの悟性がこれらの自然法則を自然に指定するわけである。……要するにこのような判断能力は、自分で自分に法則を与えるだけであって、自然に法則を与えるのではない。……それだから自然の合目的性は、ア・プリオリではあるが、しかし、一個の特殊な概念である。そしてこの概念の根源は、まったく反省的判断力のうちにのみ存する」[3]。

カントは、要するに自然界の法則もみな人間の認識が作り出している説明方法にすぎないと言っているのである。「アヘンの眠らせる力」[4]式の説明方法である。これは強力な同語反復的説明法であるとともに、ある意味で、恥ずかしがり屋の理性賛美である。

だから、この断定は、宗教批判の刃を隠してもいる。これが二元論の特徴でもある。先のところで、カントは、こんなことを言っている。

「要するに自然における目的は、対象によってわれわれに与えられたものではない。また目的の概念は、客観的実在性を持つものとして想定されうるものではない。このような想定はわれわれにとってはア・プリオリには不可能である。そうなるとわれわれには主観的条件、すなわちわれわれの認識能力に適合する反省的判断力の条件にもとづくような命題しか残らないことになる。ところでわれわれがこの命題を独断的に、客観的妥当性を有する命題として表現しようとすれば、結局、『神というものが存在する』という命題になってしまうだろう」[5]。科学的に主張すれば神は存在するようになるかもしれないが、本当は自分が神だと思っているだけなのだよ、とカントはささやいているようである。

つまり、カントは、裏返しの形で、あらゆる神の存在証明は成り立たない、ということを――『純粋理性批判』以来、一貫して――言いたいのである。そこで人間は、自然の「合目的性と世界一般とをある知性的原因の所産と考えるよりほかはない」と、カントは「独断的」に決めつけている。彼は、スピノザのように目的原因なるものを否定せず、それを神の属性にしてしまっているので、このように不合理な断定をしてしまうのである。

二元論がこのような不合理に陥るとすれば、目的原因すなわち人間の欲望こそは、そこで説明が終わってしまう「眠らせる力」である。われわれは、この二元論の罠に気づいている以上、欲望の原因を人間主体以外の「力」に求めていくであろう。それがすでに触れた環境の「力」である。

想像力の作用主

人間の想像力に進歩はないのに、想像力の産物にこんなにも大きな違いを産み出すものはなんだろうか、という疑問が浮かぶ。この疑問を言い換えてみると次のようなことになる。

想像力は、ある与えられた人間精神の能力である。しかし、この能力は、それ独自に作用する力を備えているのだろうか？　想像力そのもののなかに、かのスコラ哲学風に「アヘンの眠らせる力」を想定してもいいのだろうか？　それは、それのうちに、つまり、白紙（タブラ・ラサ）であるときも、本質的な「想像する力」を持っているのだろうか。そうではないことを説明するために、鉄砲伝来をとりあげてみよう。

鉄砲が種子島に伝えられたのは、一五四二年か四三年かのことだとされている。不思議なことに、孤島というイメージとは反して、この島には、れっきとした刀鍛冶師がいて、鉄を鍛えて、武器をすでに作っていたというのだ。その刀鍛冶師に、時の領主時堯は、南蛮渡来の鉄砲の実物から、そのコピーを作るように命じている。ここにすでに、想像力すなわち欲望が働いている。しかも、それは、強力な武器が安定した支配を作り出すというひとつの政治的信念にもとづいている。しかし、ここが肝心なところだが、この神話の根底を、客観的な武器生産という歴史的事実が支えているのである。すでに種子島で、鉄による武具生産が行われていなければ、想像力も、コピーの作成まで及ぶことはない。南蛮渡来の火縄銃は、せいぜい、神話的な権威の象徴として、時堯の屋敷に陳列されて、領民を威嚇して終わるだろう。日本では、鉄砲という近代的な火器の登場が期待されていたということであり、すでに全国的に鉄砲を求める環境は成熟していたということである。

同じことは、一〇〇年後の天草の乱のときにも起こった。レーナルの『両インド史』、第四篇、第一〇章(6)にオランダの亡命プロテスタントで東インド会社に雇われたフランソワ・カロンの話が出てくる。彼は、オランダ商館の商務監だったが、幕府の要請を受けて、叛乱鎮圧のためにオランダ軍艦を天草へ出動させ、砲撃を行なわせた。その威力に驚いた幕府は、叛乱鎮圧の翌年にカロンを江戸に呼び寄せ、幕府要人の前で大砲発射実験を行なせた。さらに、幕府は、臼砲製作を彼に依頼したと言われる。

客観的な必要が存在するからこそ、想像力が働くし、またその想像力は、環境という客観的支柱があれば、より現実的なものとなる証左である。想像力は、白紙（タブラ・ラサ）で働くことはない。与えられた客観的条件すなわち環境のなかで働くし、そのときに限って、それは現実化する。想像力を働かせる主人は、人間主体の外部にある。

実際、鉛の弾が飛ぶ火縄銃は、遠く離れた孤島で完成したのである。それから、一〇年もたたないうちに、鉄砲は全国に広まり、今度は製造拠点が堺に移る。この技術の伝播にも、想像力が大いに働き、交易とコミュニケーションを取り持っていたに違いない。共通利害という客観的事実に支えられた思考である。以心伝心というものであったかもしれない。

信長が堺の鉄砲を購入して編成した鉄砲隊を率いて、武田軍を撃破したのは一五七五年のことである。[7] 種子島に鉄砲が伝来してわずか三〇年ほどしか経っていない。まことに驚異的な技術革新が実に短期間のうち日本で起こったのである。このように、人間の想像力、したがって欲望の作用主は、ずばり環境なのである。

同じく、思考を産み、育てるのも環境である。オッカムの哲学を例にとってみよう。彼の唯名論哲学にとっては、実在性を言語がいかに表現できるかのみが問題であった。この経験論的思想は、どこから生まれてきたのだろうか？　『中世の秋』を著したヨハン・ホイジンガは、オッカムを濫觴とするイギリス経験論は、実は社会環境の産物であったと考えている。経済活動が旺盛に展開されてきた一四世紀のイングランドでは「他のどこの国よりも早く事物の経済的側面が注目を浴びる」[8]ようになっていた、と彼は指摘している。オッカムの唯名論は、当時のイングランド社会（環境）を反映したものであり、その根底には、宗教からの世俗社会の解放を促す社会自体の胎動があった。その胎動は、信念を認識から切り離すためにオッカム的思考のなかに「剃刀」が持つ「切断力」を産み出した。この「剃刀」を用いて彼は、実在性と抽象概念とを切り離したのである。思考するにも、思考「力」が必要であるという証拠である。

コロンブスの航海にまつわる人間の欲望と冒険の例は、神が人事にかかわるというカトリック的な宗教的思考から西欧社会が別れを告げなければならない時期にさしかかっていたことを示している。宗教改革への胎動と言ってもいい。なぜかというと、こうした聖俗が混同された宗教的思考では、もはや世界に探索すべきどこも残されていないことになるからだ。これでは、現実世界の経済的膨張がままならない。人間による生産物が累積された外部環境からくる市場拡大圧力は、それほどまでに強まってきたということである。

コロンブスは、大西洋の海水は、大きな滝となって奈落へ落ちていると怖がる水夫を励ましながら、新大陸に到達したが、彼にとって肝心なものは、まさしくカタイの国、インドの国との貿易で利益をあげることだった。貿易願望、それがコロンブスを突き動かし、天動説を実践的に破壊したのだった。

しかし、この冒険心を彼の思考のうちに生まれさせたものはなにか？　それは、地中海貿易の衰退をもたらし、インドへの道を阻み続けた強固なオスマン帝国の客観的存在である。この環境がなければ、コロンブスの冒険心は生まれなかった。危険と困難がないところに、冒険はないからだ。さらに、ポルトガルがすでにアフリカ西海岸沿いの航路を開発していなければ、コロンブスもわざわざスペイン宮廷には赴かなかったに違いない。ポルトガルはコロンブスの申し出を決して断らなかっただろうから。すると、コロンブスはヴァスコ・ダ・ガマがたどった道を再びたどることになったに違いない。

オスマン帝国の壁はまことに凄まじいものがあった。この壁のせいで、『両インド史』(7)によれば、ロンドンで一五五四年に設立されたモスクワ商会に雇われたエルトンという人物が、イギリス人によって発見された、北極海に面したアルハンゲリスクに入ったのち、ヴォルガ河を下って、遠くカスピ海北西海岸アストラハンに出て、そこから船で南下し、ペルシアに入ったというのだ。貿易願望は簡単に環境を乗り越える例である。宗教の違いも乗り越えられる。

このように、時代環境は、固定され、完成され、拡大を望まない宗教的世界観を乗り越えるように要請していたのである。そのもっとも手っ取り早い方法は、信仰の真理を個人的信念に解消し、二度と人間生活の表面に現われてこないようにすることである。信仰の外面性の象徴はローマ法王であり、カトリック的信仰形態である。この信仰の外面性を実践的に最終的に打ち破らなければならなかった。それをなし遂げたのが宗教改革であり、その原型は、パドヴァのマルシリウスにある。だから、宗教改革も一六世紀ドイツ特有の産物ではなかったのである。

このように、外部環境と人間の置かれている物質的状況のずれが必要性あるいは需要を産み、それが人間の精神に反映されて、欲望となり、それが想像力をかきたて、理性が欲望と外部環境との溝を埋めようと働く。その結果、物的産物が生まれ、それが外部環境に累積する。進歩というのは、こうした科学的な考察の産物累積史という客観的なものである。これだけすごいものを発明した人間は進歩したとしか考えられない、というわけだ。進歩とは環境の力の見本市でもある。

人間に環境がつきつけている問題は、実は、いつの時代でも同じである。大きな河がある。渡らなければならない。ここに欲望すなわち想像力が生まれる原因がある。渡るという行為は本質的、実体的なものだから、昔もいまも変わりはない。おそらく永遠に変わらない。古代と現代とでは、渡る物理学的方法が違うだけである。この違いごとに客観的事物が必然的に積み重なっていくということである。それは、違いであり、差異であって、厳密に言えば、進歩ではない。それは、あたかも、ガラパゴス諸島には、奇妙な進化を遂げた鳥がいて、その鳥は羽根があるのに空を飛ばないのと同じで、進歩ではなく、進化、もっとダーウィンに忠実に言うならば、変化、変異なのだ。

自由と主体の結びつき

とはいえ、この言い方はいささか極端すぎると考える向きもあろう。進歩を否定するための理屈だと……。

もう少し優しい表現を採るとすれば、古代人よりも、現代人の方が自由である、ということになる。これなら、すべての現代人が納得する。自由である現代人は、昔に比べて進歩している。たくさんの自由を手に入れているから、というのである。

しかし、ここに登場する自由という概念には、すでに自分が主人公であるという思い上がった思考が潜んでいる。なぜなら、自由とは、だれが自由なのか、と問うてみれば、たちまち、この思考様式にも自己中心的主観主義が投影されていることが分かるからである。自分が自由だと感じているということなのだ。この利己主義の塊のような自由を拡張するためには、あらゆる法規制は邪魔になる。フランシス・フクヤマによれば、この法規制の撤廃をめざす規制緩和の現在は、人間的自由の完成形で、歴史は終わったのである。[10] 人間は自由になったのである。

自由とは主体の言い換えであり、主体とは、自己のことであることとは、たとえば、ヘーゲルの『精神現象学』のどこを開いてもそう書いてある。[11] ヘーゲルは、思考は自由であり、主体は自由であると言っている。主体とは、自分でなければ、だれだろう。

このように、どこまで行っても、自己中心的見方から人間が離れるのは、ひどく難しい。

自由を持つとされた人間でも、限定した持続しか持ち得ないので、いずれは、必然的に消え去る。この運命をもって地上に生を受けたはずの人間に、そもそも先験的自由などという空想の産物を持ち込んだカントは、ア・プリオリに人間に与えられている自由なるものに、制限を付けていたということになる。制限があることと、制限のない自由という本来の自由概念とを統一的に、一元的に説明することはできない。

このように、人間的思考がいったん自由という概念を主体という概念に結びつけてしまうと、われわれは、精神の自由か、身体の物理的必然か、という問いに向き合わなければならなくなる。精神（心）を含む、自由とされた欲望主体と必然性のなかにある、身体を含めた環境との関係はどうなっているのかを解明する思考様式には、昔から、二つしかなかった。つまり、この難題に直面して、二元論で逃げずに、そこを正面突破する仕方は、二通りしかないということである。人間の思考パターンはそうなっている。

ひとつは、もちろん、ヘーゲルのようなやり方である。つまり、すべてを自由なる主体の運動に包み込むやり方で、彼の場合は、汎論理主義、論理主体主義である。なにを主体にするかはヴァリエーションがあるが、ただひとつ言えるのは、自由なる主体が主人で、人間にとっては外部にある客観的、物質的環境は、その奴隷であるということである。

存在と本質

もうひとつの突破法は、スピノザの心身一元論であるが、これはひどく理解が難しいように見える。人間を身体と心が合一したひとつの客観的存在物として捉えながら、ヘーゲルとは異なって、人間に自由を認めていないからである。つまり、主体なき実体的世界観であり、ヘーゲルからは汎神論というよりは、無世界論と言うべきであると、批判された考え方である。「運動」がどこを見ても存在しないからだ。主体がなければ、運動はない。

スピノザ哲学では、人間の身体は、本当のところは主体なのか客体なのか、わかりにくい。それは、あきらかに客体なのに、主体の特徴である「運動」をしているように見えるからだ。人間は自分の意志で動いているのではないのか？

そう、——動く。ここに秘密を解く鍵がある。スピノザ哲学では、神は事物を動かさないのである。要するになにもしない。それは主体ではない。実体なのである。神は完全であるから、欠如、欠乏を示す欲望を持っておらず、したがって目的も持っていない。だから動かない。神はなにものにも動かされず、みずからも動かない。スピノザは断言する。世界には始めも終わりもない、と。この原理を彼はエネルギー保存則に似た論理で説明する。実体は唯一であるという命題はそういう意味で理解されなければならない。世界には破れ目がないし、別世界もない以上、そこに蓄えられている事物の総量に増減はない。だから、世界には動かす者も必要ない。世界は、無限と永遠のなかにあり、それだけだというのである。だとすれば、世界は変わらざる実体として動かないのである。

そうなると、スピノザには、動かざる世界を構成する万物が動いているのはなぜ？という質問が突きつけられるだろう。それに対して、スピノザの答えは、万物が動くことを存在性の条件としているというものである。万物は、動くことと交換に存在性を保障されているわけだ。でも、動かなくなることがあるよね、とだれかが言う。そう、――動かなくなると存在物は死滅する仕掛けになっているのだ。

万物の存在にこの条件がつくということは、なぜだろうか？　その答えは簡単である。自然の一部にすぎない万物は、限定されてはじめて存在するようになるからである。スピノザによれば、限定とは定義のことである。万物が存在するには、それが限定され、定義されなければならない。定義とは、条件の集まりである。だから、存在には条件がつくのである。

それでは、その条件の本質はなにか？　それは、万物は、運動し、生々流転し、消滅と誕生を繰り返すということである。つまり、永遠を否定するということである。これが万物の存在条件の本質である。この世の中に永遠の存在物があったらおかしいからだ。有限性こそ万物の存在条件の本質である。そうでないと、滅びないこの永遠の存在物によって、滅ぶべき他の諸物はみな滅ぼされてしまうだろう。あたかも遺伝子組み換えによって誕生した死なない雑草のように。これがスピノザの有名な「限定は否定である」というテーゼである。

つまり、スピノザの突破法は、「世界の本質は存在することにある」という命題に尽きている。それが有名な自己原因という概念である。つまり、世界、自然、すなわち神は、原因を持たないのに存在しているものなのだ。それは、存在することを本質とするからなのである。そして世界の個物の存在には有限性という条件が付いている。

人間の本質

となると、人間の本質とはなんだろうか、という疑問が湧いてくる。最初は、ヘーゲル哲学のように、それは自由だと思われた。しかし、われわれに、条件付きで先験的に与えられるもののなかに人間の自由ははいってはいない。なぜなら、神は人間にだけ、神のごとく、行動する自由を与えたとなるとおかしな話になるし、また、なんらかの制限付きで自由を与えたとしても、それはときどき規則からはずれてもいいと神が人間に認めたことになり、これもまた人間だけを優遇するというおかしな話になる。だから、自由は、人間の財産目録には見当たらない。したがって、人間は、万物と同じく永遠ではなく、一時的で、一切自由ではなく、スピノザ的必然性のなかにある。人間の本質のなかに自由という概念で総称できるようなものはなにもないのである。それでは、人間の本質とはなにか？

人間の本質を見るために、人間がいかなる状況に置かれているかを見てみることにしよう。

まず、はっきりしていることは、人間は生きることの必然性から逃れられないということである。そうであるかぎり、人間は、どのような境遇にあっても、日々の食料獲得のためのランゲ的必然性から逃れられない。だから社会関係もこの必然性から成り立っている。

次に、人間は精神機能を備えた脳髄を身体の一部として持っているということである。それは思考することを司る器官である。この器官が存在するおかげで、人間個人の精神は生きることを自覚し、それを目的としてかかげる能力を持っている。

このように考えると、人間の本質は、食料調達という目の前にある現実と格闘し、それに対する答えを出すことであるということになる。この必要性には進歩はなく、ただ、より長く生きるために、より多くの食料とより多くの安全を手に入れるために、人間は、持っているものすべてをかけて生物学的外部現実と格闘するということである。その努力の時間的経過、それが歴史である。実に歴史とはスピノザ的な生きる努力《コナツス》（conatus）の系譜学であり、中心には、いつの時代にでも共通している生きる努力が座っている。

必要は発明の母

空をとぶ必要が出てきたときに、人びとは空を飛ぶ。機械がなければ、想像して、イカロスのように飛ぶ。レオナルド・ダ・ヴィンチのように飛ぶ(12)。それが人間である。足りない部分は想像力で補って、人間はいつの時代でも環境の圧力のなかで、じたばたしてきたのである。だからこそ、われわれの頭のなかには、想像のサンタクロースと現実の父親とが混在していても平気なのだ。

もう一度言う。進歩があるとすれば、ここである。すなわち、人間の思考力は本質的に同じでも、記憶の量が時間とともに増えてくるのである。コンピューター時代の今日、記憶量は飛躍的に増大した。だから、記憶の引き出しから現実化できそうなものを引っ張りだして、そうして、より合理的に、より早く現実に対処していくのが人間である。必要は発明の母という言葉は生きている。

その姿が進歩だというのなら、それが思い違いであることは明白ではなかろうか。昔の人間も、いまの人間も、同じように現実に対処し、同じ解決策を考えているからである。違いはあくまで、人間個人にとっては外的で、集団的なコントロールにしかなじまない物質的対象＝諸手段の累積加減である。人間の手が加わった環境の総体が、時間が経つに連れて量質ともに変化し、人間の側がまた新たに対応を迫られているということだ。

マキアヴェッリの『君主論』は、こうした人間を取り囲む環境に対する対策を集めてきた戦術集である。そのなかには、臣下の懐に手を突っ込んだり、臣下の妻を奪ったりする君主は滅ぶ、という格率もある。マキアヴェッリの『ティトゥス・リウィウスの最初の十巻に関する講話』も、古代ローマを範に取った現実対処の教訓集である。そのなかには、君主は、戦争のときに率先して軍の指揮をとらねばならぬ、というフリードリヒ二世の愛好した格率がある。戦時にこそ、君主は、マルチチュードすなわち多数派をもっとも獲得しやすいからなのだ、とマキアヴェッリは言う。

このマキアヴェッリがスピノザの『国家論』にも現われる。例の君主暗殺の無意味さを説くマキアヴェッリの『十巻講話』の格言をスピノザは再度取り上げて、この「明敏な」政略家マキアヴェッリは、暴君を産み出す環境を変えなければ、暴君をテロにかけても無駄だと言いたかったのではあるまいか、と推察している。[13] それは現代でも立派に通じる格率である。

いずれにせよ、カエサル暗殺という古代ローマの暴君対処法の空しさが現代にも通用するということ、『君主論』のマキアヴェッリの格率が現代にも通じるということ、ランゲの奴隷論が今日にこそ光り輝いているということ、これらの事実は、人間の歴史には永遠の人間観が働いていることの証左ではないか?

進歩と自由

総括的に言うとするなら、進歩とは、外部環境に積み重ねられてきた物質的対象=諸手段が、まずは、個人の個別的、身体的自由を拡大してきたことを意味する。

たとえば、コンピューターやインターネットの発展である。これらは、個人の身体能力を飛躍的に高めた。一方、これらの情報手段を用いる個人の方は、一個の身体的存在であり、精神を産み出す脳髄器官を備えている。外部の情報は、必ずこの精神を通過する。そこで重大な齟齬が生じる。既成の心的秩序と外部情報の秩序とが対立するのである。それが人間に恐怖感[14]を産み出す。この一点で、人間は他の動物とは決定的に異なる生物学的進化を遂げている。スピノザに言わせると、これは外部の自然秩序と内部の精神秩序との矛盾である。

「人間精神は、事物を自然の共通秩序に従って知覚する場合には、つねに自分自身についても、自分の身体についても、外部の物体についても、妥当なる認識を持てず、たんに、混乱し、毀損した認識のみを持つ[15]」。

要するに、スピノザは、人間の身体器官に自然がもたらす個々の外部刺激は、個人の心に整序された形で存在する理性的、論理的秩序と対立していると見なしているのである。この点で、スピノザはデカルトの弟子である。つまり、理性を持つ人間の本性と自然の共通秩序とは、まずは二元論的に対立しているということである。

この自然と理性の対立が深刻になるのは、実は、人間精神のなかで理性が働くための時間的余裕が無い場合である。立て続けに何度も何度も残酷なシーンを見続けると、ＰＴＳＤになってしまうのがその典型例である。強烈な刺激は思考を妨げる。つまり、人間から思考時間を奪うと、恐怖感が募り、自然防衛本能が働き、社会的秩序と衝突するということである。このような外部刺激の連続的生起とともに、個人が既成の社会秩序から逸脱する「自然で自由な」行動が頻発するようになる。ときには、これは暴力的反社会行動となり、ときには、逃亡行動となる。いずれにせよ、思考時間の欠如から生まれる外部環境に対する恐怖こそが人間の「自然で自由な」逸脱行動へのきっかけとなる。

次に、個人の「自由な」逸脱行動は力の限界にぶつかる。個人の散発的自由行動は無力である。それは、社会秩序によって跳ね返される。ここで、少しでも考える人間なら、自分ひとりでは無力であることに気づく。そうすると、彼は、みずからを強くするために、同種の他者とつながろうとする。これらの人間のうちには、必ず、相対的に理性的な人間が存在する。それがリーダーとなる。彼は、多発する同種類の逸脱行動をひとつにまとめていけば、巨大な力となることを知っている。

ここでもスピノザは次のような教訓を与えてくれている。

「われわれの本性と全面的に一致するものほど、価値あるものを考えることはできない。なぜなら、本性を全面的に同じくする二つの個体が相互に結合するなら、単独の個体よりも二倍の能力を有する一個体が構成されるからである。それゆえ、人間にとっては、人間ほど有益なものはない。私は断言する。人間が自己の存在を維持するためには、すべての人間がすべての点において一致すること、すなわち、すべての人間の精神と身体が一緒になって、あたかもひとつの精神、ひとつの身体を構成し、すべての人間が同時に、できるだけ自己の存在の維持に努め、すべての人間がすべての人間に共通な利益を、同時に求めることほど、価値あることは、ほかに望むべくもない、と[16]」。

こうして、個人の逸脱行動がマルチチュード化し、社会的に重ね合わされたときに、ひとつの巨大な社会勢力が形成される。それが今度は、ランゲが告発した社会の根幹をなす所有権秩序に打撃を与え、自分たちの取り分を取り返すとともに、みずからの物質的自由をますます拡大していく。とにかく人間は、精神的なものでなく、物質的なものをみずからのうちに、取り込まなければ、安心できない動物なのだから。

最後に、この社会勢力は、「すべての人間の精神と身体が一緒になって、あたかもひとつの精神、ひとつの身体を構成し、すべての人間が同時に、できるだけ自己の存在の維持に努め、すべての人間がすべての人間に共通な利益を、同時に求める」ような体制を樹立すれば、自分たちの安全と自由が決定的に保障されると考える。そこで、この社会勢力は、ますます多数の人間に自由と安心を与える方向で、政治的・法律的構造を変化させる。この際のもっとも大きな障害物は、やはりまた、個々人をバラバラに孤立させる既成の私的所有権秩序という社会の根本原理（ランゲ）である。この秩序は変わらざるをえない[17]。

古代から近代まで、もっとも変化してきた法律は、この所有権秩序にかかわっている、とランゲも確認している。なにしろ、所有権者の質と量が時代とともに変化してくるのである。ランゲはもちろん、これらの変化を「退歩」ととらえているが、これをカール・マルクスに倣《なら》って、「進歩[18]」ととらえることもできる。たしかに、古代奴隷制に比して、農奴制は、客観的な社会関係における個人的自由の拡大という点で進歩なのである。しかし、それが奴隷制の変種であるという意味では、進化論的適応にすぎないとも言えよう。

第2章　宗教的思考からの人間精神の解放

神のなんたるかはおろか、神の存在すらも、もはやわれわれは認識しない。

オッカム

1　オッカムの生涯と神学論争

薔薇は一般名詞

実は、オッカムという実在の人物は、実在したまま、ウィリアム・オブ・バスカヴィルと名前を変えて、「もうひとりの自分」(alter ego)として、小説にも、映画にも登場したことがある。『薔薇の名前』[1]がその原題である。著者はイタリアの著名な言語学者ウンベルト・エコである。バスカヴィルという名前は、コナン・ドイルの有名な探偵小説の主人公シャーロック・ホームズが扱った事件、『バスカヴィル家の犬』から想を得ている。だから、『薔薇の名前』には、主人公ウィリアムのほかに、ワトソン役の修練士アドーゾが登場する。

時代は、アヴィニョンの法王ヨハネス二二世がフランス国王によって担ぎ出されて、フランチェスコ会の清貧の思想を異端と断罪する、まぎれもなくオッカムのウィリアムとパドヴァのマルシリウスの時代である。『薔薇の名前』の出だしは次のようなアドーゾの回想から始まる。

「このように、一三一四年には、フランクフルトで五人の選挙侯がバイエルン公ルートヴィヒを神聖ローマ帝国皇帝に選出した。しかし、同じ日に、マイン河の対岸で、ライン宮中伯とケルン大司教がオーストリアのフリードリヒを同じ最高位に選出した。ひとつの玉座に二人の皇帝、そして唯一の法王座に二人の法王。状況はまことに大いなる混乱を醸し出していた」。

二年後、

「アヴィニョンにおいて新しい法王が選出された。齢《よわい》七二歳の老人、カオールのジャックで、彼はヨハネス二二世を名乗ったが、公正さにとって、いまやこれほど嫌悪さるべき名前をいかなる法王も二度と再び持つことはない、ということを天はご承知なのである」。

一三二二年にバイエルン公ルートヴィヒはフリードリヒを戦いで打ち破ったが、「二人の皇帝よりも単独皇帝を恐れるヨハネス二二世は、勝利者を破門した」。ルートヴィヒは「その仕返しに、ローマ法王を異端として断罪した」。

法王庁の財宝庫に金貨をうなるほど積み上げていたと言われるヨハネス二二世は、蓄財欲の塊であったから、一三二三年には、清貧の思想を恐れるあまり、「フランチェスコ会の提議を断罪し」、その思想を「永遠の劫火」にかけると宣言した。まさにこの時期に、ルートヴィヒ四世は、フランチェスコ会を「ローマ法王の敵として自分の同盟者」と見なしたのである。「皇帝付きの神学者となったパドヴァのマルシリウスとジャン・ド・ジャンダンの思想」にもとづいて、ルートヴィヒは、イタリアに下り、帝冠を授けられた。

物語の副主人公のアドーゾは、このような話を冒頭で語り、パドヴァのマルシリウスの紹介で、フランチェスコ会の神学者ウィリアム・オブ・オッカムに師事することとなった、と往時を偲《しの》んでいるのである。

時代が待っていた人物

さて、実在の人物、ウィリアム・オブ・オッカムの生涯を簡単にたどってみよう。イギリスの首都ロンドンから南西に四〇キロメートルほどのところに、いまではサーリ州に属するオッカムという小さな町がある。ウィリアムは、このオッカムで、一二八五年頃、あるいは一二八八年頃に生まれたとされている。一二九〇年より少し前と推定するオッカム研究者もいる。そのうえ、オッカムと称される町は、三つもあるという。しかも、もともとの名前がウィリアム・オッカムで、このオッカム村とはなんの関係もないという説まである。謎多き人物である。

映画のように、彼は、一四世紀初頭に突然、歴史の舞台に華々しい姿を見せる。この頃の彼については、フランチェスコ会修道士となっていたこと、一三〇六年に副助任司祭になったこと、そして、一三一七年から一三一九年までは、たしかにオックスフォード大学で学び、教えていたこと、ペトルス・ロンバルドゥスの『命題論』について講義していたことが知られている。

神学の世界では、おそらく、彼は、若年ながら、相当に優秀な学生であり、教師だったのだろう。彼は、一三一二年から一三二三年までのあいだ、パリ大学で神学や自然学の講義をしていて、そこで、ジャン・ビュリダン(ヨアンネス・ブリダヌス)を教えたと記している史書もある。その一方で、彼は学生だったかもしれないというのである。これは奇異に聞こえるかもしれないが、あり得ないことではない。当時の大学制度では、たとえば、哲学や法律や政治や自然科学系統の学問を志す者は、大学の学部への登竜門である自由技芸学部に籍を置き、教養を身につけたからである。自由技芸学部の教師の平均年齢は低く、パドヴァのマルシリウスのように三〇代で学長に就任する教師もいた。なにしろ、生まれたばかりの大学で、授業料の概念や学生の概念すら確立されていないなかに、聖職者の教師と世俗の教師のあいだの対立が絡み、そこへ法王庁からの思想干渉が頻発するという有様だったのである。なにが起きても不思議ではない。大学とはそういう世界だったのである。

オッカムの弟子とされるビュリダンは、「ビュリダンのロバ」で有名であるが、二度にわたってパリ大学学長を務めた人物にふさわしく、伝統にとらわれず、自由な発想ができた、優れた論理学者であった。論理学者としての彼は、概念論に関してオッカムを批判するなど、並の弟子ではなかった。しかも、繰り返し異端の嫌疑を受けた点で、師匠のオッカムにも引けを取らないほど、極端な議論に走っていた。また、彼は、自然科学に造詣が深く、アリストテレスの天動説に疑いを持った自然学者のひとりとされている。

おまけに、パリ大学には、ザクセンのアルベルトゥスやニコラ・オレームなどの自然学において、オッカム主義を掲げる一派が誕生し、のちに大学ではオッカム主義を講ずることが禁止されたりするくらいだから、短いあいだに、とくに哲学と自然学において、途轍もない影響力をオッカムは持ったと言えよう。時代はオッカムの登場を待っていたと言わなければならない。

当時、叢生したオッカム主義者たちは、師匠と同じく論争好きで、ある点では、師匠以上に経験論・実験至上主義に傾き、哲学的にはオッカムのアリストテレス解釈を乗り越えてすらいた。たとえば、フランチェスコ会士で、オッカム主義者のオートルクールのニコラウスは、ある事物の本質から、その事物の能力や結果に至るまでを演繹するアリストテレス論理学に真っ向から反対して、「ある事物の実践的認識から他の事物の認識へは進むことはできない」とまで極論した。彼は、のちのヒュームのように、「因果関係は単なる一本の連鎖にすぎない」として、事物の必然的連関性にまで疑問符を投げかけた。

オッカムの神観における知解不能性のテーゼは、やがて、時代が下ると、知性そのものの否定にまで行き着いたのである。懐疑論の極致とも言うべきこの極端なニコラウスの思考が一三四七年の公開焚書の刑に処されたのは、「アリストテレス学派は論証的であるか」という中世神学の主柱とも言うべきアリストテレス哲学に疑念を提出していたからであった。

オッカムの剃刀

ともあれ、中世末期にあって影響力絶大なオッカムは、事実、歴史上、二つの点で、尋常な人物ではない。

ひとつは、神学博士の称号を持たず、生涯、神学修業士号にとどまったということである。ところが「尊者に値する創業士」と、彼には最大の敬意が払われている。おまけに、彼の神学論争における豪腕ぶりは、ひときわ異彩を放っていたようで、彼には、「無敵博士」または「常勝博士」との「博士号」が送られていた。

とにかく、彼が煩瑣なスコラ的議論においてめっぽう強かったのは、おそらく議論を単純化して、徹底的に論理で追い詰めるスタイルを彼がとっていたせいであろう。「オッカムの剃刀」と、のちに、揶揄と尊敬を込めて呼ばれるように、アリストテレス哲学に学んで、とくに自然解釈のなかでは、必然性のないものを一切設定しないし、命題のなかでは、必然性のない概念は、切って捨てたのである。

「理性、または経験、あるいは過つはずもない権威によって証明されない限り、必然性なしに存在物を増やしてはならない(2)」。

これが「オッカムの剃刀」と呼ばれる方法論で、神学論争から余計な概念を追放することに役立つ。しかも、彼は、概念の価値を共通記号のレベルにまで押し下げ、その代わり、個物の実在性の方に真理基準を求めた。世界に現に存在するものは、唯一の個物それ以外のものではない、という唯名論的確信を彼は抱いていたのである。

このような彼の立場をりんごの例で説明しよう。

オッカムの主張によると、りんごの味は、実際食べてみなければわからないから、「りんごは甘い」という命題には、実在性のひとかけらも含まれていない。もし「りんごは甘い」という命題における主語の「りんご」が「この」りんごであれば、それを実際に食べることができるわけだから、甘いか、酸っぱいかの判断がつき、この命題は現実の事態を表わすことになる。ドゥンス・スコトゥスの有名な「このもの性」である。つまり、甘いという述語は、それが一般概念ではなく、個物を修飾するときにだけ、意味を持つことになる。

こういう経験論的唯名論で、厄介なのは、りんご一般が甘いことを論証することには、神業にも比すべき数え上げ、数え尽くしが必要となることである。その意味で、オッカムの唯名論は、限りなく不可知論へ傾いていき、やがては、キリスト教的神観の基礎を掘り崩すところにまで到達する危険性をはらんでいた。

大勢の著名なスコラ哲学者のなかで、「剃刀」というような鋭利な刃物とともにその論理が語られ、その称号に、このように戦闘的な形容詞をもらっているのは、おそらくオッカムひとりであろう。彼によって、哲学は、総合の時代を通り越して、分析と分離と切断の時代に入ったと見ていい。

理性と信仰の分離

トマス・アクィナスは、ドミニコ会士で、すでに権威となっていて、アリストテレス哲学とキリスト教とをたくみに組み合わせ、神学と哲学、つまり信仰と理性を秩序正しく統一した教説を展開し、みずからの教説を正統教義とすることに成功していたが、彼のアリストテレス解釈では、信仰と哲学的真理が融合されていた点で、結果的には、アラビア経由の二元論的なアリストテレス解釈とは相反する要素が含まれていた。

ところが、オッカムの師匠であったヨハネス・ドゥンス・スコトゥスの方は、アラビア経由のアリストテレスの二重真理説を発展させ、個物実在論と神信仰の主体化とを分離する教説を打ち出していた。つまりは、トマスとは正反対の、理性と信仰の分離である。これがオッカムにおいては、さらに推し進められ、神は神信仰もろとも、絶対的恣意性の世界へ、つまりは、理性の権限の埒外へ持ち出されてしまうのである。オッカムにおいて、初めて信仰は、文字通り、近代的個我にのみ属するものとなった。

オッカムは、神はみずからの本性に背かないことをなんでもなしうるし、矛盾なく行ないうることすべてを行ない得る、と明言する。(3) もちろん、神の恣意性といえども、矛盾律を守らざるを得ず、自家撞着に陥ることはできない。だから、おそらく神は、論理的なものであろうが、しかしながら、それを証明することは人間には不可能なのである。要は、神信仰においては、証明など不必要だということである。

これは、裏返せば、偶然に神の恣意で生まれてしまった自家撞着のない論理的な現実世界からは、非論理的、不合理なものは、一切退けられなければならないという科学主義の地平を開くことになる。しかも、神がなぜこのような世界を望んだかは、不可視であり、おそらくは、不可知でさえあるという主張は、神の意志を読み取ったかのごとく、ローマ法王をその代理人としてキリスト教信仰が現実世界を支配している体制とは、決定的に対立する地平にまでいずれは行き着く。

現実世界は、神の代理人たちによる善悪二元論的決疑論によって、法律、商業、政治ばかりでなく、自然界まで秩序づけられている状況だったから、オッカムの神の恣意性に裏付けられた神観からは、法王に人間の罪を許す権限はないとするプロテスタントの論理に近い信仰観が出てくる。だから、オッカムは、のちに正面切ってローマ法王批判を開始するのである。こうして、信仰の絶対化は、信仰と世俗政治との切断をもたらし、オッカムは、教会権力からの政治および政治権力の独立というマルシリウス的、マキアヴェッリ的テーマの濫觴ともなったのである。

異端嫌疑

もうひとつは、オックスフォード大学に在籍していた時代の最終期に起こった舌禍事件である。オックスフォード大学の「新派」によって罷免されたトマス派直系の元学長ジョン・ラタレルがじきじきにアヴィニョンの「幽囚」法王にオッカムを異端の疑いありとして告発したのである。オッカムがペトルス・ロンバルドゥスの『命題論』に異端の疑いがある注釈を付けて、学生に講義したというのが告発の中身である、当時のオックスフォード大学の学生のなかに、反トマス的な「新派」哲学になびく者が多数いた証拠である。

異端審問の開始は一三二六年のことで、オッカムの誤謬を検討する六人（ラタレルを含む）からなる神学者委員会がときのローマ法王ヨハネス二二世に上申した報告書が残っている。異端の嫌疑がかけられ、委員会によって検討された項目は、ラタレルの当初の五六項目より減らされていて、五一項目あったという。

異端審問は、三年間という異例の長さで続けられた。その結果は、惨憺たるもので、五一項目中わずか六項目についてのみ異端学説とされたが、それと相前後して、オッカムはアヴィニョンから逃亡し、嫌疑をうやむやにしてしまうのである。しかし、いずれにせよ、異端とされた命題のなかに、まさに彼の面目躍如たる唯名論的な個物実在主義を主張する項目と神の恣意的権力に関する特異な主張とが含まれていた。

代置理論

第一のそれは、ラテン語のスコラ用語で、suppositio（代置、代行、代示）と呼ばれ、論争の蓄積がすでにあった言語学的概念をめぐるオッカムの独自かつラディカルな見解にかかわっている。「代わって示す」という表現からも分かるように、これはある命題の主語と述語の関係にかかわって、主語が代置された場合、命題の性質はいかなるものになるかを明らかにする。オッカムは、代置を三つに分けて検討している。

一、個人的代置（suppositio personalis）の例：「人間は走る」。

この命題の場合、「人間」という名辞は、具体的な実在のペテロやパウロやアンドレアの代わり

(suppositio) に使われている。走らない人間もいるからだ。だから、オッカムは、この命題の「人間」という主語は、一般概念ではない、というのである。唯名論的だというのは、この一般概念が実在しない、それは、心のうちにあるだけの概念である、と主張するからである。ところが、個人的代置は実在する個物について言われているから、述語に意味が出てくる。そして、命題自体が現実と接点を持つことになる。ここからは、当人の動機も含めて理性的検討に付すべき自然学的諸問題が無数に出てくる。

この人間はなぜ走っているのか？　この人間が走るとはどういう運動であるか？　こうした問題は、検討するに値するのである。というのも、あの人間の場合には走らないかもしれないし、走ることができないかもしれないからである。人間が人間一般を指す場合には、命題がなんの現実的意味合いも持たなくなる。

もう一つの例：「種は一個の普遍なるものである」。

いよいよ、唯名論の中心問題である。この命題の場合、「種」という名辞は、多数者を意味するが、普遍は多数者に共通している、ある概念を指示する。だから、これは、「多数は共通したなにかを持つ」と主張している命題と同じことになり、当然のことであり、意味はある。多数とは、個々の事物が集まっている場合を表現している。たとえば、りんごが一〇個あれば、そのうちの何個かは、赤い色をしている可能性がある。その他は、青いかもしれない。個物の集積だからそういうことになる。

ここで肝心なのは、繰り返しになるが、あくまで現に存在するりんごA、りんごB、りんごC……等々の実在する個物としてのりんごなのである。

個人的代置の場合には、命題がなにかを意味するということが肝心であって、それが一般的に成立する命題であるか否かは神にしかわからない。例えば、地球上で走る人間をすべて数えつくすことが必要となるから、このような作業は神にしかできない。それと同じで、この世に存在するすべてのりんごの共通概念を人間は作ることはできない。人間には列挙し尽くすことができないからである。神のみが無限を数えることができる、とはアウグスティヌスの名言であった。

このことを逆から見ると、実際、事物や事件について正確な認識を持つためには、ぜひとも思考対象を極力限定せねばならないし、個別化することが認識の最初の作業としてぜひとも必要だということになる。少数の個物、小さな個物同士の連関を探ることから科学的認識が始まるのは、デカルトとそこから始まる現代科学でも変わらない格率となっている。デカルトは、すべてを疑い、疑い得ぬ個我——最小の単位——の実在性を基礎に共通性へと上向しようとしたことはよく知られている。

だから、オッカムの理論を正確にとれば、こういうことになる。「人間は二つの目を持っている」という命題の場合、「人間」という名辞は、あくまで個々人のことを思い浮かべているのであって、この命題のなかには、一つ目、三つ目、四つ目の人間もいるかもしれない、というきわめて経験論的な慎重さが含まれているのである。神のみが全部の人間が二つ目であることを知っているかもしれないが、人間にはそれを知る能力がないということである。

オッカムにとって、もっとも大事なことは、事物が実際に存在するかどうかは、それが個物であるかどうかにかかっている、ということであり、これが彼の唯名論の真骨頂である。

この唯名論は恐ろしいほどの解体力を秘めていたから、その波及効果もまた、恐ろしいほどのものであった。オッカムが無敵博士と呼ばれたゆえんである。たとえば、キリスト教のカトリックとは、普遍性あるいは公同性を意味したから、それは実在物ではないことになったのである。では、実在するのはなにかというと、信仰を持った個々の信徒それだけである。

あとの二つは、オッカムにとっては、意味を持たない代置である。これが正統を自認するトマス主義者にも、アヴィニョンにも気に入らなかった。

二、単純な代置 (suppositio simplex) の例:「人間は種である」。

これは、どちらも自然の事態を示しておらず、実在する事態を示すものではない。「人間」という名辞は、それが概念である限りでは、すでに「種」であることを含んでいる。この場合の「人間」という名辞は、個々の人間ではなく、すでに多数の人間を意味している。その点では、種が多数の個物の集まりを意味するので、「人間は種である」という表現は、「人間は人類である」というのと同じくらい、単純な代置でしかない。

この単純な代置には、意味がないことをオッカム自身が『論理学大全』のなかで言っている。

「名辞がその意味されるもののために代行するとき、単純な代置が与えられると主張する人びとの意見は間違っているように思われる。逆に単純な代置は、名辞が概念のために代行するときで、しかも、その概念がそれの意味そのものではないときに与えられる。というのも、前者の名辞は、概念ではなく現実の事物を意味しているからである[4]」。

三、質料的代置（suppositio materialis）の例：「人間（homo）は四文字である」。

この代置は、物質的なものである。すなわち、音であるか、あるいは書かれた文字であるか、どちらかである。ここでの「人間」は、個人でもなければ、概念でもない。ただ、「人間」を別な形で書き表しただけである。それはいずれにせよ、人間（homo）という言葉を質料的存在物で置き換えただけで、これも意味が無い。

代置の危険な罠

このオッカムの代置理論のどこが異端的なのかは、いまとなっては、一目瞭然である。代置の秘密を解く鍵は、「人間」という名詞をオッカムがどのように捉えているかにある。すなわち、オッカムにとって、「人間」という名詞は、個々の人間のことでしかなく、種とか、類とかというような抽象的概念ではない。個々の人間が「走っている」のは、言うまでもなく、現実である。世の中には、「走っている」人間はたくさんいる。したがって、この命題には意味があることになる。実際の事態を表現しているからである。個物しか実在しないとなると、早速神は存在するのかが問題になる。これは、異端どころの話ではない。

そのうえ、神学の研究を生業《なりわい》とする神学者たちにとって、困ったことには、彼の代置理論は、スコラ論議と称される抽象的概念から成り立つ命題をめぐる神学者たちの抗争自体を無意味なものにするのである。単純な代置を認めなければ、おそらくすべての神学論争は無意味なものと化すだろう。たとえば、「神は絶対である」とか、「神は永遠である」とか、「神は霊である」とかという抽象的概念同士の結びつきは、主語がすでに述語をあますところなく含んでいる神を相手にした場合には、同語反復にもならない。これでは、信仰と理性の調和を語る神学なども成立しようがない。オッカムの唯名論的論理が恐れられたのは当然の話しである

唯名論的聖餐論

第二の異端的見解は、キリスト教の最重要な儀式である聖餐（聖体拝領）の儀式におけるパンとぶどう酒の聖変化にかかわるオッカムの解釈のなかに示されている。論理学におけるオッカムの唯名論的学説が神学および神の存在証明の論証力に重大な疑問符を打った点で、異端的であったのに対して、

聖餐におけるパンとぶどう酒の聖変化（聖体変化）に関するオッカムの唯名論的解釈は、直接、キリスト教信仰の従来からの形式を消滅させかねない危険性を含んでいた。異端審問がこの点に注目したのは、当然のことであった。

パンとぶどう酒という量と質を持った、だれもが知っている二種の食べ物の実体がキリストの体と血に変化するという、まさしく「秘蹟中の秘蹟」（聖トマス）を信じながら、信徒はパンとぶどう酒を食し、飲むのである。普通の食べ物がキリストの身体に変わることは、まさに信じる行為の中核をなす教えであるから、この点をわかりやすく説明していく必要がキリスト教の指導者たちにはあった。

もっとも徹底した唯名論者であったとされる、伝説の人物、ツールのベレンガリウスは、パンとぶどう酒の秘蹟について、聖なる儀式（サクラメント）は、それらの形色――噛み砕かれ、飲み込まれる――を失わせるが、しかし、その自然的性質――ぶどう酒はぶどうを原料とし、その発酵という性質を利用して作られる液体で、そのアルコール成分は人を酔わせる――を失わせない、と経験論的解釈を主張し、異端として断罪された。一一世紀半ばの話しである。彼の説では、儀式の前後で、パンとぶどう酒の感覚的、物質的特性になんの変化も起きていないので、キリストの身体が二つの食物のなかに実際に入るという秘蹟の説明が不可能になる。

もしこれまでの解釈で、パンが本当にキリストの体に変わったとしても、ベレンガリウスの言うように、その自然的性質になんの変化も起きないのであれば、それを食べることは動物にでもできることになる。「豚や犬や鼠でさえもわれらの主キリストを食することができる」（ウィクリフ）ことになるのではないか？　あるいは、昆虫のたぐいがパンやぶどう酒のなかに紛れ込むこともあり得る。ここからは、この聖体拝領の儀式をめぐって、荒唐無稽な奇蹟の数々が出てくる。実際、その主人公はみな動物たちである。

司式者と奇蹟の多発

自然的な性質が変わらないという主張は、至極もっともな経験論的見解であるのに、その主張が異端として裁かれるもうひとつの理由は、儀式に携わる司式者を用なしにしてしまいかねないからである。秘蹟を秘蹟たらしめるのは、この司式者だからである。

神の代理人である司式者に瞬間的に与えられる霊的な神秘の力で、パンとぶどう酒にキリストの身体が宿って、文字通りキリストの身体を信者が食するという奇蹟が起こるというのである。だから、いつ変わるのかが問題になる。それは、司式者が儀式を始めて「呪文」を唱えた瞬間である。そのときに聖変化、つまり実体変化が起こる。

こういう奇蹟を引き起こす力を司式者が持っていなければ、パンとぶどう酒はそのままで、司式者の唱える言葉を象徴的な意味合いに解釈して、それらがキリストの体と血であると「信じる」ほかない。実は、この見解がすでにプロテスタント的なのである。儀式は、単に象徴的な意味合いしか持たない。言葉が力強く発せられ、パンとぶどう酒を授かった人間が信仰心を持つようになることこそがこの儀式の眼目となる。この際、「言葉」というのは、もちろん、新約聖書の該当箇所で、次のような文言になっている。

「一同が食事をしているとき、イエスはパンを取り、讃美の祈りを唱えて、それを裂き、弟子たちに与えながら言われた。『取って食べなさい。これはわたしの体である』。また、杯を取り、感謝の祈りを唱え、彼らに渡して言われた。『皆、この杯から飲みなさい。これは、罪がゆるされるように、多くの人のために流される私の血、契約の血である(5)』」。

もし、このサクラメントが司式者を介して行なわれる現実的な奇蹟だとすると、表面上、どのような変化も起きていないという事実認識との整合性がたちまち問題になる。そこで、経験論的事実は、だれの目にも明らかであるので、目に見えない、実体という普遍概念の方の変化、つまり思考、精神の上で変化するという教説で、信者を迎え入れることになったということである。

事柄は精神にかかわっているから、形姿という偶有性とは関係ないのだ、というのが唯名論と対立した実念論、実在論の立場である。世俗の民衆にしてみれば、パンという形姿ではなく、そこに宿っている観念が問題だということになる。すると、だれでもがそれを信じるということにはならない。もし、偶有性の方にも変化が現われたのであれば、これは、奇蹟ではなく、現実だから、信じる、信じない、以前の問題となり、科学的真実を否定する側が完全に間違っているということになる。

いま見たように、この聖体拝領を物質的なもの、すなわち現実のパンとぶどう酒に還元すると、われわれは、信仰と理性に引き裂かれ、一歩も信仰への道に歩み出せなくなる。だから、どうしても、この聖体拝領の儀式には、奇蹟が司式者を介してそのつど生じることがぜひとも必要なのである。つまり、この儀式そのものがキリスト教における奇蹟の頻発という非科学性をはらんでいる。何千回となく奇蹟が起こるところから、古来、この儀式をめぐっては、さまざまな奇妙かつ奇怪な奇蹟が報告され、まことしやかに人口に膾炙していた。それは、皮肉としか言うほかない事態であった。

パンとぶどう酒は、聖職者によって聖別された途端にキリストの実体を持つのだから、キリスト教の教義に関しては無知な人間は、聖別後の数分間に、妙なことが起こったらどうするのかと心配した。無知のうちに瀆神が紛れ込むのは当然であり、世の習わしである。この数分間にミツバチのような虫が飛んでくるのは大いにあり得たことであり、犬や豚や狐が教会に闖《ちん》入して、パンを食することも、十分想定されたわけで、信仰半ばの者たち、あるいは権威を馬鹿にしたがる者たち、あるいは自分にとって都合の良い時だけ神を信仰する功利主義者たちが、馬鹿話を作り上げ、流布したというわけである。いつの時代にも、いい加減な無神論者はどこにでもいるということである。

正統教義における聖餐論

一一世紀の半ばにベレンガリウスの提起した解釈は、公会議によって異端宣告を受けた。いずれの時代にもプロテスタント的、宗教改革的発想が存在したもうひとつの証拠である。しかしながら、カトリックでは、この経験論的解釈にどのような解釈で決着を付けたのだろうか？　それが有名な実体変化説である。ベレンガリウスは、その後、前言撤回を行ない、次のような説に変更し、ローマ教会の承認を得たという。正統教義における聖餐論を宗教改革の先駆者ジョン・ウィクリフの検討から引用しよう。

「第三の見解はベレンガリウスのそれであるが、これが聖なる公会議の教令と思われる。ベレンガリウスはこの秘蹟が感覚によって感知されるかぎりでは、パンとぶどう酒であるという以前の誤った所説を訂正し、厳粛かつ公的に告白した。……祭壇の上に置かれるパンとぶどう酒は、聖別されたのちは、単に秘蹟のしるしであるだけでなく、真実に、実際に司祭の手によって保持され・裂かれ、信仰者たちの歯によって噛み砕かれる(6)」。

そもそも、自然界の物質を原料としてできる個別物体としてのパンとぶどう酒は、それを支える実体というものを持っている。その自然界の物体に宿る実体に、司式者が取り仕切る聖餐の儀式のあいだだけ、全面的変化が起き、実に、そのときだけ、本当にキリストの体と血という神＝実体となるのである。これが奇蹟でなくてなんであろうか。

　現実に存在する、そのパン、このぶどう酒は、人間がたまたま製造したものだから、自然界の物体がたまたまそのような姿形をしていると言う意味で、ひとつの偶有性、偶然である。神にとって偶有性など、問題ではない。それは人間であるパン職人とワイン職人がたまたま作ったはかない食べ物にすぎない。

　中世神学では、偶有性は、可変であり、時間がたてば消滅する。現に、パンとぶどう酒は体内に摂取され、姿形を変え、人間の身体という新たな偶有性を帯びる。ところが、実体はそうではない。実体は永遠で、変化しないというのが、この時代の神学の前提であった。

　だから、正統教義では、変化しないものが、司式者の手にある瞬間にだけ変化し、そして、儀式が終わったときに元に戻る、といういわば「奇蹟的な」解釈で、この聖餐論の難題は切り抜けられたのである。これが正統教義の実体変化説である。

　ちなみに、ウィクリフは、司式者無用論を警戒し、かつヨハネが伝えるように、「キリストの体と血の飲食について無知なところから、多くの弟子たちがキリストの元を去っていった」ことに鑑み、この儀式を象徴的意味合いに解釈して、「キリストの肉と血を飲食するというのは、まったく霊的な意味においてである」(7)とした。彼によれば、飲食にもふた種類あり、実際の物質的飲食——だから自然的理性にもとづく飲食——と精神的な飲食つまり、信仰の飲食とがまったく別の事柄として考えられなければならないのである。

オッカムの聖餐解釈

トゥールのベレンガリウスの自説撤回から、二五〇年ほどあとに現われたオッカムの聖餐解釈はどのようなものであったか？　オッカムがまだアカデミックの世界にとどまっていた一三二八年以前に書かれたとされる著作、『キリストの身体について』と『聖体拝領のサクラメント』を参照すれば、実体変化説を斥けたオッカムの聖変化解釈は次のようなものであった。

キリストの身体という実体は、現実的に祭壇のパンに天上から突如として入ってくる。その際、キリストの身体が宿る先の唯名論的な自然のパンは、実体変化するのではない。パンの実体は小麦であると言われている。これを身体に変えることはできないし、その必要もない。なぜなら、パンのなかに存在すると言われる小麦という「実体」は、唯名論者オッカムにとっては、人間が必要に応じて作り出した一般名辞にすぎないからである。だから、パンをいくら現実的に食そうとも、それは、パンの「実体」を食べていることではまったくない。現実にありもしないものを食べることはだれにもできない。彼にとっては、「実体」の概念が実在することを証明する必要はないし、証明することも不可能である。それは、霊的なもの、精神的なものであり、信ずるか、信じないか、という一点にのみかかわるものである。そのような、人間の精神が作り出す一般名辞である実体をなくすことは、神の恣意的権力には可能である。この一般名辞の実在性にこだわるあまり、神の存在を疑うなど、本末転倒の、まさに真の瀆神である。

このように、オッカムの解釈によれば、聖餐のあいだに起こる聖変化は、現実に存在するパンの偶有性だけを残して、パンを「無化」(8)させるのだから、人知の及ぶところではない、神の無限の権力を示すものであり、まさしくここでは、信仰のみがその真実性を証《あか》しするのである。しかも、なにゆえ神は、このような力を持つかと言えば、それは神が第一原因であって、副次的な原因ではないからなのである。

オッカムにとって、存在するということは、個物のみにかかわる。個物実在主義という唯名論である。きわめて近代的な発想である。ところで、この個物というのは、人間が作ったものであるから、明らかに偶有性である。人間界では、実体性なる一般名辞は思考の外に置けても、偶有性の方は、実在性、存在性と切り離せない。

一方で、神は存在する。したがって、オッカムによれば、パンという偶有性のなかに、パンの実体をいわば「押し出して」、キリストの身体という実体が実際に移動してくるのである。神といえども人間の作ったパンの偶有性を破棄することはできない。それは、論理に反するからである。論理に反することを神はしない。

哲学的に言えば、パンの持つ量的存在性は通常では、パンの「食べ物」という実体、すなわち質的存在性と切り離しがたく結びついているが、儀式のなかで、両者は切り離される。通常ではありえないことが起こり、パンはキリストの身体という実体性を帯びるのである。その際、第一原因としての神の無限で、恣意的なパワーが働く。結びついているものが切り離されて、パンにキリストが現前するのであるから、この奇蹟を引き起こすのは神のみである。そして、われわれの証明能力の及ぶところではないが、キリストのこの現前は、信仰心を持った精神にだけパンのなかで、見て取られ、感じ取られるのである。神は突如として、この奇蹟を聖餐の際に起こすのであり、なにゆえ、そのような意志を神が持ったかは、一切不可知である。

だから、オッカムの解釈では、実体そのものが「変化」するのではない。これでは、パンの実体がキリストという実体に「変化」するという正統派解釈による実体変化説を、キリストの身体という「実体」は天上にとどまらなければならない[9]というトマス説ともどもオッカムは認めていないということになる。この点がアヴィニョンで検閲に引っかかったわけである。

以上のオッカムの聖餐解釈は、個物実在主義と神の無限の力を両立させた理性と信仰の徹底的分離とその後の融合であり、個々人の判断を基礎に置く完全に新しい信仰形態を確立することにつながる。まず、分離したのちに、理性と信仰、哲学と神学は、アヴェロエスの二重真理説のごとく、併存する。

ちなみに、オッカムの実体論は、近代哲学のカント主義風に解釈すれば、わかりやすい。パンの実体は「認識の彼岸」にある。実体は「物自体」のことなのである。この「物自体」の実在を証明することは人間にはできない。だから、此岸で、いくらパンを現実的に食そうとも、そのことによって、必ず、彼岸の実体に変化が起きなければならない、ということにはならないし、いわば、起きても起きなくても、人間には認識することはできないのだから、どちらでもよいということになる。オッカムの解釈では、キリストという実体は、聖餐に際してパンのなかに入るのだが、カント的に言えば、入ったか、入らなかったかは、信仰の問題で、科学の問題でもなければ、理性の管掌事でもない。カント主義は、実に手強い無神論に化ける可能性を秘めている。

このような意味で、オッカムを異端の嫌疑ありとして告発したことは、至極もっともなことだった。しかし、オッカムは、異端との指摘にもとづいて、一応『命題論註解』に必要な修正を施したようである。それも僅かな修正にとどまり、そのテキストが全欧に流布したところから見て、どうやら彼は異端審問を無事切り抜けたらしいのである。オッカムの稀有な才能というべきか、あるいはアヴィニョン捕囚の法王権の凋落というべきか、にわかには判断がつかない事態であった。

清貧論争

いずれにせよ、彼は、キリスト教教義にかかわる別の論題で、その正統信仰を疑われ、一三二八年六月六日に破門される。それが映画にも描かれた清貧論争、つまり「イエスは財布を持っていたか否か」という論題に象徴されるローマ教会の富と繁栄および聖職者の奢侈と乱費を正面から批判するフランチェスコ会がローマ法王の権威に挑んだ論戦である。

『薔薇の名前』では、彼は、アヴィニョンならぬ北イタリア山中の修道院で開かれようとしていた清貧論争にたまたま加わるように要請されるのだが、実際には、オッカムは、フランチェスコ会士として清貧論争に取り組むように、同じく異端審問で呼び出されていた仲間の修道士から依頼を受けたようである。一三二七年の終わり頃に、極端な清貧の主張に関して、申し開きをするように、アヴィニョンへ呼び出されていたフランチェスコ会総長ミケーレ・ダ・チェゼーナとその他のフランチェスコ会幹部から、彼らと同じ時期に、別な嫌疑でアヴィニョンに召喚されていたオッカムに論争に加わるように要請があった、とオッカム自身が語っている。

清貧論争は、いつの時代にも起こりうる。階級社会では当然のことである。貧富の差が人間たちのあいだに認められる限り、貧しき者が富める者を批判し、攻撃する際に、禁欲道徳が前面に出てくるのである。富める者にこそ禁欲道徳は意味を持つ。不必要な富はみな貧しき者に分け与えよとイエスも教えている。文字通り、「清く、貧しくあれ」というキリスト教の原始の精神は、イエスの行動そのものに現われている。彼の事蹟を記述する福音書には、貧しき者にこそ天国は開かれており、逆に、金持ちが天国に昇るのは、針の穴をラクダが通るよりも難しいと書かれてある。

貧しき者は、そもそも貪欲に走りようがないから、禁欲しているように見えるにすぎない。貧しき者の禁欲は、彼ら自身が自覚的に実行している意志的行為ではなく、むしろそれは、強制された禁欲である。

ドルチノ派異端

キリスト教異端の教説は、しばしば、このイエスの教えを支えとし、金持ちに対する貧者の叛乱を扇動した。『薔薇の名前』でも、一三世紀末から北イタリアのノヴァーラ一帯に根を張ったドルチノ派異端について、こう解説されている。すべての人間に、天国が近づいているがゆえに、悔い改めることを説いた、まるで洗礼者ヨハネのような男ゲラルドがパルマに現われた。

「彼はみずからのセクトを使徒修道会と称し、貧しい乞食のように、施しものだけで暮らして、世間を渡っていくように説いた。彼と彼の信奉者たちは、聖職者の権威とミサの祝福と告解を否定した」。それは、フランチェスコ会の教えと共通しているのではないかという質問に、ただ一点、それが聖職者の役割を否定する点に違いがあると解説者は答え、この運動にノヴァーラ出身のフラ・ドルチノが加わったというのである。

「このことは、異端を撲滅しても異端は生きながらえるということを物語っている。このドルチノも、聖職者の私生児だったが、頭が切れて、読み書きの教育を受けたから、教会の財産を盗み、トリエントに遁走した。そこで彼はゲラルドの教えを、より異端的な精神でまとめ、みずからが神の唯一の使徒だと名乗ったのだ。そして、すべてのものは共有されねばならぬとして、女性の共有をも主張したのだ。……異端は、多くの場合、領主に対する叛乱に固く結びつけられる。……彼らは清貧を名目にして私有財産制に対する闘争を説いて、砦や山にこもった」。

まるで、カタリ派そのものである。そして、彼の説く第三の時代には、すべての者が悔い改めねばならぬとして、かねにまみれ、堕落した「聖職者、修道士、修道会員は残酷な死に方をせねばならぬ」と民衆を煽ったというのである。

千年王国の実現

このように、イエスの清貧に始まる福音書の禁欲精神は、天上と地上における不正義・不公正の武力討伐を説くヨハネの黙示録としばしばワンセットになって、困窮した貧民の一揆的世直し行動への触媒となってきた。聖俗の世界で絶大な権力を振るったローマ法王とその配下の高位聖職者たちが叛乱者の標的になる可能性は、いつの時代にも、どこの場所にもあったということである。ノーマン・コーンは、こうした民衆の千年王国願望が聖職者の宗教改革運動と結びついていたことを次のように描いている。

「中世全体を通じて、宗教改革を求める声は根強く続いていた。そしてこの要求の背後にある理想は、時間と場所に応じて細部の差異はあったが、本質においては同じであった。ワルド派からフランチェスコ心霊団を経て、アナバプティスト（再洗礼派）に至るまでの約四〇年間にわたって、国をさすらい、使徒たちのそれにならって、清貧と簡素の生活を送り、霊的指導を渇望する一般信徒たちに福音を説く者は絶えることがなかった[10]」。

宗教改革もまた、ルターやカルヴァンの登場以前に企てられ、民衆だけの運動であったために、そのあまりの極端さに、しばしば流産していたということである。宗教改革にも「永遠」の冠をかぶせなければならない。

このようなわけで、フランチェスコ会総長が一三二三年に、前法王が認めた通り、キリストの絶対的貧困の教説は正しいと宣言したとき、早速、吝嗇漢であった現法王ヨハネス二二世が同年一一月一二日に彼の教説を異端と断罪する回勅を発したのも、当然の防衛策であった。ミケーレ・ダ・チェゼーナの標的がローマ法王の奢侈にあったことは、明白だった。

オッカムの破門

時代は、実は、宗教改革が可能な時期にさしかかっていた。というのも神聖ローマ帝国選帝侯のバイエルン公ルートヴィヒ四世が果敢にも、ローマ法王の権威に真っ向から挑戦し、破門されても屈せず、イタリアに下り、市民の選挙によって帝位を確かなものにし、合わせて、ヨハネス二二世を公会議で異端として罷免したのである。この行動を思想的に支え、本人みずからもローマに乗り込んだことで知られるもうひとりの哲学者がパドヴァのマルシリウスだった。彼もまた、バイエルンの宮廷でオッカムと合流することになる。

この行動計画は、ちょうどオッカムらが清貧論争のさなかにあった一三二八年一月に頂点に達した。ローマに進軍したルートヴィヒは、かねての計画通り、神聖ローマ帝国の皇帝即位式をローマ法王抜きの世俗の形式で行なったあと、それをローマ市民の民会で承認させ、その場で、ヨハネス二二世の廃位を議決し、対抗法王としてニコラウス五世を担ぎだしたのである。まさしく前代未聞、空前絶後の、世俗君主のローマ法王に対する「民主主義」革命であった。

一方、清貧論争で、ローマ法王の頑《かたく》なな反フランチェスコ会の姿勢に、このまま異端審問にかけられ、処刑されるのではないかと身の危険を感じたオッカムとミケーレ・ダ・チェゼーナらのフランチェスコ会幹部は、密かにアヴィニョンを脱出し、一三二八年五月二七日夜に、ピサに逃げ込んだ。当時、ピサは、バイエルン公ルートヴィヒから高く評価されていたギベリン派（皇帝派）の拠点都市で、ルートヴィヒの方も、フランチェスコ会士のピエトロ・ライナルドゥッチをニコラウス五世として対抗法王に立てて、ローマからミュンヘンへ帰還するときに、このピサに滞在していたから、逃亡先としては好都合だったのである。彼らは、二年後の二月に祖国の土を踏むルートヴィヒに随伴していたのだろう。図ったのか、図らなかったのかは、いまとなっては分からないが、いずれにせよ、オッカムは、ピサを経て、ルートヴィヒの居城に逃げ込む。そこで、パドヴァのマルシリウスと再会し、ともに皇帝権の法王権からの独立のために戦うことになった。オッカムの破門は一三二九年となっている。もし、彼がルートヴィヒに随行していたのであれば、おそらくピサ滞在中の出来事であったろうが、いまとなっては、オッカムにとって偽法王による破門などなんの意味もなかった。

宗教改革の先駆者

オッカムの逃亡と破門は、オッカムの人生をくっきりと二つの部分に分けることになる。ルートヴィヒにかくまわれたオッカムは、フリードリヒに次のように言ったという。

「陛下が剣をもって私を守り給うなら、私はペンをもって陛下をお守りすることでありましょう」。

彼は、ルートヴィヒの宮廷で、マルシリウスと並んで宮廷顧問となった関係で、皇帝の諮問に応じていくつかの文書を著した。まず、一三三二年には、清貧論争の論点整理を行なった『九〇日間の著作』を発表し、ヨハネス二二世が異端である理由を、キリストの清貧に関するフランチェスコ会の解釈にもとづいて明らかにした。

一三三四年末には、オッカムは、法王権力の本質を論じた政治著作としては主著となる『対話篇』を著した。実は、この頃にも、イタリアのオルシーニ家がヨハネス二二世を異端とするための公会議招集をルートヴィヒに持ちかけていたから、その公会議のための資料としてオッカムは、『対話篇』の第一部に『九〇日間の著作』を組み入れたと考えられている。

『対話篇』の中心テーマのひとつは、法王権と帝権の再定義である。従来、帝権は、ローマ法王を介して神から授けられるものと規定されてきた。オッカムは、パドヴァのマルシリウスと同様に、帝権は、神からの贈与ではあるが、間接的で、ローマ法王をなんらかの形で介しているという解釈を斥け、「神の贈与だけからではなく、人民の贈与によってそれを得る」(11)と第三の贈与方法を主張した。国家形成に関しても、唯名論者オッカムは、個々の人間たちの集合体である国家に、予め設定された摂理的目的とその自然性を一切認めず、諸個人の意志が人為的に国家を作り出すとした。これは、近代的な国家契約説の先駆と言える。

この『対話篇』は、法王権力に関するマルシリウスの主張を部分的に採り入れているが、しかし、信仰のあり方と公会議の位置づけに関しては、二人のあいだには、決定的な意見の相違があった。それは、民主主義観の相違でもあった。すでに触れたように、信仰を広く個人の経験の場に解放したオッカムは、『対話篇』の第三部で、公会議が無謬であることを主張していたマルシリウスの『平和の擁護者』を批判した。公会議の無謬性を主張するには、多数決主義では不十分で、公会議では全員一致が必要であると主張したのである。これに対してマルシリウス側からはオッカムに対する反論が『平和の小擁護者』でなされた。

その後、一三四七年とされるオッカムの死に至るまで、ヨハネス二二世の後継として法王位に就いたベネディクトゥス一二世をも異端と断じた『ベネディクトゥス反論』（一三三七年）、帝権の根拠を人民主権に求めた『法王権力に関する八提題』（一三四一または四二年）、神の法と自然法が守られている俗界の統治に法王が介入する権限は一切認められないと主張する『法王の専制支配に関する小論』（一三四二年）など、宗教権力から世俗権力を解放する注目すべき文書を残した。[12]

晩年のオッカム

一三四二年四月末にベネディクトゥス一二世が死んで、その一一日後にローマ法王に選出されたクレメンス六世も、またフランスの貴族出身で、浪費家であった。彼は、早速、ルートヴィヒの破門を再確認し、教会に破門宣告書を貼るように命じたから、危険を感じたルートヴィヒは、クレメンス六世と和解する道を探り始めた。その関係で、オッカムは、法王批判を控えなければならなくなった。

ところが、クレメンス六世は、表向きは、頑なな姿勢を崩さず、一三四三年四月に新たな回勅を発し、ルートヴィヒの新旧の誤謬と悪行を並べ立てたばかりでなく、モラヴィアのカールをルートヴィヒの対抗馬として担ぎ出し、彼を神聖ローマ帝国皇帝位に据えようとした。フランス国王は、このかりごとの裏で糸を引いていた。焦ったルートヴィヒは、一三四三年八月に、大使を派遣して、皇帝位を退き、異端教説を撤回する意向を示した。ジャン・ド・ジャンダンやマルシリウスやミケーレ・

ダ・チェゼーナにそそのかされて、異端教説を受け入れたのだと弁明したのである。『薔薇の名前』のウィリアムの暗い予感が的中した。

しかし、クレメンス六世は、なかなかの策士で、ルートヴィヒを手玉に取った。交渉が始まるやいなや、理屈を並べ立てては、交渉を引き伸ばし、そのあいだに、ルートヴィヒを支持する選挙侯や諸侯の切り崩しを図ったり、彼らのあいだで対立を煽ったりした。翌年五月に大使はアヴィニョンを引き上げざるを得なくなった。交渉が再開されたのは、その年の九月になってからだった。すると、今度は、皇帝位を選出するには、選挙侯による選挙だけでは不十分で、ローマ法王による承認が必要だと言い出したのである。ルートヴィヒは、急遽、一三三八年七月一六日のレンス（ランス）六選挙侯盟約を再確認させようとしたが、柳の下にどじょうはいなかった。ルートヴィヒは、なおも自分の息子を帝位に就けようと粘ったが、諸侯からは、帝国を破滅に導くものと反発を食らう始末であった。一三四六年四月一三日、クレメンス六世は、ルートヴィヒから帝国とその領土を取り上げる回勅を発した。こうして、レンス盟約がかえって仇となり、選挙侯は、七月一一日にカールを満場一致で皇帝に選出した。

ルートヴィヒは諦めなかった。再びオッカムの登場となった。だが、彼はたった一人で戦わねばならなかった。ミケーレ・ダ・チェゼーナは、四年前に印章を彼に託して死んでいた。一緒に亡命していたフランチェスコ会のメンバーも、次々と自説を撤回し、アヴィニョンの法王に降った。完全な孤立であった。しかし、彼は一三四七年か、あるいは、翌年初めまで、ローマ法王との戦いを続けた。法王権力と皇帝権力との関係に関する小論を書いたと言われるが、定かではない。一三四八年初めにエドワード三世は、諸侯から皇帝位に推挙されたが、断った。反カール勢力は日に日に衰退していった。敗北を知ったオッカムは、一三四八年四月のこととされているが、清貧の象徴ともなっていた印章をフランチェスコ会の仲間の元へ返した。それ以後の行動は、諸説あって定かではない。クレメンス六世に許しを請うために、フランチェスコ会の仲間に斡旋を依頼したと言われるが、いずれにせよ、屈服したという確たる証拠はなにも残ってはいない。

パドヴァのマルシリウスの没年がわかっていないように、同じく、オッカムの没年もわかっていない。しかし、一三四八年一〇月には、彼がすでに死んでいることが報告されているから、彼が亡くなったのは、それ以前であることだけは確かである。その頃ドイツを襲っていたペストに罹って亡くなったという説がもっとも有力である。彼の墓は、ミケーレ・ダ・チェゼーナの墓標と並んでイタリアのベルガモにある。

マルシリウスという「最悪の異端」の死を、ジャン・ド・ジャンダンの死とともに、一三四三年四月一〇日の演説で、ルートヴィヒの交渉相手だったクレメンス六世が確認している。二人とも、ルートヴィヒの「神の腕」と絶賛された人物である。しかしながら、この二人の神学者、哲学者にして政治思想家は、「薔薇の名前」のようなものだったと言えるのではないだろうか。ルートヴィヒの治世のある時期にだけ、芳しく香りを放ち咲き誇っていた一輪の薔薇の、われわれは一般的な「名辞」しか持っていないのである。

2 オッカムの教会制度改革構想

道徳律は、律法としての形式を神自身から受けているといまいとにかかわらず神聖であり、有益である。

スピノザ

信仰に至る理性の道

オッカムの唯名論は、すでに見たとおり、神という普遍概念の存在証明に論理学を用いることはできないことを暗示するものであった。実念論者には、普遍概念が実在するわけだから、当然のことながら、神は論理学に従うからこそ、信仰は理性と一致する。しかし、オッカムは、この信仰と理性の一致を突き崩すような「新派」の神学を打ち立てた。彼は神を論理学からいわば解放するのである。

オッカムのキリスト教神学は、「神は神にとって無矛盾であるすべての事柄をなんでも産み出せる」という、ある意味では、恣意的な神の復活である。この神は論理学に背くことはないにしても、それが存在していることを論理では、証明できないのである。なぜかというと、恣意性とは、神がなにを望んだかであるから、それは、偶然性を認めない、人間の論理学では到底読み取れないからだ。神が必然的であれば、それは、論理すなわち理性を用いれば、人間にも読み取れる。恣意ということになれば、話は別だ。だから、オッカムは理性と信仰に境界線を引いて、信仰の領域での事柄は、それを信じるか信じないかだけのことであるから、結局はその信仰行為を神ならぬ人間の恣意に任せるほかないと結論づけたのである。そして、唯名論者オッカムにとって、人間一般は存在しないから、畢竟、信仰は個々人の心に委ねざるをえないという結論となる。

これがヨハネス・ドゥンス・スコトゥスから着想を引き継いだオッカムの主意主義と呼ばれる考え方である。こうして、人間が神の存在を信じるか信じないかは個人の意志に委ねられた。個人の自立に裏づけられた近代的信仰観である。こうなると、信仰に、人知や理性の支えは必要ないことになる。(13)もし、理性が信仰に必要だということになれば、理性を行使する習練を経ていない、「無学な」民すなわちマルチチュードは、信仰を持てないことになり、これは背理となる。

これをオッカムの反理性主義的思考と捉える研究者もいるが、それは誇張し過ぎであろう。オッカムは、なにも理性を排しているのではない。このオッカムの主張は、明らかに、信仰を個人の内面の意志と選択にのみ任せようとする、いわば信仰個人主義とでも称すべき考え方を示すものであって、彼の唯名論哲学からくるものである。信仰はこうしてマルチチュードのものに取り戻されたのである。そこからは、オッカムの民主的教会改革の理念が導き出される。

信仰に至る道として、理性を介する道があると聖トマスも、盟友マルシリウスも堅く信じている。ところが、オッカムによれば、われわれの理性は、たしかに、信仰を導く松明の火のひとつであるが、しかし、理性の明証性に従うことが「有徳」な行為であるわけではないというのである。「有徳」とは「力」を持つことを意味するから、有徳でなければ、信仰という「勇気」ある行動をとれない。明証性とは明らかなことだから、それを認めることにどんな勇気もいらないし、また信じるか信じないかを問題にすらできないからである。

ただし、オッカムによれば、この明証性に背くことは、異端行為であり、罪を犯すことなのである。そのことをオッカムは、有名なアリウス派との論争で、自分とアリウス派の教義のどちらがキリスト教信仰にもっとも合致しているかを、知性と学識がある異教徒の判断に任せた聖アタナシオスの例で証明している。

つまり、信仰の教義は、アリストテレス論理学の原則に則った合理性の産物でなければならないが、それを信じるか否かは、まったく別問題ということなのである。イスラム教徒でも、合理的な判断は下せるが、さりとてイスラム教徒はキリスト教徒にはならない。

イスラム教徒のイブン・ルシュド、ラテン名アヴェロエス[14]は、アリストテレスの「盲従者」とまで揶揄された超合理主義者であったが、イスラムを論理学的に、したがってアリストテレス的に現実に適用して裁決を下す実践的なイスラム法学者であった。彼のコルドバでの名声は、ひとえにイスラムを現実に活かしたことに由来する。だから、理性、すなわち論理学は、いまで言えば数学のようなもので、そもそも、数字と同じくアラビア起源であったかもしれないのである。したがって、オッカムにとっては、理性を行使すれば、自動的にキリスト教信仰に至るわけではないということになる。

オッカムのこのような理性観は、別の可能性を秘めていた。すなわち、キリスト教の真理性と正統性は、理性によって裁くことができるが、信じている行為を理性で排除することはできないので、信者のなかには、間違った信仰を抱く者もいるということである。それがオッカムによれば、かのローマ法王ヨハネス二二世自身なのである。アリウス派を断罪した教会は、教義を理性によって確立しているのだから、その同じ理性の刃は、いかなる信者にも、平等につきつけられていることになる。信仰が唯名論的個人によって担われることの、それは代償とも言える。

信仰に至る聖書の道

一般に信仰に入る道は、三つあるとオッカムは言う。聖書及び聖書関連の諸文書、理性、普遍＝世界教会の諸決定がそれである。

まず、聖書及び聖書関連の諸文書に関して言えば、キリスト教においては、いかに間違った主張でも、あるいは明らかな異端の主張でも、それらすべてが聖書の文言を質草としているから、聖書の存在が信仰の真理性の判定には使えないという事情がある。これは、理性の道にも言えたことである。そもそも、聖書の記述を信じれば、真のキリスト教信仰に至るのであれば、キリスト教内部にかくも明確な対立が頻繁に生じるわけがない。異端はすべて聖書の記述から生まれているのだ。

したがって、オッカムは、信仰に至る第一の道が聖書至上主義を意味するのであれば、断固としてこれを拒否した。この拒否は、オッカムの盟友マルシリウスが『平和の擁護者』の第二部、第一九章で、「聖書は信仰を堅固にする」[15]と主張したことに対する批判となって現われた。また、これは、教父以来の伝統的な聖書観に対する明らかな批判である。

それとともに、オッカムに学んだとされるルターがなぜ聖書至上主義を唱えたか、いまその理由がはっきりする。オッカムの聖書至上主義批判は、理性と信仰の一致説に対する批判と並んで、いずれもオッカムの「宗教改革」が一般民衆すなわちマルチチュードに信仰を解放するという真に近代的な信仰理念にもとづいたものだった。それに反して、ルターの宗教改革は、ドイツ諸侯の支持のもとに行われた支配者による上からの宗教改革だった。だからこそ、ルターはトーマス・ミュンツァーの指導した農民叛乱を血の海に溺れさせるように、ドイツ諸侯を煽り立てたのであった。

ところで、オッカムは、なぜ「文字からの信仰」を信仰の真理性を示す基準から取り除いたか、その理由を『対話篇』、第三部において明らかにしている。

「もしも、聖書がわれわれに教えていることのみを信じなければならないとしたら、もっとも明白な事実であっても、それが聖書のなかで一言もされていない場合には、それを否定する権利をわれわれは持つことになろう。われわれは、歴代法王が存在したことも、使徒の時代以降に起こったこともすべて、聖書には書かれていないので、明白な事実を疑う権利を持つことになろう。[16]」

実に優れた論法である。聖書に書いてあることのみを正しい信仰の真理として認めるなら、反対に、聖書の成立以降に起こった個別諸事象すべてを疑う権利を信者は得ることになるというのである。唯名論者オッカムのこの逆説的論法は、まず、これまでの机上のうえの「スコラ論争」をすべて烏有に帰すものである。なぜなら、スコラ論争に携わった神学者たちは、たとえば、『薔薇の名前』に出てくるように、「イエスは笑ったか」とか、「イエスは財布を持っていたか」とかという問題提起に対して、聖書のあれこれの文言の組み合わせから正解を出そうと、延々議論していたからである。参照すべき現実を持たない議論だから、果てることがない。この論争で、勝利を占めるのは実念論者であった。彼ら実念論者は、「無からの天地創造」を信じているから、創造後の世界は完璧にできていると信じている。だから、聖書に書かれていない、新しい事態が生じても、プロクルステスの寝台よろしく、それを聖書に書かれてある分類項目に無理やり組み入れることが問題になるだけの話だったのである。これがスコラ論議の実態であった。

オッカムのアヴェロエス主義が成り立つとすれば、ここである。アヴェロエスが実践的神学者であったことを物語るエピソードがある。彼は、貿易が盛んに行なわれ、新しい文物がたくさん持ち込まれていたコルドバのイスラム商人が日常的にぶつかっていた問題に正面から取り組み、それがイスラムに合致するかどうかを裁くことを生業《なりわい》としていた。このエピソードは、イスラム教徒がラム酒を飲むことを禁じられているか否かを彼が見事に裁決してみせたことに由来する。

不思議に思われるかもしれないが、『クルアーン』（『コーラン』）は酒を飲むことをイスラム教徒に禁じているから、ラム酒を飲むのもいけない、ということになるかというと、実はそうではないのである。『クルアーン』の教えを順守することは、もちろんその字句通りにその教えを守ることである。ところが、厳密に言うと、『クルアーン』は、酒一般を禁止しているのではない。葡萄から作る酒、つまりワインの飲酒を禁止しているのである。ワインを飲むことは賭け矢と並んで「大きな罪悪」[17]とされている。『クルアーン』の邦訳（『コーラン』）では、「酒」[18]と訳されているから飲酒一般が禁じられているように思うが、それはそうではない。厳密に訳すなら、「酒」ではなく「酔わせる物体」[19]を禁止しているのである。さらに、『クルアーン』には「葡萄から酒を作り」[20]、人間はそれを利用している[21]との記述があることから、イスラムは、まずは、ワインを飲むことを禁止していたのである。ムハンマドの時代には、古代ギリシアでバッコスがワインの神として崇拝されていたことがわかっていた。

だから、ワインは、大衆のあいだでは、神聖な飲み物であったとの認識がムハンマドにはある。それを踏まえたうえで、酩酊状態で祈りを捧げるようなことが、当然のことながら禁止されたのである。ワインは、効用があるにもかかわらず、人間を酩酊させることで、瀆神行為に走らせることもたびたびあったから、その酔わせる作用が危険視された。

古来、賭け矢のようなギャンブルや酒による酩酊は、どの地域にも見られた。それらがもとで、人間が狂ったような言動に走り、喧嘩が絶えないことをムハンマドは憂えていた。だから、現代風に言えば、ギャンブルとアルコール依存を悪魔の「狙い」として『クルアーン』は、はっきりと禁止したのである。食卓の章では、酒や賭け矢などは「汝らのあいだに敵意と憎悪を煽り立て、アッラーを忘れさせ、礼拝を怠るように仕向ける[22]」から、禁止されなければならないと明言されている。ついでに言えば、『クルアーン』で禁じられていることは、永久に禁止されているが、『クルアーン』は明確に利子を禁じているのである[23]。つまり、今日の金融業や銀行業のような存在を禁止しているということになる。だから、イスラム世界の銀行は、いまだに欧米的な投機的銀行ではなく、借り手との共同事業者として、リスクを債務者とともに背負うことで有名である。キリスト教が利子禁止を解くまで、宗教改革後数世紀もかかったことに比べれば、実践的なうまい解釈である。

ところで、『クルアーン』には、字義通りに解釈すれば、サトウキビを原料とする「ラム」酒を飲んではならないとは書かれていない。だから、果たしてこれを飲んでいいものかどうか、判断はシャリーアを解釈するイスラム法学者に委ねられる。イスラムは、ムハンマドの掟の解釈を法学者に任せることで、問題の実践的解決を重視したのである。信者の関心は、個別的であり、唯名論的なものである。目の前のラム酒を飲んでもいいかどうかである。酒一般の「実念論的」禁止などはどうでもいいのである。それに関心があるのがスコラ論議に耽る神学者たちである。アヴェロエスは、アリストテレスの三段論法を現実に適用して、問題を実践的に解決した。

大前提となるのは、発酵させて作り、人を酩酊させる酒は『クルアーン』によって禁止されているということである。

小前提となるのは、発酵によって作られたラム酒が、人を酩酊させるという繰り返し起こる経験的事実である。

これらから導き出される正しい結論は、ラム酒を飲むことをも、イスラムは禁じていると解釈すべきだということである。

いずれにせよ、オッカムがしたように、信仰に至る道から、聖書及び聖書関連の諸文書の絶対性を取り除けば、信仰は、信者個人の経験にもとづく、ある種の個人的信念となる。それとともに、キリスト教を信仰する場合には、各個人は、みずからの判断力と意志の力を信じる必要が出てくるのである。マルチチュードに信仰は委ねられたということである。

信仰に至る最後の道

聖書の時代から遠く離れた時代の信仰の真理性は、個人的精神の意識によって担われることになったが、オッカムによれば、この真理性を主張する場合に決定的なのは、それが単純に多数の信者の賛成を得ているか否かではない。すでに述べたとおり、唯名論は、人間には無限を数えることは不可能であるという立場をとっている。だから、反対に、同一教義を信じている信者の数を数えつくすことができれば、それは真理性の基準となるわけである。この唯名論的観点から、オッカムは、キリスト教会においては、信者を集団別（地位、機関、民族、都市、地区、職業別など）に区分けして、それぞれの個別的集会で、全員一致の支持を得た教義が真正のものであるとした。これではっきりしたように、オッカムが唱えた教会改革を理論的に支えた思想は、マルチチュードの思考の権利をはじめて信仰のなかにとり入れようとした点で、近代的民主主義思想そのものだったのである。

このことの帰結として、オッカムは、普遍＝世界教会の諸決定に従って、信仰に入る道があると主張した。これは、カトリックが「公同性」を意味することとも合致する。聖書の成立以降、信仰に入るには、聖書に盛りこまれていない新しい事態に対処しなければならない。オッカムの信仰観が一般民衆（マルチチュード）の信仰の在り方を念頭に置いたものであったことをもう一度確認しておこう。

当時、聖書は、一般人には入手不可能かつ理解不可能な書物であった。だから、『薔薇の名前』の司書ホルへのように、手作りの写本を隠せば、「異端」説は除去できたのである。では、聖書の代わりに、キリスト教の教義を人びとのあいだに持ち込んだのはだれだろうか？　当然のことながら、それは、聖書と民衆のあいだを神学者が取り持ったのである。これこそは、物議をかもしたラテン・アヴェロエス主義の二重真理説そのものである。

二重真理説というのは、イスラムのアヴェロエス神学にあるのだが、管見では、これは「二重真理」説というよりは、真理の受け取り手によって異なる近代的な真理の平等分配論として理解すべきなのである。アヴェロエスは、イスラムの真理はもとよりひとつしかないが、語られる真理を、受け取る側の理解力で、それぞれ三つに区分した。哲学者と神学者と民衆の三つである。ちなみに、この区分は、スピノザにもあるのであって、彼の場合は、哲学者と預言者および神学者と民衆の三区分になっている。実にアヴェロエス哲学の浸透力には眼を見張るものがあるが、しかし、この浸透力の源も、実は、イスラムの信者が遊牧民と都市商人の二階級であったことに起因する、と慧眼な老エンゲルスは、『原始キリスト教史によせて』[24]で書いている。的確な指摘である。この二階級の矛盾が二重真理説を産み出し、二つの真理間の矛盾と統一を産み出したのである。

では、いったいキリスト教の神学者は、なにを正統教義としているのだろうか？　それは、言うまでもなくキリスト教の教義解釈における最高権威である公会議の諸決定である。

公会議は、今日の基準からしても、民主的な多数形成の場になっている。もとはといえば、民主的な選挙でローマ法王が選ばれるからには、公会議の民主主義的性格は当然のことと言える。このことは、オッカムによれば、マルシリウスとは違って、ローマ法王はもちろんのこと、公会議といえども無謬ではない、ということを意味している。オッカムにとっては、理性と信仰は別々の事柄であるから、信者個人が平等の資格で公会議に参加している以上、公会議が間違った決定を下すこともあり得るのである。したがって、唯名論者オッカムによれば、公会議参加者全員の賛成のみが決定の真正性を保証することになる。彼は、全信徒を拘束する公会議決定では、マルチチュードではなく、完全な全員一致を求めたということである。ある教義を信じようとする意志は、一〇〇パーセントの一致でしか確かめられない。

かりに、公会議において多数決で決定されることが信仰の真理性の保証であることを認めれば、少数派の方に信仰の真理性がある場合には、信者全員が誤謬に陥ってしまうだろう。しかし、これは、清貧の問題ひとつとっても、現実に生じている事態であり、歴史を紐解けば、数限りなく生じてきた事態である。

だから、公会議が虚偽の決定に陥る危険性はないとしたマルシリウスの主張は、信者を誤謬に陥れる可能性をはらんでいるのである。こうして、オッカムは、マルシリウスの多数決原理を批判し、公会議も誤りうる以上、信者を拘束する公会議決定は全員一致を原則とすべし、と主張した。

また、オッカムは、大勢の信者や高位聖職者団体や諸国民が非の打ちどころのない信仰で、継続的に信じてきたことは、「啓示にも匹敵する奇蹟的な合意事項[25]」として、これらの主張を肯定する。つまり、彼は唯名論者として、実在する個物、すなわち個人の力およびその経験の力に信頼を置いていたということである。その意味で、まさしくオッカムは、近代的個人主義の元祖である。

ローマ法王も無謬ではない

このような見解をオッカムは、一三三五年以降、その信仰観の核心としてさらに強く打ち固めた。オッカムは、マルシリウスを批判して、公会議の無謬性に異を唱えたのちに、さらに進んで、同じ論理を用いてローマ法王の無謬性に異を唱える。彼は、聖書の権威の影に隠れた、異端のローマ法王が存在することを発見したのである。

「ヨハネス二二世は、大胆不敵にも、信者が最後の審判を前に、神と真正面から対峙しているということに疑いを差し挟むために、聖書の後ろに隠れたのである[26]」。

たしかに、聖書のあらゆる箇所から文言を引っ張り出してきて、ヨハネス二二世は、教会の世俗権と富の蓄積を擁護する。その技術にかけては、まことに天才的である。しかし、「すべての異端が聖書で自分を権威づける」以上、「ひとつの文献が途絶えることのない伝承に反するだけの値打ちがあるわけではない」。オッカムにとっては、精神を失った聖書解釈こそが聖書の権威を決定的に貶《おとし》めてしまったのである。異端の諸主張もみな、聖書にもとづいている以上、われわれの信仰は、聖書への盲従を捨て、もっと広い日常の経験的な場で確認されるものでなければならない、とオッカムは考えたのである。

そのように信仰をマルチチュードのレベルにまで降ろしたときには、信仰者としてのヨハネス二二世も、たとえ彼が法王であっても、間違うことはあり得るし、異端者になる場合があるのである。

法王権力の限定

聖書解釈の是非を判断基準としないオッカムは、ローマ法王の世俗権力を打ち破るのに、どのような基準を用いたのだろうか。それを知るには、法王権力の由来と定義を巡って問答を繰り広げる『対話篇』の第三部を参照しなければならない。オッカムは、法王権力が世俗権力をその手に収めていないと主張する根拠として、キリスト教の旧約と新約の法の性格の相違を援用する。「師」を名乗るオッカムは、弟子に対して説明する。

「キリストの法は、キリストの定めに由来しており、古法と比較すれば、自由の律法である。古法は新法と比較すれば、隷従の法である。しかし、法王が神の法にも自然の法にも反せざることをすべてなしうるような至上権をキリストから受領したとするなら、キリスト教の法はキリストの教え以来、耐え難き隷従の法であっただろうし、古法よりもいっそう隷従の法になったであろう。

……キリスト教徒たちには、かつてユダヤ人たちのうえにおかれたごとき隷従の重いくびきは負わされなかったことが結論される[27]」。

オッカムにとっては、古代ユダヤ人を拘束していた旧約聖書よりも、新約聖書の方がキリスト教の本質を表わしている。オッカムにとって、キリスト教は、神への隷属の宗教ではなく、人間に真の自由を与える宗教である。「師」を名乗る彼は言う。

「実際もし法王が至上権を有するのであったならば、すべてのキリスト教徒は奴隷になったであろうし、なんぴとも自由な境遇にはなかったであろうし、万人は法王の奴隷になったであろう。また法王は、皇帝・諸王・諸侯・一般俗人すなわち要するにすべてのキリスト教徒の上に、彼らの人格や財物に関して、かつて世俗君主がだれであれ奴隷の上に有し、また有しえた権力を、世俗的事柄において有したことであろう。……キリスト教の法は自由の律法であると主張している聖書の教えに反してはならない。キリスト教徒はキリストの律法によってだれ彼の人間の奴隷になることはない。福音の法の理に従う限りは自由人である[28]」。

このように、キリスト教の本義を自由と規定するオッカムは、キリストによってローマ法王に至上の世俗権力が与えられていることを否定したばかりでなく、個々の信者に対するローマ法王の至上権をも認めない。信仰においては、信者はみな平等である。真理の平等分配論である。信仰に関する信徒への絶対権力のほんの一部でも、キリストはローマ法王に与えはしなかったからである。そして、残りの権限（例えば、異教徒に対する代表権）については、ローマ法王は、公会議の決定によってその権限を行使しているにすぎない。オッカムはローマ法王の超越的霊権を否定するばかりか、キリスト者に対しても、法王は絶対的権限を持たないと考えているのである。キリスト者が自発的隷属によって、みずからをローマ法王の奴隷たらしめたのだという、のちのち有名となる自発的隷属説をも彼は斥ける。

端的に言えば、ここでオッカムが主張するのは教会内民主主義である。つまり、宗教改革者のように万人司祭説ではなく、「法王はキリストから、他の司祭以上の権力はなにも得ていない」[29]という法王権力限定論なのである。当然のことながら、この教会内民主主義は、教会外では、宗教寛容の思想に通じる。なぜなら、宗教には、万人の平和と人びとの救済という共通の使命が書きこまれているがゆえに、社会的効用が厳然として存在するからである。

このように、ローマ法王の権限をキリスト教会とその信者の枠内に限定し、しかもそのヒエラルキー内部に民主主義を浸透させたあとで、なおかつ、オッカムは、キリスト教の本質に立脚した或る種の留保を書き留める。この点も、実にオッカムは、永遠の相の下にキリスト教を見ていたことを示している。すなわち、ローマ法王は、世俗的な意味での権力を俗人に対しても、信者に対しても持たないにもかかわらず、「臨時的」に、一時的に至上権を世界に対して持つのである。オッカムは、『対話篇』の同じ箇所で弟子に向かって言う。

「臨時に、あるいは特別の場合、すなわち世俗的事柄がある者たちによって、キリスト教徒の共同体を危険にさらす方向へ、あるいはキリスト教信仰の滅びの方向へと処理されるとき、あるいはこれに類似の場合において、悪の方向へと変えられる時、このような危険を阻止せんとするところの、またはそれが可能であるところの俗人が存在しない時に、法王は、神の法によって、世俗的事柄について、共通の善と信仰の救済のために、そしてこのような危険を阻止するために正当な理由が自分に対して当然行なうべきだと命ずることを何でも行なうという権力を有したであろう。だから、このような場合に、法王は世俗的事柄の上に、ある程度、そして何らかの規定に従って至上権を持ったであろう」。

これはたとえば、インディオの伝道村に奴隷化の危機が迫ったときの宣教師たちがとった行動である。『両インド史』、第九篇によれば、ポルトガルのイエズス会宣教師たちはインディオ叛乱を指導した。オッカムが想定しているのは、こういう場合である。こういう場合は、司祭、つまりローマ法王も世俗権力に抵抗する正当性を「一時的に」持つ。

さらにもうひとつの場合は、現代的である。「共通の善と信仰の救済のために」他の誰も立ち上がらない場合には、ローマ法王は全世界に対して「一時的に」至上権を持って介入しうるのである。もっとも、この至上権には強制権が信者に対してしかないので、有効性の点では、彼が語るメッセージの公同性に頼るしかない。要は、彼が世の真理を語っているか否かである。

したがって、オッカムの反ローマ法王的姿勢は、後年の宗教改革者たちによるローマ法王断罪とまったく似て非なるものである。彼には、ローマ法王およびローマ・カトリック・ヒエラルキーを否定する意志もなければ、信仰の在り方として、その制度主義を否定する考えもない。そこには、マルチチュードとしての信者大衆の利益となる民主主義の唯名論的断片が見いだされるからである。そうではなくて、ローマ法王およびキリスト教信仰の真のあり方の「復興」を彼は企図していたのである。復興の原点は、信仰における民主主義的原則の確立である。つまり、キリスト教におけるマルチチュードの精神と利益の復活である。イエスが遣わされたのは、この世の悩める大勢の貧窮した民、さげすまれた民の救済のためであったのだ。オッカムが清貧を徹底して主張し、それをあらゆるキリスト教の権威に対しても求めたのは、彼にあってのキリスト教の精神が万民（マルチチュード）をすべての苦しみから解放することに置かれていたからではないだろうか。

信仰におけるマルチチュード

こうして、オッカムは、キリスト教においては、恐らく初めて、聖書文献至上主義を排しながら、そして、聖書にさえも反しながら、信仰の真理性の場に、マルチチュードの観点を持ち込むのである。彼は、文字に書かれ、固定した聖書よりも、信者一人一人の「唯名論的」信仰を結集したものとして、現実的なマルチチュードによる教義決定の方を尊重すべきだと主張した。こうした場合、信仰の真理性は、文字で書かれた聖書の文言に反するように見えることさえあると言う。

「世界教会のひとつの教説あるいはひとつの主張が明白かつ明晰であり、いかなる曖昧な、あるいは漠然とした言葉をも含んでいないならば、だれであっても、たとえそれがローマ法王その人であっても、たとえそれが聖書の文章に反するように見えた場合でさえも、そうした教説や主張を疑うべきではない。聖アウグスティヌスの忠告にそれを関連づけなければならない。使用されている聖書の版を疑わなければならない。それ自身の解釈を咎めなければならない。しかし、教会の証言を信じなければならない[30]」。

この教会の証言には、教会制度や共同審議のお墨付きはいらない。ということは、民衆の信仰、マルチチュードの信仰にこそ、真理の刻印が押されるべきなのである。

「たとえキリスト者が一度たりとも、集まったことがなかったとしても、たとえ彼らがひとつの教説を決定したことがかつてなかったとしても、万人が、高位聖職者と人民が、男と女が、その教説を明白に、あるいは暗黙のうちに信じているという事実は、普遍的な世界教会によって承認された真理という権威をそれに授けるものである」[31]。

このように、オッカムは、一度は信仰を個々人の意志に解放したのち、再びそれを「万人」という普遍概念でより合わせ、ひとつの強大な力とし、聖書それ自体をも乗り越える現実的な目標を掲げた信仰運動に昇華させていくのである。この際、唯名論者オッカムにとって、「万人」という概念は、普遍概念ではなくて、単に一人ひとりの信者の合計にすぎない。

映画『薔薇の名前』の最後のシーンでは、異端審問官ベルナール・ギーの馬車が民衆の結集した力で、谷底へ突き落とされる。焚刑に処されようとした村娘を助け出すのも民衆であり、名も無きマルチチュードである。オッカムの思想には、このような中世末期の民衆のエネルギーが充填されているように思われる。こうしたマルチチュードの力を体現したオッカムにおいて、中世的神学とそれによって支えられた信仰観は終止符を打たれたのである。

3 パドヴァのマルシリウスと帝権主義

ウィリアムの回想

『薔薇の名前』でバスカヴィルのウィリアムは、マルシリウスについてこう回想する。

「私は幾人かのとても賢い友人たちと出会った。マルシリウスと知り合うようになったのもその頃だ。彼が帝国と人民について考えていることにも、地上の王国のための新しい法律について考えていることにも興味をひかれた。だから、私は、皇帝に忠告するわれわれの兄弟たちのあの集団に結局は仲間入りしたのだ」。

ここで引き合いに出されている皇帝とは、もちろん、バイエルン公ルートヴィヒ四世である。しかし、『薔薇の名前』では、ウィリアムは、この皇帝がマキアヴェリストであることを予感しているように描かれている。というのも、彼は、この小説の最後の方で、現在の立場を次のように説明しているからだ。

「私は対立する二つの勢力のあいだで、罠にはめられている。まるで、食料となる二つの飼い葉の袋を前にして、どちらを取るべきかがわからないロバのようだ。機は熟していない。マルシリウスは、いますぐ変革しようと夢中になっているが、それは不可能な話だ。だが、ルートヴィヒが彼の前任者たちよりも、いいというわけじゃない。たとえいまは、ヨハネスのような見下げ果てたやつと戦うためのたったひとつの防塁に、彼が相変わらずなっているにしても」。

ルートヴィヒは、帝権を聖化するために、マルシリウスの主権理論を一時的に利用しているだけかもしれない。そのことをエコは、この作品のなかでほのめかしているようである。実際、ルートヴィヒは、アヴィニョンの法王との妥協の道を選び、過激なマルシリウスの帝権主義を遠ざけるが、それはこの物語の後日譚となる。

時代が待っていたもうひとりの人物

ヨハネス二二世に代表されるアヴィニョンの宗教権力と戦うために、ルートヴィヒに近代的な世俗権力観という思想的武器を与えたパドヴァのマルシリウスとは、一体どのような経歴の持ち主であるかは、残念ながら、オッカム以上に、謎に包まれている。中世末期の思想史に忽然と姿を現わし、人民主権を唱え、神の法から人間の法を截然と分離し、宗教と政治、法王権と皇帝権をめぐる現実的抗争を皇帝権力全一性論で単刀直入に解決し、弟子を作らずに、早々と歴史から彼は姿を消したのである。

しかし、彼もまた、オッカムと同じく、無名の薔薇の時代が待っていた、経歴については名前だけがわかっているにすぎない思想家のようであった。

一方には、イエスの教えに背き、金銭欲の塊のようになっていると噂されたアヴィニョンのローマ法王が前代未聞の富を蓄えて、異端法王として、断罪されるのは当然と言える状況がある。イングランドやドイツ諸侯のあいだには、法王はフランス王国の利益のために行動しているという不満もあったうえに、神聖ローマ帝国皇帝についても、法王位についても、二重権力状態に陥りかねない混乱の時代であった。

他方には、法王権力からは独立した帝権を主張する勇猛果敢なルートヴィヒがいて、皇帝を僭称する。その対立のなかで、選挙権を行使する個人としての市民の合意という形で、前世紀までは、名も無き「薔薇」という一般名詞であった民衆すなわちマルチチュードが歴史の舞台に登場する時代になったのである。まことに、一般民衆からなる民会が皇帝を選挙するという事態は空前にして絶後と言わなければならない。それを演出したのがマルシリウスだった。

ルートヴィヒの宮廷顧問になるまで

マルシリウスの経歴は、ルートヴィヒの宮廷顧問としての華々しい活躍から逆算されている感が強い。そして、スピノザの場合のように、ピエール・ベールの『歴史批評辞典』がマルシリウスの事蹟について誤解を広める役割を果たした。『歴史批評辞典』のマルシリウスの項目は、「オルレアン大学で学んだ」と記す一方で、彼の哲学的アリストテレス主義にはまったく触れず、ただ、彼の帝権主義と反法王主義のみに焦点を当て、彼を「もっとも学識ある一四世紀の法曹家のひとり」[32]と高く評価している。

しかし、実際には、彼は法律を体系的に研究したわけではなく、むしろ、法律学には素人で、ひとたび、権力の源泉を「市民総体」(universitas civium)に求め、危険な実践的企図を秘めた「権力全一論」(plenitudo potestatis)を打ち立て、法王権力を無力化したのちには、「国家あるいは王国」の「具体的運営には興味を持たなかったし、わが著者の素養は、医学=哲学的なもので、法律学的なものではなかった」[33]というのが、近年の評価である。

したがって、マルシリウスがなにゆえに、ゲルフ党(法王派)の支配するパドヴァ大学の秘書で、裁判官という法曹家の息子でありながら、ギベリン党(皇帝派)に鞍替えしたのかは、正確にはわかってはいない。

彼は、一二八四年から一二八七年までのいずれかのときにパドヴァで、ボンマッテオ・デイ・マイナルディーニの息子として誕生した。だから、本当の名前は、マルシリウス・マイナルディーニであるが、そのあまりにも先駆的な思想のゆえに、パドヴァと生まれ故郷の名前を冠することになったようである。

ところで、パドヴァには、アヴェロエス主義者と噂された著名な哲学者にして医師で、占星術師的天文学者のアバーノのピエトロ、すなわちペトルス・デ・アバーノまたはペトルス・パタウィヌス——これまたパドヴァのペトルスが居を構えていて、マルシリウスは、彼に弟子入りをしたと言われている。しかし、この説は、のちのマルシリウスのアヴェロエス主義的政治思想からの類推かもしれない。というのも、哲学史の定説となっている「パドヴァのアヴェロエス主義の代表者にして創始者」[34]というペトルスに対する評価には、近年疑念が呈されているからである。

しかし、この二人のパドヴァ人の組み合わせを信じるとすれば、マルシリウスは、ペトルスの薫陶を受けて、ゲルフ党からギベリン党へ鞍替えし、皇帝権の拡大闘争に加担すべく、パドヴァを出たということになる。ちなみに、このペトルスは、のちに二度、異端審問にかけられ、獄死してから、遺骨が焚刑に処され直されるという、極めつけの異端者であった。アヴェロエス主義者で、無神論者と疑われたのである。しかし、このアヴェロエス主義者というレッテルは、彼の『相違の和解者』という二重真理説を示唆するようなタイトルを持つラテン語著作からの類推の可能性が強い。彼は、実際は、アヴェロエス主義者というよりも、錬金術士的化学知識にもとづく医術で大評判をとった医者だったようである。その治療実践が魔術師との嫌疑を招いたのだろう。のちに、マルシリウスがルートヴィヒのもとへ逃げ込んだときに、皇帝が彼を侍医に任命していることから考えると、パドヴァのみならず、パリでも評判の高かったペトルスの医術をマルシリウスが学んだ可能性も大いにある。

パドヴァを出奔したマルシリウスが、その後、どうしてパリ大学学長[35]となり、なにゆえに『平和の擁護者』のような時代を超えた、宗教改革者ウィクリフよりも過激な思想を秘めた著作を世に出すこととなったのか、よくわかっていないのである。オッカムと同じく、余程の天才ぶりを示したとしか考えられない。ともあれ、一三一二年から、少なくとも一年間は、彼はパリ大学学長を務め、非常に異端的なアヴェロエス主義者として当時すでに高名であり、ブラバンのシゲルスの「遠い弟子[36]」で、パリ大学文芸修士としてアリストテレスの『霊魂論』に註解を施していたジャン・ド・ジャンダンと知り合うことになる。また、この学長時代に、マルシリウスは、オッカムとも知り合ったと言われている。

その後、彼はパドヴァに帰ったようである。というのは、のちにマルシリウスによって異端と非難されるヨハネス二二世が一三一八年に確認しているところでは、マルシリウスは、一三一六年から一八年までのあいだに、パドヴァの助任司祭の聖職禄を授与されているからである。この聖職禄の授与は、教会財産で売れるものはみな売ったと言われたヨハネス二二世の法王庁の財政建て直しの一環であった。マルシリウスは、末期的症状を呈する教会組織のなかに入り、わずか一、二年であるが、その腐敗の片棒をかついだのである。

驚嘆すべき著作

マルシリウスは、一三一九年には、再びパリに戻っていた。自由技芸学部でアリストテレスの論理学・形而上学を教えるかたわら、彼は普遍論争にも加わった。すでに、この時期には、マルシリウスは反ヨハネス二二世の姿勢をとっていて、聖職者ヒエラルキーでの昇進を断念していた。恐らくこの頃に、彼は、イタリア諸国家間の争いを鎮め、キリスト教信仰を建て直す道は、帝権への霊権の全面的服従にあるという思想を抱いたのであろう。

こうして、彼は、みずからを「アンテノルの子孫(37)」になぞらえて、イタリアに平和を取り戻すための理論的要諦を記した著作『平和の擁護者』を一三二四年に写本として刊行することになる。もちろん、この写本の成立経過はよくわかっていない。数年に渡る執筆の産物なのか、パリ大学だけで書かれたのか、はっきりしない。作者についても、マルシリウスが単独で執筆したとは確定できない。三篇からなる写本のうち、とくに政治的アヴェロエス主義を示す部分を、「魂を喪失した二人の息子」(アヴィニョンの法王庁による断罪宣告)のうちのひとり、ジャン・ド・ジャンダンがパリ大学の学生宿舎で書いて、それをマルシリウスに見せたという説も伝わっている。当時のパリ大学には、オッカムの唯名論をも含めて、「異端」思想がはびこっていたようである。そうした雰囲気がこの著作の成立過程を不可解なものにしている。

とはいえ、この『平和の擁護者』の執筆意図は明白である。第一章、第六節において、マルシリウスは、「神を尊崇し、真理を広めようと情熱的に願い、祖国を愛し、兄弟愛を持ち、敬虔であり、被抑圧者たちを救おうと望み、圧制者どもとこれらの誤りを許す輩どもを誤てる道から引っぱり出し、これらの誤りと対決するはずの人びとや対決する力を持った人びとを励ますために[38]」本書を書いたと述べている。

そのうえ、本書は、ホッブズの『リヴァイアサン』やマキアヴェッリの『君主論』とは、異なって、現実的献策を実行する主体を持っていた。『平和の擁護者』に示されるマルシリウスの世俗的政治権力全一論を実践するように期待されていたのは、すでに反ローマ法王の姿勢を明確にし、法王に正面切った戦いを挑んで、破門されていたバイエルン公ルートヴィヒその人だった。そのことは、同じ箇所で、本書をルートヴィヒに「向けて」書いたと彼が告白していることからも明らかである。

ルートヴィヒは、『薔薇の名前』のアドーゾの回想が示すように、「一三一四年にフランクフルトで五人の選挙侯によって、神聖ローマ帝国皇帝に選出された」が、その後、一三二二年のミュールドルフの戦いで、少数派によって擁立されたハプスブルク家のフリードリヒに決定的敗北を蒙らせ、勢いにのって、皇帝位を正当化するためにローマ総司教を勝手に任命してしまった。一三一六年にアヴィニョンでローマ法王に選出されていたヨハネス二二世は、この任命権の行使に激怒し、三ヶ月以内にローマ総司教の任命を取り消さないと、破門するぞ、とルートヴィヒを脅したが、逆に彼は、一三二四年一月五日に、ヨハネス二二世には法王の資格がないとして、公会議を招集しようとした。そのため、まさに写本が成立した年の三月二三日にルートヴィヒは、ヨハネス二二世によって破門されてしまったのである。ところが、マルシリウスは、本書で堂々とこの異端の皇帝を「いと高名なるローマ皇帝、神の下僕であらせられる」と褒めちぎっている。それとともに、マルシリウスは、ルートヴィヒ陛下に本作品の実践的完成を託したとも書いている。このように、『平和の擁護者』は、帝権主義を採用したルートヴィヒを梃子として、世俗権力の全一的確立を目論むマルシリウスの具体的な政治的献策集でもあったのだ。

激しく争っていたヨハネス二二世の法王支配を最初から、神の鞭、すなわちペストと呼ぶ『平和の擁護者』が、写本の流布とともに、パリ大学神学部、およびアヴィニョンの宗教当局の目にとまったことはまちがいない。異端審問の危険を察知した彼は、写本を持って、二年後の一三二六年にジャン・ド・ジャンダンとともにパリを抜け出し、ルートヴィヒのもとへ走った。携えてきた『平和の擁護者』の写本を読んだルートヴィヒ四世は、彼を早速、顧問に任命し、彼の献策を受け入れた。それほど、時宜にかなっていた著作であった。

マルシリウスの演出

一年後、ルートヴィヒは、マルシリウスとともにトリエントに出向いて、ローマ進軍の準備をする。マルシリウスは、民会の民主的決議による神聖ローマ帝国皇帝選出計画を立てていて、すでにルートヴィヒにそれを進言していた。しかし、帝冠授与の前にやるべきことがいくつかあった。まず、ルートヴィヒは、イタリア国王にならなければいけない。フランスの同盟国であったシチリア王国と敵対していたミラノ公国に進駐したルートヴィヒは、ヴィスコンティを追放し、イタリア国王となった。次にやらなければならないことは、アヴィニョンのヨハネス二二世の廃位とローマでの新法王の選出である。そのための理論的裏付けは、すでに『平和の擁護者』でなされていた。一三二八年一月七日にニコラウス五世に法王冠が授与されたが、この法王冠は、なんと、ルートヴィヒという世俗の一立法者によって授けられたことになるのである。マルシリウスは言う。

「異端者に対して権力を振るうことを決してわれわれは肯定しようと思うわけではないが、しかしながら、それが許されるのであれば、異端者に対して権力を行使する権利は、立法者にのみ属するのである(39)」。

その根拠は、異端者を裁くのは、「神の法」ではなく、「人間の法律」だからである。

「異端者の懲罰は、それが許される場合においては、人間の立法者にのみ属する権限である。異端者は、人間の法が異端を罰する場合においてのみ、罰せられ得るのである(40)」。

人間に懲罰を加える行為は、人間の肉体を罰するのであって、異端思想そのものを罰するのではないとする、至極当たり前の唯名論的論理で、マルシリウスは、強制を伴う一切の裁判権限が現実的な政治支配者のみに属するとしたのである。宗教的異端といえども、市民であるかぎりは、法律によって、そして純粋に法律のみによって、不利益を蒙るということである。したがって、信仰における懲罰は、来世における神の法に委ねられる。神のみが天上での懲罰の決定権を持つことはいうまでもない。それは、地上での人為的な法律にもとづく懲罰とは無縁である。この近代的な法律思想は、のちに法実証主義もしくは実定法主義と呼ばれることになる。

ともあれ、ルートヴィヒは、ヨハネス二二世を異端と断罪することに成功したのち、すぐさま新法王の擁立にとりかかった。その際の手続きもすでに『平和の擁護者』に示されている通りで、「司教は君主と人民全体から選出されねばならない」[41]のである。こうして、新法王が無事誕生したのち、一月一三日には、古くからの形式に則って、ギベリン党の盟主スキアルラ・コロンナを議長とするローマ民会がカンピドリオの丘に招集され、その支持を得て、神聖ローマ帝国皇帝の帝冠がルートヴィヒに授けられた。このように、世俗の民主主義的手続きのみで神聖ローマ皇帝位に登ったルートヴィヒは、聖職者の任命権を行使して、マルシリウスをミラノ大司教に任じた。

しかし、派手なルートヴィヒのこの行動は、たちまちゲルフ党に属するイタリア諸侯とシチリア王国の反発を買った。皇帝は、ローマを去らざるを得なくなり、それとともに、コロンナともどもギベリン党もローマから一掃された。ルートヴィヒは、ギベリン党の拠点ピサで形勢の立て直しを図ったが、空しく一年を過ごした。二年後に、ルートヴィヒは、新法王になったばかりのニコラウス五世を打ち捨てて、バイエルンへ帰還することになる。マルシリウスがルートヴィヒと同行したという記録はないが、しかし、このとき、第一節で見たように、オッカムらフランチェスコ会の幹部はルートヴィヒに同行したようである。

マルシリウスとルートヴィヒ

その後の、マルシリウスの動静はほとんど謎に包まれているが、ピサから同行したらしいオッカムをはじめとするフランチェスコ会系の顧問とマルシリウスたちの過激な帝権主義に立つ顧問とのあいだに、溝ができていたことは事実で、皇帝は、よりドイツの現実に即したオッカムやフランチェスコ会系の穏和な帝権主義を採用した。そのために、マルシリウスの影が薄くなったと考えられる。とはいえ、後継法王ベネディクトゥス一二世が、異端者の両名を宮廷から追放するようにとルートヴィヒに迫ったときに、彼はその要求を断固として拒んだことは事実である。一三三五年に大使を派遣して密かに行なっていたベネディクトゥス一二世との交渉は、結局、一三三七年に決裂し、ルートヴィヒは、ベネディクトゥス一二世をも異端として扱うことに決意を固め、今度は、穏和派のオッカムにベネディクトゥス一二世を異端とする論拠を示すように依頼し、彼はそれに答えて、ベネディクトゥス一二世をも異端と断じた『ベネディクトゥス反論』を書いた。

オッカムの帝権主義は、マルシリウスのそれとは異なって、権力全一性論ではなく、霊権と世俗権との旧来型の共存論である。この「二つの剣」は、それぞれの権力が相手を介することなく、独自に神から直接授けられる。だから、世俗権の長たる皇帝は、みずからを凌ぐ上級支配権者を神以外に持たないのである。イエスが述べたごとく、カエサルのものはカエサルに、という限定的な世俗権力論である。だから、オッカムは、マルシリウスのように法王制の廃止を考えていたわけではない。ただし、きわめて唯名論的な発想をするオッカムにあっては、すでに述べたように、ローマ法王自身が個人であることに変わりはないので、彼が異端に陥ることは、あり得る話なのである。

このオッカムの帝権主義は、法王ベネディクトゥス一二世の容喙《かい》を斥け、七人の選挙侯のみに皇帝選挙権があると宣言した一三三八年七月一六日のレンス（ランス）六選挙侯盟約にその反響を見出すことになる。しかし、同時に、マルシリウスの影響も、いまとなっては、そこに認めることができる。それは、実践的な側面に現われている。彼の現実的な多数決主義と代表制民主主義の人民主権的根拠論は、史上初となる選挙侯間の盟約の特徴を規定したのである。選挙侯は、ドイツ全体の最高支配権者を決定するのに、近代民主主義の原則である多数決制を採用した。これで、原理上はつねに唯一の皇帝——もっとも、すぐにルートヴィヒの対抗皇帝が現われるのだが——を選出することが可能になった。必要は発明の母であった。

ところで、盟約そのものは、ルートヴィヒ四世の皇帝位に直接言及はしなかったが、明らかにドイツの情勢は、彼に有利に傾いていた。彼はこれに勢いを得て、同年九月にコブレンツにドイツ諸侯会議を招集した。ほとんどのドイツ諸侯がいまやルートヴィヒの味方になっていた。民主主義にもとづく多数派形成が現実的な力を持つことが明らかになったのである。皮肉なことに、「近代」民主主義の多数決原理という武器を発見することによって、「中世史は身分区別と上下の身分秩序に対する絶妙のセンスを持った」[42]。この点にも、マルシリウスの民主的合意の段階別形成という思想が見出される。そして、なによりも特徴的なことは、国王がドイツ「国民」の前でみずからの権威と権力を誇示する盛大な儀式を執り行なったことである。国王が無名の人民の支持を不可欠とする時代が訪れていた。この点を君主に気づかせたのも、オッカム同様、マルシリウスの功績である。

マルシリウスがかつてルートヴィヒ四世のローマ進軍で「演出」した神聖ローマ帝国戴冠式は、規模が縮小されたとはいえ、選挙侯とドイツ諸侯の民主的合意に加えて、イングランド国王の支持を得て確立された神聖ドイツ帝国皇帝の権威を示す威厳ある儀式となって再現された。一三三八年九月五日の「演出」は、ルートヴィヒ治世の最高点を画した。「ルートヴィヒ四世皇帝は、三メートルの高い演壇の上に登り、国民の前に姿を現わした。そのそばには、意味深長なことに、演壇より低い席に、フランスと百年戦争を戦っていたイングランド王エドワード三世とドイツ選挙侯とドイツ諸侯が座った。皇帝はすべての上に君臨した。儀式のあいだ、帝国の鳥であり、シンボルであった一翼の飼いならされた鷲が大勢の人びとの頭上を東から西に飛んで、皇帝の権威と目的を示した。目的とは、西に行ってフランスを攻撃しなければならないということであった。ルートヴィヒは頭上に帝冠を戴き、王杖と帝国宝珠を手に持ち、首の周りに、聖職者風に十字架とストラを掛け、まるで一四世紀のフランドル年代誌が書き記したようであった」[43]。このとき、恐らく無聊をかこっていたであろうマルシリウスも、帝権全一主義を示唆する儀式を見て、それなりに満足したのではあるまいか。

しかし、同時にこのことは、マルシリウスの法王制廃止論という過激な主張を支持する君侯が同時代のドイツには見つからなかったことを意味する。そもそも七選挙侯のうち、三人が大司教であったから、それも当然の話しである。このために彼の過激な帝権主義は、マルティン・ルターによる一六世紀の法王制解体の主張にその影響を見出すことになる。

一番早いマルシリウスの死亡説は、彼が一三二八年九月にイタリアのモンタルトで亡くなったと伝える。しかし、これは虚偽情報の疑いが強い。その後一〇年間、かのアヴィニョンの異端法王は、マルシリウスを危険な異端としてルートヴィヒに警告し続けているからである。しかも、マルシリウスは、オッカムの一三三四年の著作『対話篇』に反論して、再度、法王制の弊害を主張する『平和の小擁護者』[44]を執筆しているから、少なくとも、ルートヴィヒの宮廷にオッカムとともに、長らく滞在していたことは事実である。やはり、マルシリウスを異端として追及し続けていたクレメンス六世は、彼の一三四三年の演説のなかで、この異端者の死を同年四月一〇日としている。

4　『平和の擁護者』について

統治体の動力因

三部からなるラテン語で書かれた『平和の擁護者』は、マルシリウスの特異で、過激な政治思想を盛り込んだ著作である。簡単にそれを紹介しておこう。

第一部の第一章は、序文にかわるもので、そこでは『平和の擁護者』の執筆目的が明確にされる。それは、小国に分裂したイタリア半島に平和と安全を確立することである。当時のイタリア半島は、異なる政体をとる多数の都市国家（キウィタス）とローマ法王が支配する領地に加えて、隣接するフランス、スペイン、ハプスブルク家、ドイツの神聖ローマ帝国などの強国の支配地域が入り乱れて、相互に戦争にまで及ぶ敵対行為を繰り返していた。しかし、北イタリアのパドヴァ出身のマルシリウスが見るところでは、一四世紀初頭のイタリア半島に戦乱が絶えない最大の原因は、フランス王国に支援されたアヴィニョンのローマ法王とその法王制が神聖ローマ帝国に代表される世俗権力に刃向かって、半島の平和を乱していることにある。

キリストの清貧の教えに背くローマ法王は、魂の救済の「鍵」と異端撲滅を名目として、ヨーロッパ諸国から一〇分の一税や十字軍税を徴収し、教会ヒエラルキーを利用して、莫大な上納金や寄付を受取り、地上で栄華を極めている。イタリア半島の情勢を複雑怪奇なものにしているこの最大の弊害を除去するために、世俗権力を理論的に支える政治的原理を打ち立てようとして、マルシリウスは、第一部においては、キリスト教の教義を中世において哲学的に支えていたアリストテレスの統治に関する政治理論を主として援用する。「キリスト教徒である以上にアリストテレス主義者である」とマルシリウスが評されるゆえんである。

アリストテレスが言うように、「政治共同体の目的は、生きることであり、人間の名に値する良好な生活を送ることである(45)」。しかし、時代は、往時とは異なって、世俗権力と宗教権力の権限争いが熾烈をきわめているから、この現状に即して、アリストテレスの学説は発展させられなければならない。

アリストテレスが『政治学』で、「国の至高権力を有するのは国民団であり、国民団の性格によって国制が決定される(46)」と述べていることは、統治権力の定義としては正しい。マルシリウスは、それをさらに発展させ、人民主権論を展開する。

地上では、アリストテレスも言うように、「選挙の方式がもっとも完全なものであり、統治体を構成するための最良の方式である(47)」。市民共同体または王国の統治の「動力因」がなにかを探求する場合には、この原則に立たなければならない。

直接的な統治体の「動力因」は、ローマ法王が主張するのとは反して、神ではない。ましてや法王でもない。地上において神は間接的原因である。統治の直接的「動力因」は、生身の人間たちがなんらかの方法で選出した「立法者」または統治者たちである。この選ばれた立法者が「法律」を用いて、市民を全一的に支配することが最善の統治を実現する道である。

したがって立法者とその統治体は、宗教権力からの介入を一切受けてはならない。一方、これまで宗教権力を構成してきたローマ法王を頂点とする聖職者団体は、世俗権力の一切を捨て、団体の設立目的を「人びとの教育から構成し」なければならない。つまり、この団体は「福音の法に照らして、信仰にはなにが必要か、どういう行動をしなければならないかを人びとに教える[48]」教育機関に衣替えする必要があるのである。この構想は、のちにスピノザがそれとは知らずに採用する宗教機関の原理となる。ホッブズはマルシリウスの『平和の擁護者』を読んでいたから[49]、スピノザは、マキアヴェッリと合わせて、マルシリウスと共通した原理に到達したと思われる。思考パターンが人間の脳髄においては決定されている証左である。

人間の法

地上に平和と人民の安寧を築くことこそが立法者および統治者の最大の義務である。したがって、彼らに代表される世俗権力は、社会全体を法律にもとづいて支配する必要がある。マルシリウスの言う「権力の全一性あるいは充実性」(plenitudo potestatis) の原理である。

ただし、マルシリウスにあっては、社会は、人間たちが人為的に作り上げた構築物である。この社会という構築物を統べる権力の実質的内容を示す法律は、神がモーセを通じて、ユダヤの民に直接もたらしたとされる、「神の意志」としての「神の法」[50]ではなく、社会の秩序を維持するために、人間たちが作った「人間精神に直接由来する人間の法」[51]である。だから、たとえ統治者が「徳高く、公正であっても」[52]、法律なくしては、いかなる統治も行なうことはできない。「統治者は法律に即して支配しなければならない」[53]。これはすでに、近代的な法実証主義の思想である。

人間たちが作ったこの「人間の法」の動力因は人民である。人民に基礎づけられているからこそ、法律は有効に作用することができる。「立法者言い換えると法の第一の特殊な動力因は人民であるか、あるいは市民たちの全体的な団体（会議）であるか、あるいは、人民の優越的部分かのいずれかである」から、法の執行には、「人民の選挙または市民の全体会議における言葉で表現された意志の手段を使わなければならない。人民の意志が世俗的な懲罰の脅しによって市民生活における人間の行動に関して、やらなければいけないこととやってはいけないことがなにかを決定し、命令するのである」[54]。

これがマルシリウスの人民主権論と言われるものである。歴史にマルチチュードが登場した痕跡がここにはっきりと見られる。

とはいえ、「習慣」あるいは言葉にすぎない法律には、法律を執行するための現実的な力が必要である。マルシリウスは、「執行権力」という用語の発明者でもあった。第一部の末尾で、この執行権力、言い換えると強制力が単一でなければならないことが明言される。

「統治されている人間の裁判、命令、なんらかの強制的執行は、彼の罪または法律違反にもとづいて、立法者によって、または、この目的のために立法者の権威から指名された人物によって執行されなければならない[55]」。

従来から、裁判権が当然のように宗教権力に認められてきた宗教的異端を裁く権利も含めて、地上で犯される人間の一切の罪は、立法者とその統治体によって、法律にもとづいて裁かれ、法律に定める刑罰が現世で執行されるのである。地上には、法律が定める罪以外の罪は存在しない。なぜなら、裁判に付される人間は、世俗的、市民的法律を侵犯しているにすぎないからである。マルシリウスが実定法主義の最初の提唱者と評価されるゆえんである。このような世俗的統治では、従来とは逆に、ローマ法王が世俗権力によって、異端とされる場合もある。ルートヴィヒがヨハネス二二世を異端としたことも正当なことである。

聖書による教会論

『平和の擁護者』の第二部は、第一部が一九章からなるのに比べて、全体が三〇章からなり、長大であるが、論題となるのは、聖職者の世俗権力論批判であるので、聖書の証言が主として用いられる。マルシリウスは、序文にかわる第一章において、「真理の危険な三つの敵」を挙げている。

第一の敵は、もちろん、「ローマ司教すなわちローマ法王とその同盟者たちの権力の側からする明白な・暴力的な反対」である。

第二の敵は、「真理の古《いにしえ》よりの敵」で、「いんちきな断定に耳を貸す習慣」である。マルシリウスの念頭にあるのは、間違ったキリスト教解釈を「まき散らし、広める長老や司教やその相棒たちからなる単純なキリスト教徒たち」である。

第三の「危険な敵は、なんとかしてこの教説を妨害しようとする」連中で、彼らは、「われわれの意見の正当性がわかっているのだけれども、あえてそれに反対しようとする[56]」嫉妬深い人びとである。

これらの敵は、みずからの地上における権力が神から与えられたものだとして、権力保持の正当性の論拠を聖書の文言に求めている。オッカムが指摘したとおり、異端も聖書に拠っているからである。したがって、マルシリウスは、地上の支配に関係した「なんらかの強制的権威や統治権力を聖書の文言がローマ法王にも、ほかの司教たちにも、長老たちにも、聖職者にも決して与えていないことを[57]」第二部の最初の一〇章を使って、縷々説明するのである。そして、ほかならぬ第一〇章において、彼は、異端を判定し、異端を強制的に罰する権利にまで、世俗国家の政治権力を拡張することによって、世俗権力の全一支配論を完成する。言い換えると、なんらかの強制力を伴う権力をローマ法王とその聖職者団体は、一切失ってしまったということである。

第一一章から第一四章までを費やして、マルシリウスは、聖職者には、清貧と使徒的生活が義務づけられていることを聖書にもとづいて証明する。聖職者階級、その長たる法王は、貧者であらねばならず、現世であらゆる権力を振るってはならない。聖職者階級は、使徒的生活に徹し、忍従と謙虚さの完成形となり、最高の清貧を貫かねばならない、と彼は主張している。

第一五章から第二一章までは、聖書に忠実に依拠した場合、信徒共同体としての教会制度はどのようなものでなければならないかが論じられる。マルシリウスの信仰観がここに顕著に現われる。それによれば、キリストを前にして、信者は権利としてみな平等なのである。マルシリウスにとっては、これは、ローマ法王の宗教的権威および権力構造としての法王制の一種の民主的解体であり、その反作用として、信仰を中心とした教会制度における信者集会の権限の民主的確立である。

そして、第二一章において、この信者集会の一種である公会議に、教義を確定するという重要権限が与えられなければならないことが主張される。マルシリウスの公会議至上主義と言われるものである。しかし、ここにはマルシリウスの罠が張られている。公会議を招集する権限は、人民の代表権力としての世俗君主にあるというのである。それとともに、教義、異端、法王位などの単一性を確立するために、公会議は多数決原理を採用しなければならない。これは事実上の法王制の民主的解体である。

マルシリウスは、第二二章から第二六章にかけて、ローマ法王とその聖職者団体が聖書を都合のいいように解釈して、地上において全一的権力を確立していた時代の悪弊の数々を歴史的に回顧している。しかし、この歴史を仔細に検討してみると、コンスタンティヌス大帝による公会議招集と教義の制定から始まって、ヨハネス一二世とベネディクトゥス九世の法王位剝奪に至るまで、キリスト教会内部の紛争を鎮めてきたのは、世俗君主の権力だったことがわかる。最後に、マルシリウスは、ローマ法王の権力が全一性を誇った時代には、いかに信仰が衰退し、堕落したかを暴露し、「自分の親族、特に家族の世話をしない者がいれば、その者は信仰を捨てたことになり、信者でない人にも劣っています」と、新約聖書のテモテへの手紙を引用して、キリスト教会の道徳的堕落を慨嘆している。

残りの四章は、マルシリウスの主張に対する反論の検討とそれに対する反批判であり、短い第三部は、マルシリウスの第一部、第二部での諸主張のまとめである。

マルシリウス政治思想の特徴

第一に、彼は、人間社会の形成論において、アリストテレスの「国制的動物」論などの自然形成説を斥けて、人為的構成説を主張する。したがって、彼は、法律をも、神の法と人間が作る法律とに截然と分ける。前者の法源は神であり、後者の法源は、純粋に人間精神である。

神の法は、人間の魂の救済に関わるから、それが意味を持つのは、現世ではなく、来世においてである。来世において、初めて人間の魂は、神の法で裁かれるのである。マルシリウスは、その近代的な教会論と政治権力論にもとづいて、神の法は、現世において強制力を持って直接執行されることはないと断言する。

この点が二つの意味で、マルシリウスの権力観の近代性を示している。

まず、およそ刑罰というものは、個々の人間の精神ではなく、その肉体に及ぼされるものであるから、刑罰を執行するのは世俗権力以外にはない、とする地上的、唯名論的な論理を彼が示していることである。したがって、教会側の異端審問が異端者の肉体的刑罰に及ぶことも禁止される。ローマ法王及び教会ヒエラルキーは、人間を現世において裁き、罰する権力を持たないということである。カエサルのものはカエサルに、の原則にもとづいて、キリスト教会は、世俗の権力を一切失い、信仰のみで結ばれた純粋な信者の平和な集団となる。

次に、法律というのは、強制力を持たなければ、人間社会では現実的な意味をなさない、と彼が考えていることである。すでに指摘しておいたように、これもまた唯名論的な論理である。一言で言えば、言葉にすぎない法律が世界を支配できるのは、それが法律を守らせる具体的な力、強制力を持っているからなのである。これは、かのホッブズのリヴァイアサンを想起させる権力観であり、マキアヴェッリとスピノザの権力観でもある。そして、ほかでもなくこの強制力を持つのは、唯一世俗の立法者のみである。だから、彼は執行権（行政権）の概念の先駆者と見られている。

神の法と人間の法の峻別は、近代的社会原理から発想されたマルシリウス独自の思索の結果であることが、のちの著作『平和の小擁護者』で明白となる。マルシリウスは、この著作で、人間の法を社会生活全般のルールに限定する一方で、神の法をきわめて近代的な個人の内心の自由にもとづかせている。

「人間の法は市民全体ないし市民の圧倒的部分の法である。彼ら市民は、最良の目的、すなわち、すべての人間が現世で追求するに値する状態のために、現世で各人が遂行したり、遂行しようと努力したりしなければならない人間の行為に関して、直接的審議で法律を作成しなければならない。私はあえて言うが、現世でそれを侵犯することに対しては、この同じ侵犯者に刑罰ないし懲罰を与えるという強制を用いる掟が人間の法というものである」。

一方で、「神の法についてては、何人も、したがって聖職者であろうと、俗人であろうと、人間である限り、それを他人に言う、あるいは他人に開陳する以外のことをしてはならない」として、マルシリウスは信仰にかかわる神の法についてては、「その理由とか、法則とかを発見しようとしてはならない」(58)とした。俗世では世俗法が絶対だと主張する一方で、キリスト教信仰を個人の思想的自由に委ねるきわめて革新的な主張である。

第二に、マルシリウスには人民主権論があり、それと並行して代表制民主主義論がある。これらはともに、人民あるいはマルチチュードの権力の存在を前提とする政治原理である。このように革新的な政治思想が著作に見られることは、『平和の擁護者』がいったいだれを教育しようとしたのかを暗示している。のちに『君主論』でマキアヴェッリは、君主という「支配者」に教訓を垂れることを装って、その実、「血の王杖とはなにかを人民の前に暴き出そうと企図する」[59]が、この試みの先行者はマルシリウスである。彼は、あからさまなギベリン主義的帝権主義を装って、その実、「人民」ないしマルチチュードに覚醒を促したのである。

第三に、マルシリウスの権力観には、人民主権論にもとづく身分別の権力分散理論というきわめて現実的な権力装置論の萌芽が見られる。これは、ガブリエル・マブリを想起させる古代ローマ的な権力論の復活でもあり、同時にモンテスキュー的な権力分立観の予示でもある。

『平和の擁護者』でしばしば使われる人民（populus）という用語は、唯名論者マルシリウスの場合、具体的な多数の人間の集合を指示している。彼は populus を multitudo sive populus, universa multitudo, tota multitudo, subiecta multitudo などと言い換えている。つまり、人民という一般概念は、ムルチチュード（multitudo）、マルチチュードという、明らかに実在する諸個人の集合に置き換えられている。だから、彼は、人民主権論に立脚しながらも、具体的で、現実的な多数決原理を主張したのである。彼の公会議至上主義もこの原理から出てくる。そもそもマルチチュードとは、多数決原理で動く権力機関なのである。

この具体的な諸個人の集合体としての人民は、世俗社会（キウィタス）では、諸身分の集合に再分割される。彼は、具体的な個人である市民を、政治支配、諮問会議、法的機関のいずれかに参加する主権者と考えている。すでに三権分立であり、支配権の市民参加的分散である。彼が市民の同意を得るために、いろいろな仕掛けや演出を考え出し、それをルートヴィヒに進言したのも、このマルチチュードによる具体的な権力保持に起因する。

第四に、マルシリウスの政治思想は、中世以来の神政的、聖職者的政治思想からの脱却過程を示している。彼は、世俗権力と宗教的権威との関係の問題に、根本的、急進的解決をもたらしている。彼が『平和の擁護者』で提示する理論の核心とそれにもとづく彼の提案は、非常に実践的なものである。それは、マルチチュードを代表する「より有効な部分」（valentior pars）に政治権力を委ねようとする代表制民主主義論になっている。この点は、マルシリウスが中世から近代への転換点に位置する政治思想家であることを示している。

第五に、マルシリウスの思想は、反教権主義的な闘争の実践的武器となっている。彼が理想として掲げる国家像は、市民総体とその正統な歴史的代表である神聖ローマ帝国皇帝による世俗権力の全面的確立論（plenitudo potestatis）に支えられており、ローマ法王制の解体を含む非常に現実的、闘争的な内容を持っていて、思弁的なものではない。だから、『平和の擁護者』は、この闘争を仕掛け、演出する具体的献策集でもあったのである。彼がルートヴィヒのお抱え医者になったのは、偶然ではない。

彼は、イタリア半島の政治的病根を断ち切る処方箋を書いたのである。

第六に指摘しておかなければならないのは、マルシリウスが『平和の擁護者』の第二部で展開する純粋な信仰と清貧にもとづく教会制度改革の思想もまた、現実性を帯びた改革提案になっていることである。聖職者が清貧でなければならないのは、道徳的、宗教的に清貧が聖職者の教義的義務であるというよりは、むしろ、地上から富を吸い上げることが聖職者に禁止されているからなのである。聖職者は、地上においては、人びとに世俗法の枠組みに収まる倫理を説く教育者以外のなにものでもなく、またそれ以外のなにものかであってはならない。しかも、教育を受ける対象には、自由な意志を持つ個人が想定されている。キリスト教信仰は、これまでのように、もはや市民の義務ではなく、個人の意志に任された信仰の自由な選択行為となっている。だから、こういう教育機関で働く聖職者は、清貧であるほかないのである。清貧は、聖職者の収入の低下と不安定さの結果であって、原因ではない。マルシリウスの教会改革思想が現実的なものであるゆえんである。

第3章 異端の国家観の系譜――マキアヴェッリからスピノザへ

君主が民衆から憎しみを買う最大の原因は民衆からなにか大切なものをとりあげてしまうことだろう。

マキアヴェッリ

国家を全面的に破壊する危険を冒さないで、その形式を変えることはできない。

スピノザ

1　政治学の宗教からの自立

統治者たちが愛読した『君主論』

マキアヴェッリは、イタリア・ルネサンスのヒューマニズム（人間主義）が色濃く残っていた時代を生きたから、当然のことながら、いわば人間と等身大の国家像を抱くことができた。つまり、国家という抽象的な対象を、神学的議論から引き出し、人間的な合理的思考の枠組みのなかに収める思考力を、ルネサンスの末裔マキアヴェッリは備えていたということである。

ルネサンスがいかにキリスト教の超越性を人間的世俗性に引き戻す構想力を持っていたかを物語る典型例は、システィナ礼拝堂を飾るミケランジェロの天井画や祭壇画に見られる。そこには、現在ではフィレンツェのポポロ広場に屹立するダヴィデ像にも共通する筋骨隆々たるまさしく生身かつ半裸体の人間たちがイエスとともに誇張を伴って描かれているのである。

宗教的禁欲道徳から自立した人間たちによる集団形成は、必然的に、ダイナミックな人間的本質を保持した形式を採用せざるを得ない。個人的利益追求のために国家という一種の政治社会を人間たちが形成していることから、絶えざる、君主と人民、国家権力と従属者との力関係の力学が導き出されてくる。君主ないし共和国統治者はこの力学をつねに自分に有利な方向に傾けるために、あらゆる努力を払う。そのなかには、宗教当局にとっては忌まわしい、ヌマ・ポンピリウス型の宗教の政治的利用も含まれる。その意味で、マキアヴェッリは瀆神的であり、『君主論』は人間の道徳よりも、政治支配にとっての現実的利益を優先している。

マキアヴェッリの瀆神的国家観は、よきにつけ、悪しきにつけ、読者たる統治者たちの密かなる関心を引いてきた。

有名な例は、反マキアヴェッリと称して、実は『君主論』から統治の「秘密」を学んだフリードリヒ二世の『反マキアヴェッリ論』(京都大学学術出版会近刊)である。フリードリヒ二世は、おそらくアブラアム=ニコラ・アムロ・ド・ラ・ウセーの一六八四年に世に出た仏訳をさらに改訂した一六九六年の仏訳版で、『君主論』を読んでいたと推測されている。フリードリヒは、一七四〇年の即位後、列強をあっと驚かせる電撃作戦でシレージェンをオーストリア継承戦争開戦直後に奪い取ったが、のちに、フリードリヒこそマキアヴェリストであるとの非難が起こった[1]。君主はキツネとライオンの資質を備えるべし、というマキアヴェッリの君主への教訓を人びとは思い出したからである。統治に関しては、この思考形式が永遠である証拠ではないだろうか。

スピノザの『神学=政治論』は、オランダ政府によって公式に瀆神の書として断罪され、禁止され、以後は非合法出版物として地下に潜ったが、マキアヴェッリの『君主論』の方は、禁書に指定されていたにもかかわらず、一六〇〇年、一六一三年、一六八四年にラテン語版およびフランス語版で出版されていて、なぜか、デカルトも、宰相リシュリューも、マキアヴェッリの「ファン」だったと言われる。スピノザの蔵書には、一五五〇年版のイタリア語版『マキアヴェッリ全集』と『君主論』の一五八〇年ラテン語版が含まれていた。モンテスキューの個人蔵書にも、三版の『君主論』が見つかっている。(2) スピノザの『神学＝政治論』とは、大した違いである。書物が読み手によって支配されていた書き手の自由のない時代であった。

密かなる政治的計画

一九世紀のブルクハルトのルネサンスに関する名著、『イタリア・ルネサンスの文化』は、マキアヴェッリがなぜ、稀代の大悪党にほかならないチェーザレ・ボルジアに肩入れしていたか、その秘密を次のように暴いている。

「チェーザレが、アレクサンデルの死後、法王に選ばれる選ばれないは別として、何物にかえても教会国家を確保するつもりでいたこと、そしてこの人がこれまで犯してきたすべての悪事から見て、もし法王になったら、教会国家の確保も、長くは到底続けられなかったはずであることは、何の疑いもありえない。もし誰かが教会国家を世俗化するとすれば、この人こそそれをしたであろうし、またそこで支配を続けるためには、それをせざるをえなかったであろう。もしわれわれの思い

図3-1●チェーザレ・ボルジア（Accademia Carrara, Bergamo/Giraudon）

違いでないならば、これこそマキアヴェッリがこの大悪人を、ひそかな共感をもって扱っている本質的な理由である。『刃を傷口から引き抜くこと』、すなわちあらゆる干渉とあらゆるイタリアの分裂の根源を絶滅することを、マキアヴェッリが期待しうる人物は、チェーザレのほかには誰もいなかった[3]」。

マキアヴェッリが目指すところは、マルシリウスの『平和の擁護者』がそうであったように、恒久的な安定した政治制度による統一的半島支配の確立だった。そのためには、「教会国家を世俗化」して、「刃を傷口から引きぬく」というイタリア半島特有の歴史的必要性があった。つまり、ローマ法王アレクサンデル六世とその私生児を使って半島の平和を勝ち取ることが、『君主論』を書く目的だったのである。だから、この実践的目的のためにマキアヴェッリは、『君主論』のなかで、残忍非道で、正真正銘の悪党と言われたチェーザレを幾度となく賞賛したのである。

「チェーザレ・ボルジアは、父親の運命によって政体を獲得し、同じものによってそれを失ったが、彼としては他者の軍備や運命によって譲り受けたあの政体のなかで、自分の根っこを張るために、賢明で有能な人物がなすべき一切の事柄を行ない、手だてのかぎりを尽くした。なぜなら、前もって土台を築いていない者であっても、大きな力量の持主であれば、あとになってこれを固めることができないわけではないからである。……彼の行動の実例以上に、新しい君主にとって優れた規範を示してくれるものを、私は知らない」[4]。

この人物がもし「運命」に恵まれて法王庁を支配するに至ったなら、明敏な彼なら、法王制国家を世俗化しただろう、というのがブルクハルトの診たてである。それを期待していたのがマキアヴェッリであるというわけだった。目的のためには手段を選ばぬマキアヴェリズムという相も変わらぬ反論もあながち的を外してはいない。

宗教改革の先駆者

しかし、マキアヴェッリの真の宗教観とはどのようなものであったのだろうか。彼は、本当に瀆神者の名にふさわしい人物であったのだろうか？　この問いには、二つの答えが可能で、それらが彼には混在していた。一つは、教会国家の堕落が法王自身と法王庁の宗教的堕落に由来しているとの確信が彼にはあったことが、カトリック批判へと彼を導いているということである。彼は『政略論』のなかで、次のように教会国家の堕落を非難する。

「イタリアの安寧秩序は、ひとえにローマ教会に拠っているのだという考えが広く受け入れられている。そこで、私はこの意見に反対するために、自分の心に浮かんでくる幾つかの理由を述べてみたいと思う。その第一のものは、ローマの法王庁の悪例に染まり、イタリアがまったく信仰心を

図3-2●マキアヴェッリ（Palazzo Vecchio, Florenz/Scala)

失ってしまって、無限の災厄と底なしの大混乱に引きずり込まれてしまっているという事実である。すなわち、宗教のあるところはどこでも、かならず善行が行なわれているのと同様に、宗教のないところでは悪が支配するのだと考えざるを得ないのである。教会やその坊主のおかげで、われわれイタリア人は、宗教もろくろく持たずに、よこしまな生活に耽っている。さらにそればかりではなく、はるかに大きな不幸を教会や坊主のために受けている。それは、イタリア崩壊の原因となるものである。すなわち教会は、イタリアを昔からいままで一貫して分裂させてきたのである。今日、イタリア全体に暴威をほしいままにしている法王庁を、スイス領内に持ち去ってしまえるほどの力量を備えた人物なら、私の主張していることの正当性を実証できるに違いない(5)」。

マキアヴェッリの眼目は、まさに腐敗の極みに達したうえに、半島分裂のもう一方の旗頭になっている法王庁の解体か、または、ブルクハルトの言うようなその大掛かりな世俗化かのどちらかだったのである。このほとんどプロテスタンティズムを偲《しの》ばせる「法王教」に対する批判を瀆神と罵るのは簡単なことである。しかし、ここには、彼の政治学の自立への力強い契機となっていた教会国家の通常国家への格下げの自覚が存在する。つまり、神聖なキリスト教の総本山も、結局は、半島に点在する諸国家と同じ、侵略戦争（ライオン）と平和条約（キツネ）の通常国家だったということを、マキアヴェッリは日常的な感覚として持っていたということである。

キリスト教というきわめて有効な思想的武器（同意の装置）を備え、実際に槍と刀で武装し、鎧を着こんだ（暴力装置）ローマ法王というのがマキアヴェッリの通常感覚における教会国家だったとすれば、これはもう通常の世俗的な政治学の範疇に属する事象であろう。

しかし、だからと言って、彼は、無神論者ではなかった。二つの意味でそのように言える。ひとつは、先程の引用でも、言われているように、宗教は人間を善に導くという確信である。その意味で、国内平和をもたらすうえで、これほど強力な手段はないくらいなのである。真の宗教をイタリアに確立することがマキアヴェッリの真意だったとすれば、彼を無神論者呼ばわりすることはできない。

さらに、もうひとつの、革新的な意味合いで、マキアヴェッリは、無神論者ではない。彼は、上記の引用の前後で、自己の信仰告白を行なっているのである。彼は、原始キリスト教の清貧の理想を復活した信仰を持っていた。

「もしキリスト教がキリスト教国のなかで成立当初と同様の姿を維持していたなら、今日のキリスト教諸国家は、現在よりもっとまとまりのある、はるかに幸せなものになっていたであろう。キリスト教の法王の座であるローマ教会のすぐそばに住んでいる人々が、これといった宗教心を持ち合わせていないという現実に優るキリスト教の堕落の証《あかし》はあるまい。原始キリスト教の時代に思いを致し、目を現在の習俗に移して、なんという隔たりが両者のあいだにできてしまったかと気づく程の人ならば、破滅と天罰が差し迫っていることを、躊躇《ためら》うことなく判断するに違いない(6)」。

この黙示論的警告が原始キリスト教への復帰を訴えているところから見ると、われわれは、むしろマキアヴェッリを宗教改革の先駆者と呼ぶべきであろう。

模範としてのローマ国家

マキアヴェッリは、国家権力を科学の土俵にのぼせるために、横暴を極める、この茫漠たる対象を限定することに努めた。それほど力強い科学的考察力を彼がそなえていたということである。

そこで、彼は国家を人間の身体にたとえ、国家権力を人間の身体と等身大のものとして捉えた。人間の身体は、誕生し、成長し、その間の過程でさまざまな栄養を摂取し、可能な限り、長生きをしようと努力する。そして最後には、次の世代に権力を、暴力的にか、平和的にか、移譲することによって、自身は死滅する。国家権力は、ホッブズのリヴァイアサンのように、地上の不死の怪物でもなければ、神と君主との契約の不滅の産物でもない。

マキアヴェッリのこの国家の人間化は、「限定は否定である(7)」という意味で、国家概念を生々流転の歴史的現実のなかに投げこむ。マキアヴェッリは、『政略論』の第三巻の冒頭で、この点を次のように指摘する。

「この世のすべてのものに寿命があることは、疑いようのない真理である。そして一定の法則の下にその存在に変化がないように保たれているのである。……時がたつにつれ、当然本来の美点も次第に色あせてくる。だから、初心に立ち返る運動を起こさない限り、これらの団体の崩壊は必至だろう。医学者が人体について述べているのも同じ意味合いである(8)」。

もちろんここで、「団体」という単語は「人体」と同じ単語である。マキアヴェッリは、医術の素養があったと言われるマルシリウスのように、身体を診断し、適切な治療を施す医学者の観点から国家を見ている。生死ある人体、それが国家である。

対象の限定に伴って、マキアヴェッリは、国家の類型学を打ち立てた。この点は、スピノザにとっても、絶えず参照される国家論の理論的枠組みとなっている。マキアヴェッリによる政体の取り扱いの際だった特徴は、古代ローマ共和制に対する賞賛である。

ローマがのちに「広大な版図を手に入れることができた」原因は、マキアヴェッリによれば、「力量」を「運命」に結びつけたからであり、地上に「ローマほどの発展を遂げた共和国が二度と現われなかったことは、いかなる共和国でも、ローマと同じ大目的に向かって国家体制を整備したものがなかったことを(9)」示している。しかも、ローマは、「外部的な要因」の襲撃を受けたことを契機に「初心に立ち返る運動」をみずから組織する力量があったために、そのつど「ローマ固有のすべての制度が回復された」[10]のである。

マキアヴェッリがいかなる目的でティトゥス・リウィウスの『ローマ建国以来の歴史』を読み直していたかがはっきりと分かる。彼は、外敵の侵入が絶えない半島にあって、かつての共和制ローマのような自己刷新運動を引き起こしたかったのである。統一国家の再生である。これがイタリア半島の政治学を学ぶ者の共通した思考パターンであった。

2 マルチチュード概念と国家契約説の否定

少数者による多数者の支配

マキアヴェッリには、マルチチュード（multitudo）すなわち「多数者」の概念が萌芽的に登場している。このマルチチュードの概念は、近年の社会運動では、好んで取りあげられるが、マキアヴェッリにおいては、それは、支配者と被支配者のダイナミックな幅広い社会的均衡の実現問題として提起されている。それとともに、国家支配は、単に警察的、軍事的支配にとどまらず、人民に対する社会的文化的支配にまで及ぶことになる。

この危うい均衡状態のなかにある国家は、一度作り上げればそれでおしまい、といった神によって守られ、法と信義にもとづき、宗教的、道徳的規則によって規制された堅固な存在物ではまったくない。たったひとりの国王による支配やオランダのように少数の名士による支配の軽量さは、力学的にきわめて重い体躯を持つ多数者(マルチチュード)である人民の統治には、重大な弱点を抱えることになる。

だから、マキアヴェッリによると、人民の永遠の人間的本性をしっかりと把握して、少数者による多数者の支配を完全なものにしなければならないのである。このことから、マキアヴェッリの国家概念は、『エチカ』の倫理学的、哲学的諸概念を基礎に国家を把握したスピノザと同じく、はっきりと、人間学的諸概念と結びつく。マキアヴェッリは、人間的本性のせいで、統治者はつねにマルチチュードの動向に注意を払わなければならないと言う。

「人間というものは、一般に恩知らずで、移り気で、空とぼけたり、隠しだてをしたり、危険があればさっさと逃げ出し、儲けることにかけては貪欲だから、彼らに恩恵を施しているあいだはひとり残らずあなたの側についてくるが、それは必要が差し迫っていない限りでのことであり、あなたのために自分たちの血も、財産も、命も、子弟も差し出しますとは言うが、いざその時が迫れば、あなたに背を向けてしまう。そして彼らの口先だけの言葉に全幅の信頼を寄せてしまった君主は、他に何の備えも身辺にないので、滅んでしまう(11)」。

なんと、マルチチュードを構成する諸個人もまた、キツネなのである。このような浅ましい本性を持つ人間集団としてのマルチチュードを支配する君主は、とりわけ彼らの「婦女子に手を出してはいけない」。また、彼らの「財産に手を出してはならない」。なぜなら、「人間というものは、殺された父親のことは忘れても、奪われた財産の方はいつまでも忘れない」し、「略奪によって生活を始めた者は、他人の所有物を没収する理由などいくらでも見つける」が、逆に「血を流すための口実」を見つけるのは難しいからである。(12)

　このような永遠の人間観にもとづいて打ち立てられている社会は、確かにランゲの言うように、「少数の所有者たちのことだけを視野にいれ、社会の成員の四分の三の負担において、これら少数の所有者たちの幸福と富裕と余暇を保証した」(13)のであってみれば、社会を統治する者は、堅固な法律を社会の成員のなかに確立しなければならないのである。しかし、「法律は人類の最大部分を敵とする陰謀」のようなものである。「法律における最大の努力は、その支えを一番必要としている者の利害に反する方向に向けられている」(14)。だから、なにがなんでも、この法律を君主は臣民に守らせるよう、恐怖手段をときには用いなければならない。

　ここで君主または統治者は、奇妙なパラドックスに遭遇する。すなわち、人民には、法律や信義や恩義や契約などの倫理的価値を守るように強制しておきながら、みずからは統治のために、「キツネとライオン」という詐術と凶暴の反倫理的価値を代表する「野獣」に変身しなければ、統治が続けられないのである。[15]

ただし、これには例外がある。それは、君主がマルチチュードを掌握しているときである。それはいつか？　それは、いわば君主が本業である戦争に携わっているときである。このときには、そしてこのときに限って、ランゲが言うように、略奪、虐殺、強姦、等々の「山賊行為であるものが戦場では、英雄主義になる」[16]。マキアヴェッリは言う。

「だが、君主が軍隊を率いて、多数者（moltitudine）である兵士を統率しているときには、冷酷という名前を気にする必要はまったくない。なぜなら、この名前なくしては軍隊の統一を保つこともできなければ、何ら軍事行動を起こすこともできないからである」[17]。

これこそがスピノザ、ランゲに受け継がれるマキアヴェッリの「多数者」の人間学的論理であり、永遠の思考パターンである。スピノザ、ランゲがともに、マキアヴェッリを「明敏な」フィレンツェ人と讃えたのも頷《うなず》けるところである。社会の平和的統治のためには、このような性質を持つ多数者を獲得することが不可欠の要件になっている時代が訪れたのである。

マキアヴェッリの国家統治論

この人間学を基礎に、マキアヴェッリが打ち出す社会形成論は、やはりこれもまた、小国家に分裂し、互いに攻め合い、あるいは協定を結び、より強力な外敵に対処せねばならなかった半島独自の特殊な政治情勢を反映している。人間が人間にとってライオンであり、キツネであるような半島の社会状態は、現在の平安がいつなんどき崩されることがあるかも分からないという不安感で統治者が責め苛《さいな》まれることになるから、信義を守る義務が彼らからは免除される。

「君主はキツネとライオンを範とすべきである。なぜならば、ライオンは罠から身を守れず、キツネは狼から身を守れないからである。したがって、キツネとなって罠を見破る必要があり、ライオンとなって狼を驚かす必要がある。単にライオンの立場にのみ身を置く者は、この事情をわきまえていないのである。そこで、慎重な人物なら、信義の履行が危害をもたらしそうな場合には、信義を守ることはできないし、また守るべきでもない。また人間がみな善良であるならば、このような勧告はよくないものである。だが、人間はよこしまな存在であり、信義など守らないはずだから、あなたの方も信義を守る必要はない(18)」。

これが有名な支配の秘密であるが、いかにも反道徳的であり、その意味で、いかにも反キリスト教的である。信義こそ自然法論者のアキレス腱である。契約の裏打ちとなる、人間同士の信義が、このように君主においては、弊履《へいり》のように捨てられるのであれば、そもそも契約にもとづいて国家を形成し、自然権を全面放棄して君主にのみ統治権という名の新たな自然権を与えても、無駄に終わる。すなわち、肝心の君主がこの有様では、リヴァイアサン国家は相互に信頼を失い、少なくとも外敵とは、どこまで行っても戦争状態を解消しえない。絶えざる戦争状態からは、国家の破滅が帰結するのみであろう。

まさにマキアヴェッリは、キリスト教道徳およびあらゆる倫理観念から国家概念を切り離したがゆえに、とりわけ外敵との自然状態を解消できない。それだからこそ、マキアヴェッリの社会と国家の形成論理は、外敵の侵略を共同で防ぐためのものとなる。これまた、イタリア半島の分散した小国家という環境がもたらした宿命の構図の産物である。マキアヴェッリは、『政略論』で、イタリア半島における国家形成の謎を次のように解き明かしている。

「さて、最初に都市の誕生について論じるなら、すべての都市はその地方の土着の人か、またはよそからきた移住者かが建設するものである。第一の場合には、住民たちが多くの小集団に分散して生活しているために安全を期しがたいこと、各集団が、その地形から言っても、また人数の少ないことから言っても、孤立していては敵の攻撃に抵抗することは難しいこと、敵が迫ってきたときに、打って一丸となって防御しようにもまにあわず、また、まにあったとしても、たくさんの砦をそのままにして駆けつけてくるために、かえって敵の餌食となってしまうことが起こる。これらの危険から逃れるために、自発的に、もしくは彼らのなかの最有力者の意見によって、住み心地がよく、防御にも好都合な場所を選んで、集団生活をするようになるのである。このような例のなかでもとくにアテナイとヴェネツィアが挙げられる。アテナイは、テセウスの威光によって建設された。彼は散り散りになって住んでいた住民を集住させた。ヴェネツィアは、ローマ帝国没落後、イタリアを席巻した蛮族の侵入により引き起こされた戦争を避けるために、人々がアドリア海の一隅の小さな島々に難を逃れたことに端を発している。彼らは自分たちに号令する特定の君主を戴くこともなく、彼ら同士のあいだで、もっとも適していると思われる法律に従って、共同生活を始めた。これが成功したのは、海に囲まれて外界と遮断された地形がヴェネツィアに長く平和を保証したからであった[19]」。

このように、外敵から身を守る必要性に都市国家の淵源を求めるマキアヴェッリの場合には、都市国家に侵入してくる外敵は、防衛する側にとってみれば、完全に自然状態にある狼であり、ライオンである。だから、自然状態は解消されてはいない。

かてて加えて、国家内部でも、君主は、つねに内乱の危機を抱えている。内乱というのは、社会が形成されても、その成員であるマルチチュードがむしろキツネとライオンであることから生じる。彼らは、君主に服従していても、面従腹背で、つまりキツネで、みずからの利益に反する統治が続けば、いつでもみずからの自然権を、のちのランゲのマルチチュードのように、取り戻し、叛乱に立ち上がるライオンに変わってしまうということである。これが、『君主論』がその実、マルチチュード教育論だと言われるゆえんである。そうした意味で、内乱に備えるのも君主の徳のひとつである。マキアヴェッリは言う。

「君主たる者は二つの恐れを抱いていなければならない。すなわち、一つは内側にあって、臣民に対するものであり、いま一つは外側にあって、外部の列強に対するものである[20]」。

内乱が生じるのは、臣民の経済的利益が脅かされ、臣民の財産が奪われ、ランゲの言うように、「パン」を人民に保証できないからなのである。そのときは、人民はいつでも自然状態に帰り、自己の防衛のために「新しいスパルタクス」を押し立てて叛乱に立ち上がる。「絶望が大胆にし、必要に迫られて知識を得た」このスパルタクスは、貧民の「自由を見わけられなくしている殺人的で欺瞞的な法律を粉砕して[21]」新しい王国を樹立するかも知れない。いずれにせよ、マキアヴェッリが描く人類の状態というのは、それが自然状態にあるのであれ、社会状態にあるのであれ、そもそも自然権の所有者という唯一永遠の権利を解消などしていないのである。これがマキアヴェッリの現実主義であり、さらには、プラトン、アリストテレス、トマスのユートピア的国家観への最終論告なのである。そして、マキアヴェッリの締めくくりの言葉はこれである。

「市民として生きることについて、推論しているすべての人々の指摘にあるように、また、どの歴史のなかにも溢れているその実例に照らしてみても、共和国を打ち立て、それに法律を整備させようとする人は、次のことを肝に銘じておく必要がある。すなわち、すべての人間はよこしまなものであり、自由勝手に振る舞うことのできる条件が整うと、すぐさま本来の邪悪な性格を存分に発揮してやろうとすきを覗うようになるものである。彼らの邪悪さがしばらくのあいだ影を潜めているとすれば、それはなにかまだ分かっていない理由によるのであって、そのうちにあらゆる真理の父であると言われている時間が、その化けの皮を引きはがすことになる[22]」。

このくだりは、驚くべきことに、『政略論』の冒頭の第三章に置かれているのである。マキアヴェッリが国家を人間学の見地から考察していた証拠であり、人間の自然状態と社会状態を区別せず、人間のあいだの信義、道徳などを基礎に国家を構想しなかった証拠である。

マキアヴェッリが参照する永遠の人間本性は、「よこしま」であり、「自由勝手に振る舞うことのできる条件が整」うと、その途端に、「邪悪な性格を存分に発揮し」始めるものである。しかし、人間の「よこしま」さ、その「邪悪な性格」は、いったいなにから出てくるのであろうか？ それは、近代においては、人間本性の自己中心主義的功利性への傾斜から発するもの以外のなにものでもない。このことを前提に、マキアヴェッリを受け継いで、スピノザは、新たな国家観を構築する。

3 『神学＝政治論』におけるスピノザの国家観

自然権としての思考の自由

スピノザは、社会と国家を論じた二つの論考の作者である。そのうち、最初に著わされた『神学＝政治論』は、匿名で出版され、宗教当局から轟々たる非難を浴び、ついには、「悪魔とともに地獄で鍛えあげられた[23]」書物として、出版禁止となり、法王庁の禁書目録にも登録された。つまり、新旧両方のキリスト教から本書は、いわば破門宣言を受けたわけである。

この書の運命は、キリスト教にとっては、マキアヴェッリの『君主論』がたどった運命と同じ性質のものであった。しかし、『神学＝政治論』の方は、オランダのみに開花した、当時のヤン・デ・ウィット指導下の民主制国家を全面的に擁護する内容を含んでいたので、政治的に迫害を受けたわけではなかった。それが禁書になったのは、むしろ宗教的に見てきわめて危険な内容を含んでいたことによる。

『神学＝政治論』は、人間個人の自然権の承認と社会形成論を組み合わせながら、思考の自由の保証を国家統治の中心テーマのひとつとする近代的な国家像を彫塑した著作であり、国家思想史的には、おそらく、はじめて人間のみに固有なこうした自然権の延長線上に国家を基礎づけた、きわめて類ま

図3-3●スピノザ（Bibliothèque de Woffenbüttel）

れな人間的自由の書になっているのである。

再度強調するが、スピノザにあって、稀有な例外をなすものは、彼が自然権のうちに近代的な「自由に思考する権利」を数え入れたことであり、これを現代的に言い直すなら、民主憲法において、いかなる権力にも否定し得ない思想信条の自由を神聖不可侵の権利として主張し、それに伴う物質的措置を国家権力のなすべき義務として位置づけたことを意味する。なぜなら、人間の場合、「精神が絶対的に他者の権利のもとにあるということは決してあり得ない」からである。

「何びとも他者に自己の自然権、すなわち一切の事柄について自由に思考し、判断する能力を譲り渡すことはできない。また、何びとも他者にそうしたものを譲り渡すように強制されることはできない。この結果、もし支配が精神の上にまで及ぶとしたら、その支配は力づくの支配と見なされることになる」(24)。

しかも、スピノザは、この思考の権利を人間の自然権のうちで「最高の権利」に位置づけ、各人を「自己の思想の主《あるじ》」と呼び、「何びともその欲するままに判断し、思考する自由を放棄することができない」(25)と断言する。こうした個人の「絶対的」な思想的自立・自由からは、どういう結論が、まずは哲学の分野で、次に国家統治に関わる政治的分野で導き出されるだろうか？

哲学的には、デカルト以来の物質と精神の二元的発想をスピノザは受け継いでいるということである。この場合の「哲学的」という言葉は、きわめて狭い意味で取らなければならない。拙著『思考の自由とはなにか[26]』の第四章で触れておいたように、デカルトの現世的「不自由」こそが、二元論を導き、精神における自由の主張に転化したのだ、ということである。デカルトの場合は、ベクトルの矢印は、現世の不自由から、思考あるいは精神の自由へ向かっている。つまり、現世逃避である。

この時代、宗教コードは極めて厳しく運用されており、デカルトの科学的な思想は、『宇宙論』の執筆断念に見られるように、そのコードに引っかかる恐れが多分にあった。それゆえ、彼の場合には、思想的自己規制を行なうことが現世的に自由であることを保証していた。彼は、明らかに瀆神の匂いのする『宇宙論』を放棄し、以後、宇宙論などという神学的な領域に足を踏み入れることは、表向きはなかった。

ガリレオの場合は、おそらくは、法王庁とのコネクションを過大評価していたうえに、功名欲やポスト獲得の野心などが働いたのであろう。慎重さを欠いたのである。その結果は、周知のとおりである。したがって、デカルトの場合の思考の自由は、現実の不自由の容認とそこからの逃避による思考の自由の獲得という方向性をとったのである。

ところが、スピノザのベクトルは、デカルトとは反対方向に向いている。スピノザにとって、そもそもの初めから思考は自由である。自由になってしまっているのである。スピノザが確立したこの「公理」から、彼はまず、思考が「他者の権利のもとにあるということは決してあり得ない」という中間的命題を導き出す。しかし、もう一度注意しなければならないのは、ここまでは、精神の、思考の、理性の世界での出来事であるから、この中間的命題は、精神、つまりは、哲学の管掌事である、ということである。これが有名な心身平行論の精神側の原理である。

しかし、哲学でのこの公理が現実に結びつけられたときには、つまり心から身体へ向かう方向性を持ったときには、思考は自由であるという公理は、いかなる効果を持つだろうか。心身平行論のもうひとつの世界は、身体の属する物質界であり、現世的現実である。つまり、デカルトが出版を断念し、ガリレオが断罪された世界である。

スピノザは、この世界においては、もとより「絶対的に」という修飾語を使っておらず、かえって、「もし支配が精神の上にまで及ぶとしたら」と仮定法を使った表現法を用いている。これはどういうことだろうか？　そうした「支配は力づくの（violentum）[27]支配と見なされることになる[28]」という指摘にも示されているように、身体を拘束し、身体を不自由にする支配あるいは国家は、精神にまで、その拘束を及ぼし、思考から自由を奪ってしまうのである。こうした国家の例には事欠かない。旧宗主国のスペインをはじめヨーロッパのあちこちで見られる「圧制的な」国家がそれである。

マルチチュードの力を実現する

このような暴力的世界に、人間はどういう形で関わっていくのだろうか？　自然権の名にふさわしい思考の自由を持つとされる主体とは、もちろん具体的な個別的、感性的身体[29]である。ここにパラドックスが成立する。

思考の自由を自分自身のうちに自然権として持ちながら、この存在論的個物たる主体が思考の自由をひとたび実現しようとすると、自分ひとりの力では、どうにもならなくなるである。なぜなら、相手は暴力装置を持つ「圧制的な」国家だからである。そうなると、自然権を持つ諸個人の集まり、すなわちマルチチュードの団結の力を利用する以外に、個別身体には、思考の自由を実現することはできないということになる。

なにしろ、抵抗装置としては、おのが身体しか持たないマルチチュードにとっては、数の身体的圧力以外にこれといった物質的力が存在しないのである。その力を背景に、逆に国家に「力づくで」法律を強制し、個人の思考の自由を承認させることが必要不可欠となる。

現世は、物理法則的数量の世界であり、支配、権力、権利とは力の言い換えにすぎないとすれば[30]、畢竟そうなる。だが、ここに大きな落とし穴が待ち構えている。またもやパラドックスである。

個々の身体の集合体であるマルチチュードの力は、実は物理的力としては、個別身体の非力な集合体でしかないということである。これは、力であろうか？　もちろん、そのままでは、力ではない。それは物理的な力となる必要がある。

スピノザも言うように「人民の判断力を左右し、人民を思うがままに操る」ような専制的暴政は、

「君主制国家において可能なのである」。反対に、「すべての人びとあるいは国民の大部分」つまり、マルチチュードが「共同的に支配権を握る民主制国家」ではそのような暴政は、「決して可能ではない[31]」。もし、このマルチチュードの力に近代的兵器にも匹敵する物理的強力さが備わっているのであれば、圧制的な暴力国家といえども簡単に転覆されよう。だから、このマルチチュードの力には、近代的兵器にも優る強力な武器を持たせなければならないのである。ところで、この武器とは、民主制国家の選挙制度にほかならない。この点は、マルシリウスの改革構想が人民主権と公会議における多数決主義を梃子にしていたことを参照すると、よく理解される。つまり、唯名論的諸個人が申し分ないほどに物理的力となるには、とにもかくにも、政体が民主制であることが前提条件となるということである。そういうことを、スピノザは、「国民の大部分が共同的に支配権を握る民主制国家」と表現したのである。この民主制国家においてのみ、マルチチュードは決定的な権力となる。

スピノザが生きたオランダ国家は、ヨーロッパでは稀有な存在であり、環境（海、狭小な領土、貿易）が似通った都市国家ヴェネツィアに学んで都市名士の寡頭民主制を採用していた。こうした寡頭制的民主制においては、圧制が斥けられ、思想の自由が守られ、マルチチュードがある程度物理的な力を持つ。

こうして、民主制国家においては、マルチチュードと国家支配とが透明でダイナミックな相互関係にはいる。「何びとも放棄することができない」とされた「欲するままに判断し、思考する自由」を国家権力が現実的に保障するとともに、この自由の享受者たち、つまりマルチチュードのあいだで、法的秩序を実現することが国家権力の保全には必要とされる。国家の法的支配のもとで、個人的自由を相互に規制することで、かえって「共同の力」が強まるということである。それが非力な貿易国家を強国から防衛する力にもなる。

「舌」の自由の確立

ここにスピノザの新しさがある。人間個人の思考は自由であることを、デカルトの継承者として、いわば二元性の一方の精神世界で公理的に確立したのち、そのベクトルを現実世界（環境）に向けることによって、そこに現実的対応物を逐一見出す必要性がある、と彼は考えたのである。思考の自由の現実的対応物を、彼は『神学＝政治論』のなかでいくつかの具体的・現実的な自由として指定した。そのなかで、もっとも重要な自由は、「舌」（linguis）の自由である。「舌を支配する」ことが「国家には容易である[32]」とするならば、国家は逆に「舌」つまり言論の自由を承認しなければならない。ここで用いられている「舌」というラテン語は、生物学的・身体的な舌を指していることに注意しなければならない。

思想の自由はデカルト的世界では、精神世界での単なる同語反復であったが、スピノザの哲学においては、これは具体的な「舌」の自由となり、「舌」を動かす物理的な手段の保障を意味することになる。つまり、国家権力は、表現、出版、集会の自由を物質的自由として保障しなければならないということである。これは、個々の具体的な物質的諸手段の話しであって、精神界の話しなどではない。国家政策に反対する意見であろうと、賛成する意見であろうと、それを表現する物質的諸手段には、近代国家では税金を投入して維持しなければならないということである。スピノザの心身平行論は、心と身体との完全一致を主張するだけに、意味するところは実に具体的、現実的である。

　また、スピノザは、信じることを「教える自由[33]」を認めることも、国家には必要であるとしている。この自由は、当時、最大の問題であった信仰の自由の核心部をなす自由で、信じている教義を一般に伝道する権利に関わっている。しかし、それだけでなく、スピノザの主張するこの自由は、現代のいわゆる教育の自由にまで関わる長い射程を持っていることは、彼が研究の自由を主張していることを勘案するとき、明白である。スピノザは、思考の自由の核心として、あらゆる事柄について研究する自由をも主張する。

　国家権力は、人の真偽判断に容喙してはならないのである。歴史的真理についても、物理的真理についてもしかりである。

「人はなにを真として認め、なにを偽として斥けなければならないかを各人に対して命令しようと最高主権が望むとき、そうした最高主権は臣民に対して不法を犯し、臣民の権利を奪い取るものと見られるのである」[34]。

最高主権すなわち国家権力が、臣民から真偽にかかわる判断の自由を奪うためには、臣民のなにを奪おうとするだろうか。精神の世界では、そもそものはじめから、公理的に思考は自由なのであるから、これを奪い取ることは神にもできない。だから、この疑問に対する答えは簡単である。国家権力が臣民から、事物の真偽を判断し、決定し、この決定を信じる自由を奪おうとすれば、どうしても臣民の肉体を拘束する必要があり、場合によっては、臣民を亡き者にする必要がある。このことを指して、スピノザは、「臣民に対して不法を犯し」ていると言っているのである。

なぜ「不法」だろうか？　思考は自由であるというスピノザの人間学的規定をもう一度参照すれば、もちろん、この「不法」が侵犯している「法」とは自然法のことであり、臣民に無条件で与えられている自然権のことであるから、国家権力が臣民の真偽判断に関わる自由を奪おうとすれば、神的法則によって人間個人に与えられている、なにものにも代えがたい生存の自由を奪うことにならざるを得ない。果たしてそのようなことは可能か？　スピノザの心身平行論からすれば、可能である。

もう一度言う。臣民すなわちマルチチュードから思考の自由を奪うためには、彼らの身体に危害を加えなければならないから、そういう強制力を行使する最高主権者たる国家権力は不法行為を犯しているということなのである。スピノザの思想が驚くべきアクチュアリティを保つゆえんである。彼の思想は、永遠の人間観に裏づけられているだけに、時代を超えてあらゆる歴史局面で有効性を発揮する。

信仰の自由と真の宗教

ここでわれわれはなにを想起するだろうか？　言うまでもなく、デカルトが脅威に感じたガリレオ裁判である。人はもし、最高主権が天動説を「真として認め」、地動説を「偽として斥けなければならない」と臣民に命令したとき、このような命令を下す国家をどう見なければならないか、とスピノザは問い、そうした認識を国民に強要する国家は、自然権すなわち自然法を踏みにじる不法な国家であると主張したのである。

この主張の射程は、もちろん、「国家のなかの国家」、あるいはアルプス山脈の向こう側（ユルトラモンタン）のローマ法王制国家に対しても及ぶ。このローマ法王の権力は、必ずしも個々の国家権力に包摂されていない。すなわち、ローマ教会に支配される宗教権力がヨーロッパ諸国には存在するのである。キリスト教会の所領がそれであり、教区がそれである。

教会は国家権力の支配からは独立している。スピノザは、この国家と宗教の分離についても、永遠の真理を打ち立てる。

宗教と政治の関係において、スピノザの視点は、パドヴァのマルシリウスのそれと一致する。マルシリウスにあって、最大の関心事は、宗教権力の「無化」と聖職者団体の教育機関化であったが、この主張は、実践的には、完全にスピノザのそれと一致している。マルシリウスにあっては、キリスト教は地上での権力も権威も喪失するが、相変わらず天上では、神の救済と裁きの助手を務めている。つまり、天上では、公会議で認められた教義を持つキリスト教は、正しい真の宗教の姿をしているのである。

マキアヴェッリに至って、人間的諸力が復活するとともに、またもや宗教が政治を補強する有力な武器として地上に舞い戻ってくる。宗教権力の「無化」ならぬ「有化」である。マキアヴェッリの場合、宗教は世俗の権力以外のなにものでもない。それは、人民から同意を得るための権力機関であり、その有力な武器は宗教の説得「力」である。しかし、マキアヴェッリにあって、文字通り瀆神的なのは、君主が心底から信仰を持っていなくても良い、ただ信仰を持っているふりをすれば良い、と『君主論』で君主に教えたことである。つまり、君主に人を欺くキツネになれと教えたのである。しかし、この偽信者こそ、キリスト教がもっとも嫌う「羊の皮をかぶった狼」なのである。

ともあれ、この点では、マキアヴェッリの宗教観は、ホッブズのそれに近い。マキアヴェッリの権力観からすれば、肝心なのは、人民支配の道具として、君主が宗教権力を掌握していることである。『君主論』でマキアヴェッリが宗教の政治的利用を推奨したのは、このような意味においてである。しかし、すでに述べたように、かりに、マキアヴェッリがマルチチュードを教育しようとして、『君主論』を書いたのだとすれば、宗教権力に関わって、マキアヴェッリの意図はどこにあったのだろうか？　ここでは、マルチチュードが権力となるには、この宗教という権力機関で思想的ヘゲモニーを奪取しなければならないという教訓をマキアヴェッリはマルチチュードに与えているのだと解釈できよう。

スピノザに至って、再び正しい真の宗教といんちきな宗教の区別が復活する。この区別にもとづいて、スピノザは、宗教と政治の再統一をこの地上で実現する近代的政治理論を打ち立てるのである。だから、マルシリウスからマキアヴェッリを経て、スピノザにつながる政治思想の異端の鉱脈は、権力の全一性論から、マキアヴェッリの人間学的権力論を経て、心身合一的権力論へと振動を繰り返しながら、発展してきたのである。

まず、ある特定の宗教を信じることを、これまでの主張のように、人間に対して国家権力によって強制することはできないと彼は言う。「いかなる見解によって、各人は自己の精神を神に対する畏敬へ駆られねばならないかを、各人に命令しようとするなら、そうした最高主権は臣民に対して不法を犯し、臣民の権利を奪い取るものと見られる[35]」。なぜなら、「およそ人間は、自分が真であると信じた意見を罪と見なされたり、自分たちを神や人間に対する崇敬の念に駆りたてるものを罪と認定されたりすることを何よりも耐え難いことと思うようにできている[36]」からである。永遠の人間本性がそうである以上、信仰の自由は認めなければならない。また、国家権力が面従腹背のキツネを育てることは、国家自身の破滅につながることをも考えておかなければならない。

しかし、逆のケース、すなわち宗教が教義上の相違を旗印に叛乱を企てる場合やあるいは国家に他宗教への弾圧をけしかけたりする場合、あるいはさらに進んで、国に祭政一致の神政を敷こうと望んだ場合を想定しておかなければならない。スピノザによれば、一般に、宗教は、いかなる教祖を信奉していようとも、民衆に権威への服従と民衆同士の隣人愛に基づく和合を教えることで、この地上での存在を許されている社会的な、マルシリウス的意味での教育装置である。[37]だから、ホッブズの宗教無差別論とは違って、スピノザには真の宗教というものが存在するのである。

スピノザは、『神学＝政治論』第一四章で、真の宗教が教えるべき基本箇条を七点にわたってまとめているが、神とは火であるか、霊であるか、光であるか、思考であるか、などということは、信仰とはなんの関わり合いもないとしている。スピノザの掲げた、いわば宗教の共通項は、いずれも国家権力と対立するものではなく、むしろそれへの従属の義務を定めている。こういう宗教は、信者に権威への服従と隣人愛を言葉によって広めるものである以上、言論の自由を保証することに合わせて、宗教的寛容に法的保証を国家は与えなければならない。これはすでに、信仰の自由を認めた例外的なオランダ国家である。

永遠の人間本性と自由

これらすべての権利を、スピノザは、永遠の人間本性から導き出している。だが、永遠の人間本性は、神によって与えられたものであるから、人間にとっては、良い面と見えるものもあれば、悪いと思える面もある。しかし、そうした人間固有の弱点、人間本性に由来する自然的、本来的な悪徳と見える性質をも認めたうえで、国家は運営されねばならない。この人間観は、すでに見たように、マキアヴェッリのそれである。

「沈黙が必要な場合でも、自分の意向を他人に打ち明けたがるのは人間に共通なひとつの悪徳である。それゆえ、考えることを言う自由、教える自由を各人に拒む国家はもっとも暴力的な国家とされるのである(38)」。

以上の点を考慮したとき、民主制国家こそ、人間の自然的な権利における最高の統治形態であるとスピノザが結論づけたのも当然のことである。スピノザは、『神学=政治論』の末尾で、民主制国家を自然状態に「もっとも近い国家(39)」として位置づけ、「アムステルダムこそは、その見事な繁栄とあらゆる民族の驚嘆のなかで、自由の果実を享受している(40)」と結んでいる。

しかし、スピノザもすでに認めているように人間が「理性に従うことは稀である」ということであってみれば、個人が誤った判断を下すことが頻繁に続けば、国家の統一そのものが崩壊するのではなかろうか？　この問いかけに対するスピノザの回答はこうである。国家の目的は各人を支配することではなく、各人を「恐怖から解放すること」だというのである。そうすれば、環境が整い、理性が働き易くなるからである。

「人間を支配すること、人間を恐怖によって操ること、人間を他者の権利のもとに置くことが国家の究極目的ではない。国家の究極目的は、人間を恐怖から解放して、各人が出来る限り安全に暮らすようにすることである(41)」。

こうした点で、たしかに、『神学＝政治論』の独自性は、「黄金の世紀」と呼ばれるほどの繁栄を誇った寛容なオランダ商業交易社会のオリジナルな産物として考えられる。しかし、この稀有な民主国家は、民衆が「安全な暮らし」をルイ一四世の大軍による陸からの侵入によって脅かされ、おまけにイギリス海軍による海からの攻撃にさらされて、「恐怖」にとらわれ、理性を失ってしまったために、民衆の「究極の野蛮」（スピノザ）によって、もろくも崩れ去る。虐殺されたヤン・デ・ウィットに代わって登場したウィレム三世のもとで、スピノザは新たな国家論の構築にとりかかる。それが彼の未完の遺作となった『国家論』である。

4 『国家論』に見るオランダ政治

『国家論』執筆の動機

民主制国家を永遠の国家像として想起させるだけで、完成に至ることなく遺作となったスピノザの『国家論』は、公表を前提とした著作であった。『神学＝政治論』の場合は、公表を前提としていたものの、出版に関する基本的データをすべて隠したまま、非合法文書すれすれの形で刊行された。案の定、この著作は、邪悪な瀆神の書として断罪されたが、幸いにしてオランダ語訳を出してはいなかったので、それ以上の追及の手が彼に伸びることはなかった。しかし、この断罪後も彼は『エチカ』の出版を断念していなかったから、おそらく『国家論』もいずれ公表できると信じていたものと思われる。

ところで、いわくつきの作品をものした著者に、国家論を書くように勧めたのは、おそらくは、最後までスピノザに忠実であったヤーラッハ・イエーレスであろうと推測される。(42) 一六七四年六月二日付のイエーレス宛の書簡がそのことを証言している。また、宛先不明の書簡のなかで、スピノザは、国家論の全体像をオランダ語で次のように示している。

「私はいま或る仕事に携わっています。私はその仕事の方がいっそう有用であると考えますし、それにまた、その仕事は、あなたからもいっそう喜んでもらえるものと思うからです。といいますのも、私は以前にあなたから勧められた『国家論』の著述をやり始めているからです。この論説の六つの章がいま出来上がりました。第一章は、この作品にとっては、いわば序論となるものです。第二章は自然権について、第三章は最高権力の権利について、第四章は最高権力の統治に属する諸政務について、第五章は国家が志すべき最終にして最高の目的について、第六章は君主国家が暴政に陥らぬためにはどんなふうに組織されなければならないかについて取り扱っています。目下私は第七章にかかっているのですが、この章のなかで私は、前の第六章で述べたよく整備された君主国家の秩序に関するすべての細目を方法的に証明します。そのあとで、私は貴族国家並びに民主国家に移り、最後に諸法律および『国家論』に関する他の特殊な問題に移るつもりです(43)」。

スピノザの遺作集を編集した友人は、この書簡を読者への「お断り」に代わるものとして、『国家論』の冒頭に付している。書簡の日付は一六七六年後半と推定されている。つまり、スピノザが亡くなる数ヶ月前ということである。

『国家論』を執筆するに至った契機のうちには、イエーレスの示唆のほかに、『エチカ』の出版断念が挙げられる。スピノザは、一六七五年九月と推定されているオルデンブルクに宛てた書簡のなかで、

『エチカ』の出版を準備すべくアムステルダムに赴いたのだが、デン・ハーハの宗務局が『神学＝政治論』とその隠れたる著者スピノザを告発するかもしれないとの情報を入手したので、早々にアムステルダムを退き、『エチカ』の出版を断念した、と述べている。(44)

また、『国家論』に関して言えば、スピノザはこの時期には、まだ、執筆への意欲を示していないように思われるのである。というのは、スピノザは、いまだに『神学＝政治論』を擁護することに真剣に取り組んでいたからである。彼は、『神学＝政治論』が国家秩序を脅かしたり、無神論を広めたりする意図はまったく持っていないということを証明するために、『神学＝政治論』に補足説明を加えて、訂正版を出版することを考えていた。(45) 弁明の機会を持ちたかったのである。しかし、スピノザの思いとは反対に、デン・ハーハの動向を察して、彼は、こんな小さな修正では、到底、『神学＝政治論』を守ることはできないと考え、同書への補足訂正という計画をも断念したようである。その代わり、『神学＝政治論』に見られたような神即自然及び運命的必然論を真正面から展開したり、奇蹟否定を公然と主張したりする反宗教的記述を避け、君主制、貴族制、民主制を客観的に評価するような、科学的な国家観を公に示すために『国家論』の執筆に取り掛かったのだと推測できる。(46) これが『国家論』の全体的記述に漂う、むしろ幾何学的な証明でも行なっているような香りの原因の一つである。

さらに、スピノザの『国家論』執筆の動機の一つに或る事件を挙げなければならない。その事件と

図3-4●ホッブズ（Archiv für Kunst und Geschichte, Berlin）

は、無神論者と噂されるホッブズの『市民論』のオランダ語訳が一六七五年に出版されたことである。彼が早くから出版の噂を耳にしていたことは確実である。本書はすでに一六四二年にラテン語で出版されていたのだが、ホッブズの名前は、それこそ無神論の帝王として早速にも禁書目録に入れられたほどであるから、世間では、ホッブズとスピノザは、マキアヴェッリと並んで、反キリスト教の頭目と見られていたのである。それが、つまりホッブズ流の無神論者――スピノザ自身の考えでは、宗教無差別論――として世間に受け取られることが、スピノザには不本意であったようなのである。スピノザは、この英国で出版された『市民論』を一六四七年のラテン語版で入手し、読んでいた(47)。この推測を裏書きするように、『国家論』には、スピノザにあっては珍しく人名まで引用してのマキアヴェッリの堂々たる擁護論があるとともに、ホッブズについては、マルチチュード(multitudo)という用語を借用しながら、その概念を完全に作り替えて、ホッブズとの違いを明らかにしているのである。

スピノザの権力観と政体分類において、決定的役割を果たすこの概念は、ホッブズにあっては、スピノザの vulgus に近い意味を持っていて、悪い意味で使われている。しかも、この概念についてホッブズが『市民論』第六章第一節の註記で、半ば非難を交えて説明している内容、ならびに同じ第一三節の註記においてホッブズが示している自然法と契約に基づく国家観に鋭くスピノザが反応したのは間違いない。また、スピノザは、みずからの国家観とホッブズのそれとは、違っていることを、書簡でも、自分の国家観では「自然権を常にそっくりそのまま保持させている(48)」として、強調しているほどであるから、『国家論』では、ホッブズとの相違を明確にしたかったに違いない。その意味では、スピノザの『国家論』は、マキアヴェッリの人間学を引き継ぐことを、彼の名前を公然と出すことで宣言し、マルチチュード概念を基礎においた国家観を仕上げることで、暗黙にホッブズ批判を行なった論考と見なし得るのである。

戦乱のなかの謎の行動

ところで、スピノザの伝記研究で、もっとも謎めいた期間は、一六七一年末から一六七三年にかけてのほぼ二年間で、ちょうどオランダがルイ一四世のフランス軍二〇万人を相手にして、次々と主要都市が占領された時期に当たる。この間には、ヤン・デ・ウィットの虐殺も起こり、ウィレム三世の復権もあった。ウィレム三世は「最後の堤防に至るまで抵抗する」と英軍の使者に対して言い切り、徹底的な抵抗に打って出て、国中が一大混乱のなかにあったのだが、スピノザは、この間、デン・ハーハでどのような暮らしを送っていたかがわかっていないのである。とりわけ、一六七三年夏に、にわかには信じがたいことだが、彼は、オランダ人のあいだに無神論が流布していること、その頭目とされる人物がスピノザであることに興味を持ったユトレヒト駐屯地司令官ストゥップの招待で、当時、ユトレヒトにいたフランス軍総司令官コンデ公との面談に赴いたというのである。その距離は六〇キロメートルとそれほどでもないが、道程は困難を極めたものと思われる。都市を防衛するためにあち

図3-5●ヤン・デ・ウィット（H. Sérouya, *Spinoza: sa vie et sa philosophie*, 1933, p. 43）

こちの堤防が切られ、水浸しのうえに、占領軍とオランダ軍が入り混じった状態にあったはずである。そのうえ、フロイデンタールの伝記によると、スピノザは、デン・ハーハに帰り着いて、心配する下宿の大家に向かって、自分には高位の筋が付いているから安心せよ、とまで言ったというのだ。[49]

オランダを裏切り、国をフランスに売った売国奴として、ウィット兄弟がデン・ハーハの南郊の小村で、幾度となく辱めと暴行を受けた挙句に殺害され、そののち彼らの体が八つ裂きにされ、民衆がそれを持ち帰って食したというくらい残忍な事件が起こったのは、一年前のことである。たとえ民衆が自分を殺そうとしているとしても、自分は愛国的な共和主義者だから堂々と彼らの前に出てみせよう、などとスピノザが雄弁を振るったというエピソードまで付いている伝記作家の記述はにわかには信じがたい。

しかしながら、スピノザに『国家論』を執筆させた、おそらくは、最大の動機は、『神学＝政治論』で称揚されたオランダの民主政体を瓦解に追いこみ、その指導者を惨殺したオランダ史始まって以来の歴史的大事件であり、英仏の侵略戦争に軍事的に勝利したウィレム総督の復権による政体革命であることには変わりはない。これらの歴史的経過において、その存在をスピノザに刻印したのは、オランダの一般市民（マルチチュード）の感情と行動であり、この歴史的事実の上に立って、スピノザは、統治者と被統治者大衆（マルチチュード）との関係を再考しなければならなかったと思われる。

しかしながら、再考と言っても、根本的な転換ではなく、科学的な政体論のなかに、いかに数多

（マルチチュード）である一般大衆を組み入れるかという新たな民主制への模索である。その模索のなかから、彼は、国家統治を「永遠の相の下に」見ることによって、「永続し得る国家」を作るには、「国事を司る者が、理性に導かれようと、感情に左右されようとを問わず、決して、背信的であったり、邪悪な行動をしたりすることができないように国事を整備する」[50]必要性を導き出し、かつその意味で、力学的に最大勢力であるマルチチュードを統治に参加させる民主制こそ、永遠の統治制度であるとの結論に至ったのである。

しかし、スピノザは、この結論に至る前に、具体的に、なにゆえにオランダの民主制は滅び、事実上の王政が復活したのか、その理由を事実に即して、科学的に探索する必要があった。これが『国家論』執筆の決定的な動機であったと思われる。そして、スピノザは、その探索の結果、古い政体が滅亡し、新たな政体が生まれる必然性をマキアヴェッリの立論とともに、原理的に再確認したのである。そして、それには、統治者とマルチチュードである一般市民との力学が関係していた。

5　オランダ共和制の瓦解とマルチチュード論

貴族国家オランダ

スピノザは『国家論』第九章において、貴族政体のなかでも、「多数の都市が統治権を握っている貴族国家」について、その特徴を分析している。この国家とはオランダ国家にほかならない。スピノザは、この政体を採っている国は、「私の意見によれば、前の都市国家ローマよりも優れている貴族国家」[51]であるとしている。ここで言われている「貴族国家」というのは、この時代にどこにでも見られた政体というわけではない。というのは、それが「多数の都市が統治権を握っている」という言わば連邦国家制を採っていた国として指示されているからである。都市の連合国家というのは、この時代ではオランダだけである。

しかし、現代の注意深くない読者に対しては、誤解を招くかもしれない表現をスピノザがしているのは事実である。スピノザがここで用いている「貴族（patricios）」という用語は、他のヨーロッパ諸国のそれとは異なって、封建領主を指すのではなく、オランダにおけるように、むしろ都市の貴族身分（彼らは商売に手を出していた）や上層ブルジョワをはじめとする名士たちを指している。その証拠に、貴族国家の例として、古代ローマ共和制国家と並んで、彼は、ヴェネツィア、ジェノヴァ、それにオランダを挙げているからである。[52] だから、スピノザが『国家論』で扱っている貴族国家とは、現代の用語では、むしろ寡頭支配または共和制国家を指すものと考えなければならない。

しかもこの貴族は、「マルチチュード」のあいだから選ばれるというのである。彼は、「貴族国家とは、マルチチュードのあいだから選ばれた若干名が統治権を握る国家である」[53] と定義している。しかし、そうなると、民主制との違いがはっきりしなくなる。だからこの定義のすぐあとで、スピノザは、「貴族国家においては、統治権は選挙のみに依存するのに対して、民主国家では、それは、生得的な権利か、幸運で得られた権利かのどちらかにすぐれて依存している」[54] と両政体の違いを選挙権者の相違に置いている旨断っているのである。スピノザは、民主国家を扱う第一一章で、統治者を選ぶための選挙権を持っている人間が当該国に生まれた国民全員——まさにマルチチュードそのもの——である場合にのみ成立する政体を民主国家と厳密に定義している。[55]

このことを踏まえると、もっとも興味を引くのは、「かの俊敏なるフィレンツェ人」が人体と一緒と考えている国家が「崩壊する主要原因」[56] がヤン・デ・ウィットのオランダ共和制と関わって、一体何だったのかということである。スピノザは、この問いに第九章第一四節でこう答えている。

「これに対して、オランダ人の国家は、伯爵の代理たる総督なしには長く続かなかったではないかと駁論する者があるなら、私は次のように答えるであろう。オランダ人たちは自由を確保するためには伯爵を退かせ、国家の身体から頭を切り取るだけで十分であるとして、新しく国家を作り変えることは考えなかったのである。むしろ彼らは国家の一切の四肢を、それが前に組織されていたままに放置したので、オランダの伯爵領は、あたかも頭を欠く身体のように、伯爵を欠き、統治様式そのものが何とも名前の付けようのないものになっていたのである。だから、臣民の多くが、誰のもとに統治の最高権力があるのかを知らなかったのも怪しむに足りない。また、よしんばそれほどではなかったとしても、実際に統治権を握っていた人の数が余りに少なくて、多数者（マルチチュード）を治めることも強力な反対者たちを威圧することもできない事情にあった。この結果、反対者たちは度々彼らを罠にかけても罰せられなかったし、遂には彼らを打倒することができたのである。それゆえ、この共和国の突然の倒壊は、時をもろもろの協議で空しく費やしたことに由来するのではなく、反対にこの国家の不備な組織と為政者の数の少なさに由来したのである」[57]（強調符は筆者）。

この答えは非常に興味を引く。というのも、ヤン・デ・ウィットの統治体制がすでに実質的に少数派の寡頭支配になっていて、最高権力者が誰なのか分からず、統治様式が「何とも名前の付けようのない」状態、すなわち事実上の無政府状態になっていたことが、政体崩壊の原因だとしているからである。権力中枢が、つまり身体——ここでもマキアヴェッリである——の頭に当たる部分がない状態の身体というイメージは、たしかにわかりやすい。これでは、軍事的侵略を前にしてはひとたまりもない。まず、人民（マルチチュード）にとって、権威と威圧的強制力もない政府というのは、いかなる畏怖も抱かせない存在である。となると、外敵の恐怖によっていつでも自然状態に帰る用意ができている人民（マルチチュード）は、ごく自然に現政権の軍事的敗北をオランダへの裏切りととらえ、その責任者と目される統治者を血祭りに挙げるのである。この場合、犠牲になるのは、ヤンとコルネリウスのウィット兄弟二人きりである。そうしてできる権力の空白に滑りこむのは、もちろん「頭だけ切り取れば」大丈夫と思い込んでいた、その頭の復活にほかならない。すなわち、ウィレム三世の総督復帰であり、強力な軍事力の復活である。

オランダ共和制崩壊の原因

スピノザは、まず、共和制権力の倒壊の原因を、いわば、かつては「多数者（マルチチュード）」であった統治者の少数化による権力の強制装置の弱体化に求めている。体制倒壊の原因は、マキアヴェッリ＝グラムシ的な「同意」の装置の弱体化ではない。なぜなら、ルイ大王の強力な軍隊に立ち向かうことが問題であり、愛国心は誰しも持っていたからだ。問題なのは、軍隊、警察などの強制装置の劣化であり、液状化である。おそらくスピノザは、権力がそうなってしまった原因を知っていたのだろう。まさに、大敵を前に「協議」を繰り返して、方針が決定できないから、つまり民主制だから、政体が瓦解したのではない[58]。すでに権力が液状化し、不在であったから、国家が存在しなくなったまでのことである。いつものようにスピノザの論法は、原因が実は結果（政体の瓦解）であり、世間の凡百が考えている結果が原因（国家の頭の切断）なのだと言っているようなものだ。

次に、スピノザは、とくに貴族制の権力は、日常的に人民（マルチチュード）の利益を図ることによって、自分の側にできる限り彼らを引きつけることが肝要であると言っている。貴族制が寡頭支配であるがゆえの統治上の必要性である。

「各都市の貴族は、人間的欲望に促されて、都市ならびに元老院における自分の権利を維持し、なるべくこれを増大させることに努めるであろう。だから、彼らはできる限り人民（マルチチュード）を自分の方に惹きつけ、従って恐怖の政治よりは、恩恵の政治を行ない、それで自分たちの数を増すことに努力するだろう[59]」。

ここでもオランダは、マキアヴェッリの権力維持の法則に反してしまっていた。すでに統治者は、一体誰なのかも分からず、その数も減少し、実際には、ウィット兄弟と彼らを囲む数人の友人になり果てていた。人民に対する恩恵と福祉の施与者の存在が希薄になっていた上に、彼らは、自分たちが施与者であることを誇示するのではなく、政策を立案し、執行するに際して、事務官僚に「全国家の状態を依存させ」てしまっていた。「これがオランダ人たちにとって破滅の原因となった」。こうした状態は、「少数の顧問官が支配する君主国家と大して変わりがない」[60]。そして、マルチチュードを掌握していない君主国家ほど、崩れやすい政治システムはない。スピノザのアクチュアリティは、昔も今も明白である。

最後に、スピノザの慧眼は、マキアヴェッリの『君主論』第四章における専制のオスマン帝国に関する戦争論と共通していて、オランダのように多数の都市にそれぞれ主権が与えられている分散した国家の連合体がすぐに軍事的敗北から立ち直ることを見抜いていた。陣地戦に強い政体、それがオランダの連邦国家だったのである。スピノザは、先に引用した節の次に置いた最終節で、マキアヴェッリ的な香りを漂わせながら、このように指摘する。

「多数の都市が自由を享受する国においては、支配への道を開こうと努力する者にとっては、一都市を手に入れただけではまだ他の諸都市への支配権を獲得するに十分ではない」[61]。

案に相違せず、占領された各都市は瞬く間に取り返され、再びオランダは蘇ったのである。ただし、今回はウィレム三世の強力な軍事総督制としてである。彼は抜け目なく人民（マルチチュード）の欲望と期待に応えることに成功し、やがてイギリスを征服するであろう。

いずれにせよ、スピノザが『国家論』で、マキアヴェッリの『政略論』を直接引用して、「国家は、人間の身体と同様に、時々清めなければならないものが毎日溜まるから、たびたびなんらかの手当を施して、その建設の土台となった根本原理へそれを立ち返らせなければならない。もし手当が然るべき期間内に行われなかったら、災禍は増大して、ついにそれは国家もろともに除去されるのでなければ、除去できなくなるであろう。……このような害悪に予防策の施されないところでは、たとえ国家が存続できても、それはみずからの実力によってそうできたのではなくて、たんに機会に恵まれたからそうできたにすぎないのである[62]」と述べているように、すでに、ウィットの共和制国家は、国家の名を僭称した首のない胴体にすぎなくなってしまっていたのである。いかに優れた医者でも、頭部を失った身体を元の姿に戻すことはできない。淡々と「完全なる絶対統治[63]」について、思索するのみである。

第4章 植民地グローバリゼーション時代の世界史

神殿、宮殿、法廷には、いつの時代でも、市民の敵が隠れ住んでいた。社会の災厄が出てきたのは、これら三つの隠れ家からであった。

ディドロ

1 『両インド史』とレーナル

啓蒙末期のベストセラー

ディドロは、一七八一年に、レーナルを擁護する手紙を書き、そのなかで、『両インドにおけるヨーロッパ人の植民と貿易の哲学的・政治的歴史』〔以下『両インド史』と略す〕を評して、「どの言葉、どの行、どの頁にも、理性と啓蒙、力強さと繊細さ、無限の人間愛がしみこんでいる」と述べ、本書を「ブルトゥスを生む本」[1]のうちに数えいれている。実はこれは、いわばディドロの自画自賛のようなものだった。晩年のディドロの一〇年間は、『両インド史』の増補・修正と大きなかかわりをもっていたからである。今日では、ディドロの寄与は、八折判全一〇巻の二割は下らないと見られており、同時期の彼の夥しい未発表作品とのあいだに相互浸透が確認されていて、現在もなお多くの研究者が『両インド史』とそれらとの突き合わせ作業に取り組んでいる。

レーナルが編集した、この『百科全書』的書物の場で、ディドロは多数の科学者、哲学者、専門家と出会い、彼らとのあいだで実り豊かな対話をもった。その結果、『両インド史』は、人類の運命の改善を後代に託すディドロの最後の雄弁なメッセージになるとともに、「七〇年代の世界を映す鏡」[2]ともなった。

ディドロとダランベールの『百科全書』編纂とともに始まったフランスの疾風怒濤時代の掉尾を飾るにふさわしい、記念碑的な政治的、哲学的著作、『両インド史』は、七〇年の初版以来、今日の目から見ると、大部な著作であるにもかかわらず、全欧規模(トルコ、ロシアを含む)で爆発的に売れた。研究者の調査によれば、一七八七年までに少なくとも三〇の異なる版が出回り、二〇年間で約七〇の版(海賊版を含む)を重ねたという。もちろん、いまとは違って購読する層には十分な資金的、時間的余裕があったのである。海外では、貿易商人たちが購入したし、グローバル化を目指す帝国の支配者たちも、世界に関する知識を得るために、地球儀や望遠鏡や世界地図とともに『両インド史』を座右に置いた。遠くハイチの奴隷叛乱指導者の袖珍にも『両インド史』が発見されるほどの世界的広がりを見せた書物は、この時代には、『両インド史』をおいて、ほかにはない。

ところが、「子々孫々に伝えられるべき記念碑的著作[3]」などと『両インド史』は激賞されたにもかかわらず、一世紀のちには、その二章を読んだことのある人が、二〇〇人いるかどうかさえ怪しくなるほどにまで、本書は忘れさられてしまった。発売当初は飛ぶように売れるが、やがて誰も読まなくなるのは、とくに七〇年代の後半になってランゲ、マラー、ブリッソなどの登場とともに一大活況を呈し始めた政治パンフレットによく見られた現象である。その意味で、八折判全一〇巻という、どっしりとした啓蒙の世界史の編集主幹レーナルを、現代ジャーナリストの先駆になぞらえる評価も、その毀誉褒貶の激しさや時代精神を反映したその作品内容から見て、あながち的外れとは言えない。

本書がパリに流布し始めた七二年春には、検閲当局は、その大胆なキリスト教批判・専制君主批判、あるいは貿易や商業においては重商主義批判に注目し、発禁処分の時期を見計らっていたが、同年末、国務顧問会議で「執念深いモープーの提案で[4]」、公序良俗に反するというきまり文句のもとに、廃棄処分が決定され、翌年には、ソルボンヌも検閲のための特任官を指名した。

しかし、当時の風評を記しているある貴族の日記によれば、パリでは目の玉が飛び出るほどの高値で、本書は取引されていたという。あまりの高値で売れることに気をよくしたのか、レーナルは、キケロの銘句「人民の福祉と安寧という至高の法」[5]に殉じる決心を固め、初版をさらに刺激的、挑発的な内容にして、売れ行きを伸ばそうと考えたようである。ちょうど、プレヴォー師の仕事を引き継いで『旅行記総覧続編』を出したばかりの若いアレクサンドル・ドレールを彼は出版事業に引きこみ、新版では彼にグローバリゼーションの出発点たるヨーロッパの政治、社会、習俗の見取図を大胆に描かせた。

そればかりでなく、レーナルは、旧版のかなり不備だった体裁を抜本的に改善し、そこに詳しい索引・目次を付け、おまけに、刺激的な口絵まで挟みこんだ。そのうちの一葉は、哲学者とおぼしきトーガを纏った人物が、港の商館の円柱に、ヨーロッパ人の植民の一大汚点でもあり、『両インド史』の一大テーマでもある「神聖なる黄金欲(auri sacra fames)」を書きこむ傍らで、奴隷商人が、反抗するネグロを虐殺し、鎖に繋いだ奴隷を商船に無理やり積みこむ図であった。もう一葉は、バルバドス島の浜辺で、自分の生命の恩人であるインディオの娘を、奴隷商人に売りとばす英国人の話を絵にしたものであった[6]。

ちなみに、二〇一五年のいま、ニューヨークの国連本部に「人類史上最大の汚点」で、『両インド史』のディドロからは「癒しがたい黄金欲が生んだ、この上なく不名誉で、残虐きわまりない」取引、「自然に反する犯罪のうちで釈明の余地のまったくない」貿易とそれにもとづく人間の人間に対する弁明し得ない残酷な隷属制と非難された奴隷制の歴史的責任を問うモニュメントが『帰還の大船』

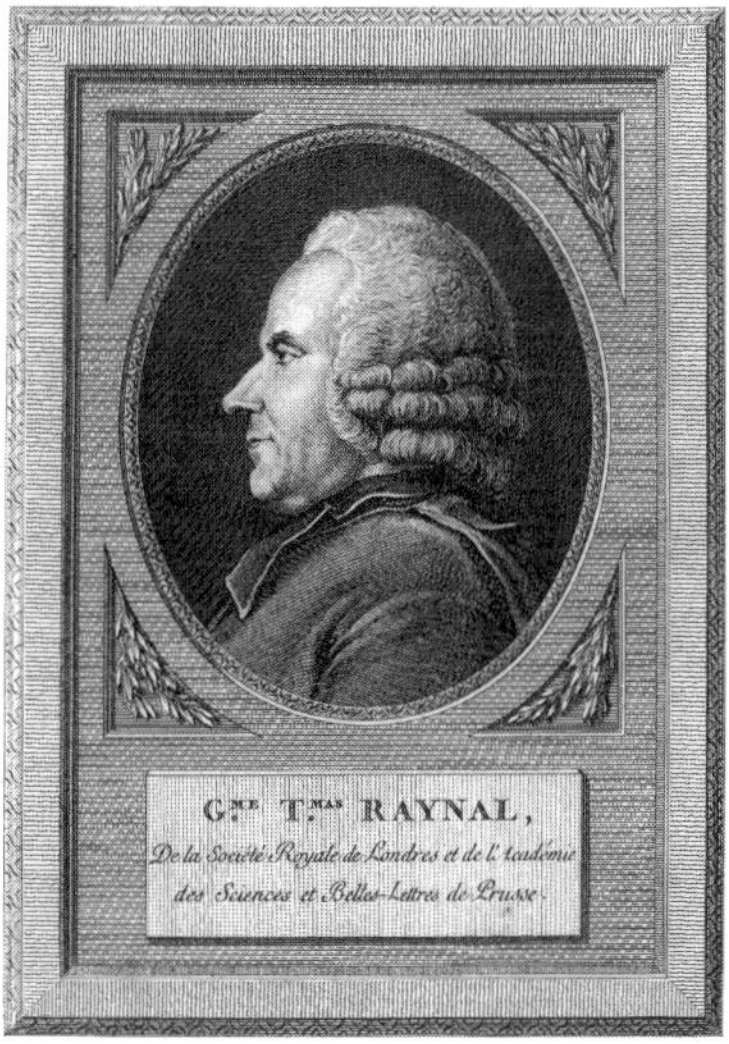

図4-1●レーナル（*Histoire Philosophique et Politique* ..., Tome 1, 1775, 口絵）

(Ark of Return)と銘打って建立された。黒人奴隷の子孫のハイチ人建築家によってである。レーナルが『両インド史』の口絵で掲げた「正義と人道」の旗印が、理不尽な隷属と抑圧に苦しむ人間がいる限り、いささかも揺るがない思想を表現している証拠ではないだろうか。ディドロが『両インド史』で予言した、植民地支配と奴隷制の被害者による復讐がいま果たされつつある。『両インド史』の冒頭でディドロが叫ぶように「歴史の法廷」は結審することはない。人間の人間に対するあらゆる類の奴隷制には、永遠に時効はない。その責任者たちがたとえこの世に存在していなくても、彼らの子孫は、断罪され、罪を償わなければならないのだ。

天才的編集者レーナル

レーナルは、本屋を介さずに自力で、自作『総督職の歴史』を六千部売ったほど、イエズス会出身ならではの商才に長けた人物で、ジャーナリスティックな感覚にも溢れていたので、折しも始まったヴォルテールのラリー伯爵復権闘争[7]を援護する記事を『両インド史』に差し込むとともに、ルイ一六世の即位を起点とする啓蒙主義的政治改革の日程にも、『両インド史』を合体させようと試みた。こうして本書は、好むと好まざるとにかかわらず、現実政治の年譜に書きこまれることになったのである。

時代の風潮を当てこんだ七四年版は、パリのどこでも憚ることなく売られ、当局は、七二年末の決定にもかかわらず、本書の公然たる流布を黙認しているかに見えた。しかし、宗教界は、決して事態を拱手傍観していたわけではない。本書は、七四年八月にローマ法王庁の禁書目録に登録されたのち、翌年、ルイ一六世のゴシック風の壮麗豪奢な戴冠式に勢いづいた、[8] 宗教的不寛容と専制のイデオローグたちによって、絶好の攻撃目標にされた。

匿名で『〈政治的歴史〉の分析』が出されたのを受けて、百科全書と哲学者の変わらざる敵、エリ＝カトリーヌ・フレロンが、『両インド史』に瀰漫する「反抗と独立の気風、法と統治体といっさいの権威に対する憎悪」を暴きたて、「作者は、地上のすべての君主に対する十字軍[9]」を企てている、とその内乱を使嗾する危険な性格に警鐘を鳴らした。同時に、国王の許可を得て、パリで開催された僧族公会議は、「不信心と瀆神で溢れかえっている」諸著作を一括して断罪し、少なくとも表向きは『両インド史』の著者であることを否定し続けてきたレーナルについても、国外追放処分をかちとってきた。しかし、この出版弾圧は、レーナルの見こんだ通り、かえって『両インド史』の売れ行きに好影響を与え、ついには抜粋版や海賊版が出回るまでになった。

『両インド史』第三版の刊行と出版弾圧

このブームの渦中にあって、さらに完璧を期した第三版を構想していたレーナルは、ディドロの全面的協力を買いとったうえに、新版の第一巻に自分の肖像画を堂々と挿入するという大胆な行動に出た。また、新版では、新大陸で燃えあがりつつあったアメリカ独立革命の息吹を反映させるべく、第一八巻の大幅増補を行ない、北米大陸一三州の独立運動を詳細に読者に伝えようとした。

全篇に啓蒙の人道主義を漲らせた第三版は、レーナルの監督下にスイスのイヴェルドンで印刷されたのち、ひそかにパリに持ち込まれた。彼自身も、すでに『両インド史』が流布していた八一年に、当局の目をかいくぐって、パリに帰還した。レーナルのパリ帰還には、当時、財政報告書を公表して人気絶頂だったネッケルが一枚かんでいたと噂されていた(10)。

八〇年末からパリでは、パンクックが、「小細工を弄しながら」著者名の分かる『両インド史』を売り捌いていたが、大幅な加筆がなされたその内容の方は、登場したばかりのルイ一六世へのディドロの説教や海運振興の建策や優柔不断な廷臣を責める慨嘆など、モールパ伯率いる政権の逆鱗に触れる文言が各所に鏤《ちりば》められてあった。しかも、政治情勢は、啓蒙主義者に不利な方向に急転回しつつあった。七七年六月から実質上の財務総監の座にあったネッケルは、王国財政の建て直しを図って、これまでの公債依存政策を捨て、かつての論敵だった重農主義者テュルゴーの着想に舞い戻り、租税の公正・厳密な徴収による増収を見こんで、行政改革に乗り出していた。

七八年春、ネッケルは隠密裡に州議会の召集を企て、国王に親書を提出した。ネッケルが租税徴収にも干渉権をもつ高等法院の妨害を排除しつつ、次々と州議会を設け、八〇年三月の勅令でブルボネに議会を設置するところにまでこぎつけたとき、パリ高等法院は、その特権を侵害する内容を含んだネッケルの親書を知り、勅令の登録を拒否するという、おきまりの強烈な抵抗に打って出た（八一年四月二〇日）。

フランス大革命に直結するアンシアン・レジームの統治の危機が始まっていた。前年に二人の大臣の更迭を行なっていたネッケルは、この年の初めに財政報告書を国王に提出してパリで大評判を博していたので、国王に介入を要求し、あわせて大権を掌握した宰相にみずからを任命するように迫った。

金満家ではあったがスイス出身の一介のプロテスタント銀行家にすぎなかった人物の野心と傲慢さが気に入らなかったのか、若い国王ルイ一六世は、モールパ伯の旧態依然たる意見をとりいれたために、ネッケルは失脚し、五月一九日、政権を去った。そのあと釜には、百科全書派の仇敵であったジョゼフ＝オメール・ジョリ・ド・フルーリ検事の弟（！）のジャン＝フランソワが据えられた。

まさに、この改革の挫折を示す政変の最中に、アントワーヌ＝ルイ・セギエ第一次席検事による『両インド史』に対する激しい論告が、パリ高等法院大審部で繰り広げられていたのである。八一年五月二五日のこの告発は、「もはや恐れることなく瀆神的言辞を」弄している不敬虔が、「外国で印刷する」自由を乱用して、「放蕩無頼な書物」をはびこらせていると嘆き、「玉座と祭壇」を打ちこわして、そこに哲学を据えようとたくらんでいると非難するとともに、この危険な書物の著者が、堂々と「名乗り出ている」ことは、「厳しく糾弾しても、しすぎることはない」と決めつけていた。

レーナルの亡命と帰還

こうして『両インド史』には、破棄・焼却処分が決まり、レーナルには、逮捕・財産没収の重い刑罰が下ったが、治安当局は、判決の速かな実行を怠り、彼に国外逃亡の余裕を与えた。レーナルは、スパ、ベルリン、ローザンヌと、ヨーロッパ各地を転々としたあと、八四年にプロヴァンス地方に姿を見せ、久しぶりに故郷へ帰還した。

大革命の最中に彼はパリに現われた。彼は、「議会への書簡」の公表（九一年）までは、「革命の先駆者の一人」、「革命の父」と仰がれていたが、その名声のすべては、シャトーブリアンの父もその雄弁に感動し、ペルー生まれのスペインの啓蒙主義的改革者パブロ・デ・オラビデに対する最後の大がかりな一七七六年の異端審問の罪状にも記載されていた、あの自由への熱愛と人道主義、そして啓蒙の不変項たる、あのユートピアへの訴えをふんだんに盛りこんだ『両インド史』編集責任者としての功績から来ているのである。

フランス革命の過激化に伴って、この「革命の父」は、「人民の敵にして、専制君主と貴族の友」（ロベスピエール）という恐怖政治の決まり文句のもとに、断罪される。大革命の不倶戴天の敵となっていたスペインやドイツやオーストリアの君主勢力に加えて、立憲君主国のイギリスとも通じているとの疑念を持たれたのである。確かに彼の『両インド史』の情報源はそのあたりにあったかと思われる。彼は、プロイセンではアカデミー会員となり、イギリスでも『両インド史』の作者としては名高く、彼自身も講演に渡英して、世論に好感を持って迎えられたからである。

この国際的な人的関係の点では、啓蒙の敵シモン＝ニコラ＝アンリ・ランゲとレーナルは奇妙に一致している。ランゲもまた、スペイン、ドイツ、オーストリアの君主勢力に加えて、イギリスでも、王室の庇護を受けていた。彼の代表的な政論である雑誌『一八世紀政治・社会・文学年誌』の出版社はロンドンにあった。こうしたことから、ランゲもまた、レーナルのように、「専制君主の変わらざる友」と断罪された。しかし、不運にも、地方政治に尽力したために、革命当局にその存在が露見し、ギロチンにかかったランゲと異なって、レーナルは、パリ郊外を転々とし、逼塞した生活を送ることによって、容赦ない革命のテロルを逃れることができた。だが、『両インド史』の作者としての名声も侘び住まいにはその痕跡さえ残していなかった。それ以後、彼の名は出版目録からも消える。レーナルの『両インド史』が反植民地主義の先駆的思想を表現したものとして蘇るのは、一世紀半の空白期間ののちの話しである。

レーナルは、一七九六年に八三歳の誕生日を目前にして亡くなるが、最後まで、『両インド史』に手を入れるかたわら、植民史に関心を示し続け、アフリカやアメリカに関するポワレ師の書物を読んだり、ベルベル地方に関する考察と断片的記述を残したりした。ヨーロッパ人のグローバリゼーションを記録すべく、みずからの植民史認識の正確化に努めた誠実な晩年と言えよう。

2　『両インド史』とディドロの寄与

広大な地域に及ぶ世界史的叙述

『両インド史』は、後期フランス啓蒙主義の恐らくはもっとも重要な出版事業であり、ヨーロッパ人によるグローバルな植民運動の記念碑的な批判的歴史であるとの高い位置づけが今日ではなされているが、本書が備えている形式と内容は、この位置づけの正当性を十分に証明している。空間（地理）と時間（歴史）の両面からこれを見てみよう。

まず、『両インド史』が扱っている空間は、基本的にロシアを含むヨーロッパ諸国とこれらヨーロッパ諸国が探検し、調査し、その後、交易と植民地化の対象とした地域のすべてである。だから、空間的に見る限り、『両インド史』が叙述の対象とする地域は、現在では、オーストラリア大陸を含むと考えられている「南大陸」を除く、地球上のほぼ全域にわたっている。ヘロドトスの『歴史』やプリニウスの『博物誌』に見られるギリシア＝ローマの古典古代以来、ヨーロッパ人の目にとまった地域のすべてと言っていい。その点で、『両インド史』の叙述がもっとも欠けている地域は、当時はほとんど探検されていなかったアフリカ奥地と未発見だったオーストラリア・南極の両大陸だけとなっている。

『両インド史』の論述方法は、当時グローバリゼーション的膨張を遂げつつあった一八世紀のヨーロッパの列強別に、非ヨーロッパ世界との交流を歴史的に描くというものである。したがって、地中海沿岸地方へ植民地を形成した古代の海洋民族であるフェニキア人から、十字軍とともに展開されたイタリア人たちの海洋貿易に関する歴史的考察を先立てたのちに、最初に登場する国は、アフリカ西海岸から喜望峰を回り、インドに到達したポルトガルである。ついで登場するのは、近代的な東インド会社を設立し、ポルトガルとスペインの海上覇権と植民地帝国に挑戦し、大インドやシナ〔中国大陸〕、あるいは北米大陸やアンティル諸島などで、主として強力な海軍力を用いて植民地を形成したオランダ、そしてイギリス、フランスである。さらに、遅ればせながら、グローバリゼーションに参加する北欧諸国及び不凍港を求める南下の衝動に取り憑かれたロシアである。

そして最後に登場するのがカール五世以来、「日の沈まぬ世界王政」を作り上げたスペインである。イサベルとフェルナンドが共同統治するスペインは、ポルトガルによるアフリカ周りのインド航路と対抗して、別のインド航路を発見しなければならなかった。カトリック両王から資金援助を受けたコロンブスは、一四九二年に新世界に到達した。彼と彼の後継者コルテスやピサロは、新世界あるいは西インドと呼ばれたアメリカ大陸と周辺島嶼部を探検し、征服し、そこに広大な空間を占有する植民地を開発したが、啓蒙の世紀のスペインは、この新大陸の征服行為の野蛮さとインディオ支配や黒人奴隷制の残虐さ・苛酷さによって、「黒い伝説」の悪評にまみれていて、ラス・カサスによるインディオ救済やパラグアイにおける平和的なインディオ統治などによっては、もはや回復しがたいほどの国威の失墜を招いていた。『両インド史』は、第六篇から第八篇までの紙幅を割いて、このスペイン人による新世界の征服と支配の歴史を描いている。

これらヨーロッパの列強が世界中で繰り広げている激烈な植民地獲得競争を描写したあとで、『両インド史』は、アレクサンドル・ドレールに執筆を託した最後の第一九篇で、グローバリゼーション下のヨーロッパの一般的問題を哲学的に論じている。そして、読者の便宜をはかるために、『両インド史』は、数値ばかりで埋め尽くされた各国の貿易に関する貸借対照表と地理学に関する最新の知見にもとづく四九葉の世界地図を補巻に掲載している。

『百科全書』的テーマ

『両インド史』を前にしたとき、ダランベールとディドロが編集した『百科全書』の膨大な項目のように、そこで取り扱われる主題が人知の全体にわたっていることには驚かされる。啓蒙のヨーロッパに存在した学問分野のすべてがこの著作のために動員されていると言っても過言ではない。生まれたばかりの人類学や経済学、急速に進歩していた天文学や地理学や化学も、『両インド史』の論述に科学性を持たせている。また、文学、芸術、宗教に関わる広く文化的なテーマがこれに付け加わっていることも指摘しておかなければならない。

ヨーロッパ人にとって、ほとんど未知の世界だった両インドを経巡るとき、初めて見る広大で、不可思議な自然環境とそこに暮らす先住民やそこに成立している政体への興味がかきたてられる。ヨーロッパ人が見たことも聞いたこともないような植物、動物、鉱物には、いたるところでお目にかかれる。それらを『両インド史』の著者たちは、なんとかヨーロッパ的な論理の枠組みのなかに組み入れなければならない。

啓蒙の世紀は、そのための有力な武器となる新しい科学が勃興してきた世紀でもある。読者に、自然科学分野で時代が記した進歩を伝えるために、『両インド史』は、新世界の珍しい植物、動物、鉱物について詳細に記述し、フランスのビュフォンやジュシューの学説やドイツの錬金術的化学の成果を紹介している。さらに貿易と植民地の維持に欠かすことのできない、海洋及び大陸の地質学的、地理学的考察や植民地の地勢の総合的検討も随所で行なわれている。

インド航路の開拓と新世界の発見とは、人類、とりわけヨーロッパ人にとって、このように巨大な歴史叙述を成立させるほどの類例を見ない大事件だったのである。このときから、貿易やヨーロッパ列強の力関係や内政のなかに「革命」が始まった。遠く離れた地域に住む人間同士が「新しい関係と新しい欲望によって」お互いに近づいたのである。ヨーロッパの産業が南半球に移され、「東洋の布地は西洋人の奢侈となった」。どこにおいても「人びとは、意見や法律や慣習や病気や薬や美徳や悪徳を」を交換した。この広汎な文物のグローバルな交流は、「人間本性にとって有益なものであった

図4-2●ディドロ（*Diderot*, Écrivains de Toujours, p. 24）

だろうか。また、今後経なければならない革命は、人間本性にとって、有益なものになるだろうか[11]」――この啓蒙の功利主義に特有の問いに対して、レーナルと協力者たち、とりわけディドロは、哲学的に答えようと試みている。すなわち、事物の根源にまで遡って、ヨーロッパのグローバリゼーションの意義を明らかにしようというのである。

ディドロの叙述の魅力

しかし、なんといっても、『両インド史』の豊かな魅力のひとつは、晩年期のディドロの雄弁を味わうことができるところにある。のちにも触れるが、『両インド史』が重要なテーマを哲学的、思想的に考察する箇所に差し掛かるたびに、ディドロの雄弁が炸裂する。

『両インド史』が啓蒙の「強迫観念」たる文明対未開という対概念を論じるときには、必ずディドロが登場する。「未開人の無知が文明人を呼びさました[12]」というパラドックスに囚われている、感性豊かな啓蒙人は、征服者達の称讃演説家にはなりえない。レーナルになり代わってディドロは、次のようにヨーロッパのグローバリゼーションを弾劾する。

「別半球の征服者たちを称賛する演説者になるつもりは私にはなかった。彼らの成功の輝きのせいで、私の判断が狂わされたままになり、私の目から、彼らの不正と大罪が消し去られるようなことはまったくなかった。私は歴史を書いているが、歴史を書きながら、いつもほとんど、両の目は涙に濡れている。ときには苦痛に驚きが続くこともあった。私に驚きであったことは、かの獰猛なる戦士たちのひとりとして、優しさと人道の確かな道を選ばなかったことであり、彼らの全員がそろいもそろって、恩人として姿を見せるよりも、暴君として姿を見せるのを、より好ましく思ってきたということであった。占領していた地方を荒らしまわることで、彼ら自身が損をしていたこと、そして、より安定していて、より利益があがる植民地というものを、彼らが彼らの残忍さであきらめていたことを、彼らは、いかなる奇妙な無知蒙昧ぶりで、感じとらないで済んだのだろうか？人間がまだ姿を見せていなかった地方では、この上なく臆病な動物たちが人間に近づいてきたことが確証されている。ヨーロッパ人を初めて見たとき、未開人が動物たちよりも、もっと獰猛であったなどということを私にわからせようとしても、それはけっして成功しないだろう。宿命的な経験こそが、このなれなれしさの危険を未開人に教えたことは、確実である[13]」。

そこでディドロは、「非人間的な抑圧権力の忌まわしい諸結果[14]」を見届け、「無実の者の血で覆われた殺人者[15]」に仲間いりしたすべてのヨーロッパ人を「永遠の啓蒙と正義の法廷[16]」に召喚するために、未開の地へ残酷な文明人とともに上陸する。こうした「恐怖から恐怖へと経巡る[17]」地獄巡りにおいても、「平和の殿堂[18]」、つまり理想郷と遭遇するときには、しばしの安息が訪れる。

啓蒙主義者のあいだでは、大いに物議を醸した、「軍隊をまったく持たなかった」イエズス会士によるパラグアイ統治は、「説得」による新世界の開発を示す模範例である。[19]「美しい、気高い、偉大な行為をなした人間」となら、思想上の違いを超えて、「人間という名を共有[20]」したいと思うディドロは、ブーガンヴィルやイバーニェスの反対証言にもかかわらず、パラグアイの理想郷を擁護する。

もちろん、博物学的考察にもディドロは口を出す。『百科全書』編集のときに培った科学的方法論を用いて、彼はほとんど専門外であるにもかかわらず、山地の形成や地震の原因や地表の変化や幻の大陸アトランティスやダイヤモンドや金銀の自然学的本性について論じている。なぜ、このように広範多岐に渡る歴史的・科学的テーマをディドロが論じうるのかと言えば、それは、彼が人類と環境に関する普遍的な人間学的見地にしっかりと立っているからなのである。

ペルーに叙述が入ったとき、史上有名な世界最大のポトシ銀山などの金銀鉱山で繰り広げられる、黄金欲に駆られたヨーロッパ人の相も変わらぬ残虐行為に嫌気が差したディドロは、寄り道にそれるがごとくに、『両インド史』第七篇、第二四章で、山の形成に関して余談めいた考察を展開する。だが、結局この余談も、ヨーロッパのグローバリゼーションに対する批判で締めくくられる。

「ヨーロッパ人よ。この分別ある著作家がこう付け加えていることをよく考えたまえ。『人間たちを犠牲にして黄金を獲得することは、大罪である。海の危険を冒してまで、黄金を求めに行くことは、愚挙である。買収と悪徳で黄金を溜めこむことは卑怯な行ないである。正当であり、誠実であるただひとつの儲けとは、だれも傷つけないで得られるもののことである。他人の繁栄から、もぎ取られなかったもののみを所有した場合には、人は後悔しないで済む』。そこで、お前たちだ。お前たちは、黄金を手に入れるために、海を渡った。黄金を手に入れるために、国々を侵略した。黄金を手に入れるために、そこに住む住民の最大部分を殺した。黄金を手に入れるために、お前たちは、お前たちの刺殺を免れた人びとを大地の臓腑に放りこんだ。黄金を手に入れるために、お前たちは、恥ずべき人間の取引と奴隷制を地上に導入した。黄金を手に入れるために、お前たちは、同じ犯罪を日々更新している。ラッザロ・モロの奇怪な夢が実現されんことを。これらの山々すべてが、地下の炎で焼かれんことを。お前たちは、山々と同じ数の独房を作り、そのなかで、無辜の民が何世紀も前から息絶えてきたのだから(21)」。

われわれの時代においても、ヨーロッパ諸国は、経済的グローバリゼーションに狂奔し、幾度か、メキシコ、アルゼンチン、ブラジル、チリなどを破滅の道に追い込んだが、これらの国が経済的地獄からはいあがる契機となったのは、まさに「黄金を手に入れるために同じ犯罪を日々更新している」ヨーロッパ人に対して、「山々の独房」から復讐のために「無辜の民」の子孫がピケテロス(22)となって、蘇ってきたからなのである。ディドロの批判精神は、われわれの時代にも生きている。

ディドロの自然主義的人類学

人間本性論を専門とする哲学者ディドロにとって、人類学的考察はお手のものである。しかし、先住民の食人習慣という格好の人類学的テーマも、先住民の食人習慣に関するディドロの饒舌めいた議論のあとで、たちまち、人類学的見解を超えて、文明国の君主たちの食人にも劣らない残虐行為の告発にまで、話が及んでしまう。

ディドロが第九篇、第五章で、初めてブラジルを訪れるとき、早速目についたのは、ブラジル先住民による人肉嗜《し》食である。しかし、それは、戦争の最中にのみ起こる名誉ある行為である。彼らは戦闘中に戦死した立派な敵の肉は食べない。

「人肉に対するこの嗜好は、戦闘中に生命を落とした敵の人肉をけっして食べさせはしなかった。ブラジル人たちが食べるのは、生きながらにして彼らの手に落ちた敵に限られていた」。

だから、「気まぐれで不幸な臣民を戦争の屠殺場へ送る君主の野蛮さ」をこそ非難しなければならない。そして、ひとたび君主に血の香りをかがせるだけで、人肉嗜食か、禿鷹が人肉を食らうかという「地球上にざらに見られるあの二つの現象が起こる」(23) だろうというのである。永遠の人間観はここでも、未開と文明を等号で結ぶのに役立っている。つまり、人間の本質には、食べて生きることという原理は記入されているものの、なにをどのようにして食べるかまでは、記入されていないということである。文明も、野蛮も、食べられるものを食べているだけで、両者に本質的相違はない。未開人は野蛮だから人間を食べるわけではない。未開人が人間を食べるにも、しっかりとした理屈づけがなされているということである。

女性の地位に関するフェミニスティックな話題も、ディドロの得意とする人類学的テーマである。第七篇、第一七章で、オリノコ河周辺の先住民女性の隷属状態を目にするとき、早速彼は、狩猟民、農耕民、牧畜民、商工民のそれぞれに固有の女性観があるという注目すべき持論を展開する。「女はオリノコ河では、抑圧のうちにあったが、それは、野蛮な地域すべてに共通したことである」。その理由は、不安定な男女の「共棲から最大の利益を引き出すものこそ男性」であり、彼らは「力と勇気に対してだけ」敬意を表するから、女性を「恥辱のなかに」落とすのである。だが、「牧畜民のあいだでは、女性の不幸は和らげられる」。彼らの暮らしが「より安定している」からである。農耕民の場合、女性が所有権の対象と見なされる。「大地が耕され始めるとすぐに、両性の関係はさらに改善される」。農耕民は、大地とその産物の所有権を維持し、継承することに執心するから、「結婚の絆は、行き当たりばったりで形成されることはなくな」り、女性の地位も向上する。そして、文明民族にも匹敵する商工民になると、女性は「内助の功を実践する」ことで、留守がちな夫をいいことに、家庭の主人となるというのである。[24] 実に、見事な分析と言わねばならず、そこには、同時代のランゲや現代の人類学者マーヴィン・ハリスの自然環境決定論とも共通する人類学的歴史観が見て取れる。

啓蒙の時代にも大きな話題となっていた、アマゾン河に暮らすという女族アマゾネスの話題になると、俄然、ディドロは、持論を滔々と展開し、古代ギリシア人の神話癖を無条件で受け入れたスペイン人の無知を嘲笑する。

「ヘラクレスとテセウスの時代以来、ギリシア人はアマゾネスに実在性を与えてきた。ギリシア人は、彼らの英雄物語をこの神話で潤色した。アレクサンドロスの英雄物語もその例外ではなかった」。

このように、すでに神話であることは明白なのに、無知なスペイン人は、「この古代の夢にのぼせあがり」、「それを新世界に移した」が、それは論理的に破綻しているのである。

「男どもと社会生活を営まず、種の存続のための快楽に、一年に一度だけ、彼女らのあいだに男が存在することを認めた女戦士の共和国が実在していたという、スペイン人がヨーロッパとアメリカで確立した臆見には、これといって、より真実味を持つ起源がわれわれにはほとんど見つからないのである。この荒唐無稽な考えに重みを与えるために、もっともな話だが、彼らは、こんなことを公言した。新世界では、女たちはみなあまりにも不幸であり、とても冷淡かつ無慈悲に扱われているので、女たちの大多数が一致協力して、暴君どもの軛《くびき》を払いのけるべく計画を立てたのだ。暴君どものあとについて森のなかへ入るという習慣や食べ物と荷物を持って戦争と狩猟に出かける習慣が、と彼らは付け加えて言うのだが、女たちにこの大胆な決定を自然に可能にさせたはずだった、というのである」。

ディドロは、反自然主義的世界観の痕跡を少しでも見つけたときには、必ず猛然と反発する。彼は、少し羽目をはずしがちなスピノザ主義者である。

「女たちがそれほど決定的な嫌悪感を男に対して持っていたら、彼女らは母親になることを認めることができていただろうか?……妻たちは、生殖の仕事を終えたら、すぐに彼らを追い立てていたのに、夫は妻を探し求めに行けただろうか? このうえなく優しく、このうえなく思いやりのある性であるのに、子供が娘ではなかったからというので、子供を危険にさらしたり、子供の喉をかき切って殺したりすることができただろうか?」

そのうえ、政治制度が「君主政体あるいは専制政体であるのに、そうした政体がたったひとりの女によって統治され」ることは可能だろうか。ここで「勘案してみなければならないのは、性の器質的脆弱さである」。

だから、自然を参照するとき、アマゾネスは、存在しないのである。

「両性を近づけ、両性を互いに結合するに違いない、自然の必要と自然な欲望が存在するにもかかわらず、それぞれの性が別々に離れて暮らす修道会が、奇妙ないくつかの先入見のせいで、われわれのあいだに結成されることがありえても、女のいない男だけの民族を偶然が作ったり、ましてや可能性のはるかに少ない、男のいない女だけの民族を作ったりするということは、物の道理のなかにはないのである。女だけの政体について話題にするようになって以来、確かなことは、こんな政治体制を探し求めて、どんなに動きまわっても、どんなに奔走しても、ついぞそのわずかな痕跡でさえ、見つかったことはないということである[25]」。

そうかと思えば、みずからが専門とする分野で、ディドロは機知に富んだ発言をする。たとえば、ダイヤモンドの発見史にまつわる女性論には、自然らしさを好んだディドロの美学が現われている。ディドロによれば、「未開民族も文明国民も同じ虚栄心を持っている」。どこにおいても、いつの時代でも、人間は「自分に視線を釘付けにしたいという欲求」を抱いているために、「自然が持っているもののなかで一番光り輝き、もっとも希少な」ダイヤモンドに人間は価値を見出したのである。女たちがダイヤモンドで身を飾りたがるのは、「金持ちであることを見せびらかす」ためであるが、女性の真の美しさは、その自然な肉体の繊細な美しさにある。

「女たちは、美形のうなじや美形の腕が宝石で囲まれているよりも、むき出しのままである方が何層倍か魅力を持っているということ、彼女らがつけている宝石のイヤリングが持つ重みが耳の形を損なっていること、ダイヤモンドの輝きが目の輝きを弱める一方であるということ、このようにかねのかかる装飾は、彼女らの魅力への賛辞よりもむしろ、夫または愛人による風刺詩を簡単に作り出していること、メディチ家のウェヌスは素朴な腕輪しかしていないということ、美しい女のうちに、彼女の宝石箱の富しか見ない男は無趣味な男であることを知らないのだろうか？[26]」

われわれは、ここに文化との対比における自然主義というディドロ美学の中核をなす視点を再確認するのである。

3 ディドロは『両インド史』をどう書いたか

歴史と主体

いま見たばかりのように、ディドロにとって、歴史を書く面白みは、風土ごとに特異性を持つ環境と人間の相互作用を研究し、そこから歴史の一般法則を引き出すことにある。今日で言えば、永遠の人間観にもとづく人類学と歴史学とを融合した歴史の書き方である。

「諸国の研究は、あらゆる研究のうちで、ぬきんでて興味ぶかいものである。観察者は、それぞれの民族に特性をもたせる個別の特徴を把握し、民族に付随している一般的特徴の大群のなかから、こうした個別の特徴を区別することに喜びを感じる。それが出来事の色合いを帯びたとしても無駄である。物理的または精神的原因がその微妙な陰影を変化させたとしても無駄である。洞察力に富んだ目は、さまざまな装いを超えて、民族の特徴を追求し、千変万化の変異にも負けることなく、それを確定する。観察領域が広がれば広がるほど、また、測定しなければならない世紀とくまなく歩き回らなければならない時代が目の前に現われれば現われるほど、問題を究明することは、それだけ容易になる(27)」。

このように、ディドロは、個々の事物や事件を貫く、時代を超えた一般法則を発見する喜びを歴史に見出していた。いかに新奇な空間の新奇な歴史的事件や社会現象といえども、結局は、一般法則の証明になっていることを発見して、それらをしかるべき位置に分類し、定めることに、ディドロは哲学的・博物学的な喜びを見出しているのである。

しかし、この一般法則の発見と定位へのディドロらしい衝動は、人類史を神に導かれた単なる進歩史としてとらえる客体主義的な歴史観から、人間による人間のための社会変革の主体主義的な歴史観へとディドロを導いている。歴史と哲学が対比され、それが客体と主体とに分離されたのち、再びそれらが融合されるところにまでディドロは到達した。こうして、ディドロは、啓蒙主義を「新スピノザ主義的、自然主義的に過激化した(28)」のである。

ディドロにおいては、この啓蒙主義のスピノザ主義的過激化は『百科全書』第一巻の出版許可を得た一七四八年頃に起こった。そのことは、翌年に刊行された『盲人書簡』に明らかである。なぜなら、匿名出版であったにもかかわらず、ディドロは、この書物の流布のおかげで、検閲当局に逮捕され、ヴァンセンヌの獄につながれたからである。

ラ・メトリの『人間機械論』に触発されて書かれた生理学的分野に属するこの書物がどうして危険だと見なされたのだろうか？　この書物の危険性は、そこで彼が過激なスピノザ主義的理神論を展開したことに起因する。ディドロによれば、自然は、宗教的な神による「創造」や超自然的介入なしに、人間という「考える物質」——主体と客体の統一——を自己発生させ、この思考物質からなる生物種を、思考主体と自然環境とのダイナミックな関係のなかで進化させてきたというのである。つまり、彼は、スピノザの神即自然という等式を人類の生物学的進化と結びつけ、人類史を、神学的、宗教的世界観から決定的に切り離し、それを世俗的な生物進化史の座に引き下ろしたのである。ディドロにおいては、永遠の人間観は、哲学的には人間の生理学的本性論に立脚しているから、そのような意味で、人類史は生物進化史と類似したものと解釈された。

永遠の人間観という一般法則の哲学的検証と生理学的主体主義にもとづいた現実批判とを組み合わ

せるというディドロ独特の歴史の書き方がこうして誕生した。すべてディドロの筆になると言っても過言ではない、「玉座と祭壇」の奇怪な結合への批判や奴隷制と植民地主義に対する激烈な告発や各国の経済停滞を打開するための提案が『両インド史』の端々から湧き出てくるのは、歴史のこのような書き方のせいなのである。こうして、『両インド史』は、ヨーロッパ同時代史となり、アクチュアルな時代批判を形成することになった。そこでは、フランスに限っても、一八世紀の英仏で生じたジョン・ローの信用貨幣の発明と導入による史上初のインフレーション的経済崩壊の生々しい歴史が語られ、アンシアン・レジーム末期、啓蒙主義者の期待を担って登場したテュルゴーと彼を財務総監に任命したルイ一六世への長大な政策提言では、フランス経済の復興策が具体的に語られるのである。(29)

ヨーロッパのグローバリゼーションに密着した批判的・政治的歴史を書くためには、このように、これまで書かれることがなかった経済分野に足を踏み入れざるを得なくなる。穀物貿易に的を絞ったケネーの自由貿易論も、重農主義者の貿易と富の理論も、アダム・スミスの『国富論』もすでに世に出ている時代である。おまけに、『両インド史』が国際的ベストセラーで、商工業が発達していたイギリスでは、「王国第二の都市ブリストルのブルジョワたちのあいだで本書が大いに読まれた記録が図書館に残っている」(30)ことを考えても、主題のグローバル化・「経済学」化が英仏を中心に起こっていることは確かであった。

だから、こうした状況を勘案するとき、『両インド史』の第二版以降の執筆にあたっては、貿易・

経済の歴史と現状および経済学の分野に造詣の深い書き手が必要であることがディドロにも、もちろんレーナルにもわかっていた。それには、好都合な状況が生まれていた。新しい世界へと飛躍したヨーロッパでは、貿易と商業精神で人間の心が沸騰しているからである。このような時代の年代記は、「商人にして哲学者が書く」[31]ようにとの「要望」があちこちから出ている、とディドロは語り、いまや「博物誌の趣味は、没落しつつある。われわれは、揃って、統治体・立法制度・道徳・政治・貿易の問題に」やって来た、と分析している。「予言めいた言いかたが許されるなら、精神は、今後、絶えず歴史の方向に向けられる」に違いない。この広大な領域には、啓蒙の「哲学がまだ足を踏みいれたことがなかった[32]」。

こうして、ディドロが介入した『両インド史』の歴史叙述とともに、われわれは、植民地経営の歴史的変遷について、巻末に詳しい貸借対照表をつけるとともに、本文の記述においても、章末では貿易に関する経済的データを忘れずに付加するという「世界経済史」とも称すべき歴史の一分野が開かれているのを目の当たりにするとともに、ここに、レーナルと並んでディドロの先駆性を見ることができるのである。歴史のテーマの変化に連れて、歴史の書き手も変化する。このような外部にある対象（客体）と思考する主体の同時的変化は、社会変革と歴史記述が結びつく可能性を示している。

社会変革への呼びかけ

『両インド史』に、主として哲学的寄与を行なったディドロにとって、哲学することは、真理と徳を命よりも大事にすることであり、論理をその最終帰結にまでもっていくことによって、論理そのものが、まったく新しい政治的内容を持つようになるのを恐れないことである。青年時代から宗教と統治について沈黙が強制されれば、話すことはなにもなくなる、と主張して憚らなかったディドロは、この啓蒙主義的確信に導かれて、社会変革の可能性に関する哲学的基礎づけを、ディドロが介入した『両インド史』の最終篇となる第一八篇、第四二章で与えている。この章が北米革命を題材に社会変革の可能性を論じているところから考えると、これは、アンシアン・レジームの危機に対する未来世代へのディドロの最後のメッセージととらえることができる。

まず、ディドロは、社会とそこに成立する統治体とを、まったく性質を異にするものとしてとらえることから出発する。両者は、起源と設立目的を異にするからである。

社会と統治体は、その起源からしてまったく異なっている。社会は「自然の害悪」から身を守るために、同じ人間同士が集まって「力と知恵」を出し合うことから生まれた。だから、社会は基本的にマルチチュードの自然主義的体系にほかならない。そこに人為的な力関係の相違はない。それに反して、統治体は、社会の成員同士が傷つけ合うのを恐れて、それを予防する必要から生まれた。だから、統治体は、「共同事業にトラブルが起きないように見張る歩哨なのである」。統治体は、いわばアダム・スミス流の夜警国家で、共同の利益を守る砦であり、人間が作る作品である。力関係は、マルチチュードを制圧する少数の支配者に有利に働かねばならない。

社会と統治体の区別は、マルシリウスの方法論である、神の法と人間の法（人為）との峻別の考え方を受け継いでいると言える。ただし、ディドロは、すでに宗教的思考から完全に離れてしまっているから、彼が「神の法」を社会と読み替え、「人間の法」を統治体あるいは政治権力と狭く読み替えているのも当然の話しである。時代はすでに、地上的、世俗的なものにしか、関心を払わなくなりつつあったということである。

それとともに、ここには、スピノザの自然主義が現われていることにも注意を払わなければならない。ディドロの啓蒙思想の根底にはスピノザ主義への高い評価があることの再度の証明である。

スピノザにあっては、神即自然であるから、人間の自然本性が社会を誕生させるという意味で、社会はつねに人間にとって善なのであり、社会に生きる「人間は人間にとって羊であり、神である」[33]。しかし、統治体や人間の法は、スピノザによれば、「人間の真の利益のみを目指す」[34]人間理性の「命令」の産物であるから、その限りで、即時的には、一時的には、人間の自然的本性や自然環境に反する場合もあり得るのである。法律または権力は、統治体の管轄に属し、人為的なものであるが、しかしながら、その運用は、マルチチュードの自然的力学法則に従わなければならない。

ここから、社会と統治体の目的の相違が生まれる。すなわち、人間の必要、換言すれば、人間の欲望から生まれた社会は、その本性から言って「つねに善を志向する」性向を持つのに対して、統治体の方は、「つねに悪を抑えつける方向に傾いていかなければならない」。永遠の人間観を参照するとき、問題は、自然的必要から生まれたとは思えない統治体の権力がなにを悪と定義するかであり、悪の原因をどのように考えるかである。

統治体が宗教的偏見に囚われていれば、判断ミスはここで起こるのである。悪が悪人を道具のように使う悪魔の差金で起こると考えるなら、統治体がふるう権力は粗暴なものとなり、その体系も粗雑なものとなる。ディドロが「だれもが知っているように、たいていの統治体は粗悪なものでしかない」と決めつけるのは、統治体がいまだに宗教権力と一体化しているからである。

さらに、反啓蒙の思想家シモン・ランゲが言うとおり、社会状態では、人間は「生まれつき不平等なもの」だから、統治体を作った立法者は、人間のあいだに「一種の人為的な平等」を作り出すことによって、不平等の蔓延を防ごうとした。こうして生まれたばかりの統治体の権力は、「全員の頭上を無差別に歩き回る剣」となった。しかし、こうした公正な権力が存在したのは社会形成の最初の段階だけでの話であり、いまとなっては、少数の生身の人間が「この剣を握らなければならなくなった」のである。「そこからどういう結果が生じ」たか？　言うまでもなく、専制君主や一握りの特権的階級が、自分たちの思いどおりに剣をふり回し、ひどいときには、たった一人の暴君が、統治権を恣意的に乱用する結果が生じた。

こうして次のような結果が歴史にもたらされることになった。

「文明人の歴史は、彼らの悲惨の歴史でしかない。そのページはすべて血で彩られている。一方のページは抑圧者の血で、他方のページは被抑圧者の血で」ある。「同じ一つの社会のなかで、統治形態がどうであれ、お互いに食われたり、食ったりしない状態」など存在してこなかった。

それでは、われわれは、この宿命的な状態をじっと耐え忍ぶしかないのか。先人の「自由選択によるこれらの統治形態は、後代の人間にとって義務的なものだろうか？」

まったくそんなことはない。「われわれは哲学者として事柄を検討する」から、「その帰結を恐れない」。「もしかりに、人民が彼らの統治形態のもとで幸福なら」、その統治体を守っていけばよいし、「不幸なら」、「もうこれ以上、長く我慢できない」という気持ちが、「統治形態を変えるように」彼らを仕向けるだろう。この害悪を生む統治体の変革運動は、マキアヴェッリがすでに指摘しているように、一種の「健康回復運動であり、人間の譲渡しえない自然権の正当な行使にすぎないのに、抑圧者は、これを叛乱と呼ぶはずである」。

ここからディドロは、格言風に「いっさいの権威が、その本性からして専制主義に傾きがちなだけにますます重要な原理」を引き出している。

いかなる統治形態の大権も不変不動のものではないこと、いかなる政治権威でも廃棄しうること、いかなる権威にも国家を私物視することは許されていないこと、これ以外の考え方をする人間は、奴隷であり、愚者であること、「この世のなかでは、いっさいの権威が臣民の同意か、または主人の強権かによって始まった」のであるから、「どちらの場合でも、それは合法的に終わりうる。なにものも自由に反対し、暴君の政治を擁護せよと命じてはいない」[35]。

ディドロの権力観は、権力的支配が「合法的に終わりうる」と主張している点で、非常にアクチュアルな民主主義的主張になっている。

このように、ディドロにとって歴史哲学は、政治と密接に結びついており、雄弁は、民衆に真理を告げる有力な手段となっている。晩年のディドロの苦悩を垣間見させてくれるセネカとの対話の試みには、こうした彼の一貫した姿勢を端的に表現した箇所がある。

タキトゥスが、自分にできもしないことを他人に説いてはならない、と言うのに対して、ディドロは、早速この格率に条件をつけて、「良いことで称讃しうることなら、なにごとであれ、他の人に説いて聞かせなければならない。本人にその能力があっても、なくても」[36]と反論している。

これまで作品をほとんど公刊せず、沈黙を守り続けてきた晩年の偉大な『百科全書』の編集者は、レーナルが発言の場を与えてくれただけでなく、若い、急進的な啓蒙主義者の政治的主張との刺激に富む対話が、その場で成立し、新鮮な北米独立革命と旧制度下のヨーロッパとのクロス・シャッセに加わりえたために、『両インド史』のあちこちで熱弁をふるい、ついには、大部な『両インド史』の三分の一近くが彼の手になるという評価も成り立ちうるほど、精力的に本書の執筆にうちこみ、反専制と反奴隷制の「戦争機械」としての性格をそれに刻みこむことに成功したのである。

4 ディドロの反植民地主義と奴隷解放論

植民に関するディドロの原理

『両インド史』の植民地論には、三つの異なるトーンがある。ひとつは、レーナルと政府植民地局関係の友人たちのトーンで、もうひとつは、反専制・反神政・原始共産制の賛美と植民地体制の糾弾と徹底した奴隷解放のトーン（ペシュメジャ、サン＝ランベール、ドレールなど）、そして、最後に、この両者のあいだを行ったり来たりするディドロのトーンである。

ディドロが奏でる主題は二つある。「逃げろ、不幸なホッテントット人よ、逃げろ、森の中へもぐりこめ」[37]で始まる未開と文明の対位法――これは、『ブーガンヴィル航海記補遺』で示されたディドロの文学的才能を遺憾なく示しつつ、未開人の賛美によって終わる。

ついで、この主題にからみ合いつつ、植民史の本題が現れる。そもそもヨーロッパ人に植民権はあるのか、と問うテーマである。もちろんこの問いは、ラス・カサスの狭い宗教的枠組を越え出て、商業・交易の文明化作用と未開人の残虐な抹殺とを天秤にかけて計量するという啓蒙主義的功利観から発せられている。

哲学者ディドロは、第八篇、第一章で、「ヨーロッパ人には、新世界において植民地を設立する権利があったのか？」と真正面から問題を立て、ヨーロッパ人の植民の権利に関して原理的考察を行なう[38]。

まず、彼は、植民活動を可能にするのは「理性と公平」であるとして、それが打ち立てる諸原理に則して、ヨーロッパ人の植民活動を裁かなければならないと宣言する。つまり、スペイン人による中南米の征服以来、次から次へとインディオの諸帝国が滅ぼされ、そこにスペイン帝国領が無制限かつ恣意的に打ち立てられてきた憂うべき現状を終わらせるために、ここでもう一度、植民地設立の諸原理に立ち返る必要があるというのである。

最初に、彼は、植民が問題になる場合、植民者の数は問題ではないとしている。「力は、人間の数が多くなれば増大するが、しかし、権利は同じままである」。

この原理によって、ディドロは、宗主国人口の数的膨張の結果として行なわれる植民を否定するとともに、植民地に関する限り、人間の数が増えても、その増大に連れて、先住民に対して専横を働き、彼らを人間扱いしなくても許されるなどということにはならない、とヨーロッパ人の思い上がった考えに釘を差しているのである。この点を踏まえるなら、未開の地に降り立つ人間の権利は、「たったひとりの人間」の権利と同一であると考えなければならないということになる。実に原理的な考察である。

この原理は、国家的事業として行なわれる植民活動をも否定する。というのは、国家は個人ではないので、ひとりの人間が持っている権利以上の権利を他者に対して主張できないからである。ディドロの植民地設立の原理が目指す目標がなにかが示唆されている。彼は、本心では、個人の自由な冒険心による平和な貿易活動とささやかで、温和な植民活動しか認めたくないのである。

そこで、土地を前にしたひとりのヨーロッパ人を思い浮かべよう。すると、彼にとって、所有権の対象となり得ると見える土地には、だれも住んでいないか、部分的にだれかが住んでいるか、全体的にだれかが住んでいるかのいずれかである。土地をこのように区分することには、すでにディドロの近代的所有権の思想が現われている。

ところで、海洋交易がグローバルに展開された啓蒙の時代では、一番あとのケースがもっとも生じやすい。しかし、この場合には、ヨーロッパ人は、土地の所有権を主張できないのである。このケースでは、「人間が人間にしてやらなければならない歓待と救助の義務しか、私は合法的に請求できない」。つまり、人が住んでいる場所では、そこに住む住民がどのような人間であろうとも、可能になるのは、平和な貿易活動のみということになる。歓待と救助を受けたあとは、その場を去らなければならない。そのまま居座ることは許されない。ましてや、先住民の土地を奪って、そこにヨーロッパ人が植民することなど、到底許されるものではない。

ヨーロッパ・グローバリゼーションの罪悪

この原理に照らせば、先行するポルトガルとスペインの武力に支えられた征服者的植民活動には、大きな疑問符がつくであろう。コルテス、ピサロ、ロペ・デ・アギーレなどの野蛮で残忍な征服行為とインディオ虐殺は、すべて断罪されなければならない。イギリスやフランスに関して言えば、彼らの東インド支配には問題がある。とくに、『両インド史　東インド篇　上巻』の第三篇で詳細に描かれるムガル帝国支配下のインドにおけるイギリスの植民地拡大に関しては、ガンジス河流域の諸都市を武力占領することによって、人為的な飢餓を作り出した点に見られるように、完全に落第である。『両インド史』は、フランスがベンガルの勇敢な君主を支援して敗北しただけに、イギリス東インド会社参事会の貪欲がもたらしたインド人の飢餓と餓死者の姿を生々しく描き、イギリス人のインド支配の残酷さを呪っている。

「あろうことか、カルカッタの参事会が、この破壊的な作戦を採用し、命令したのである。しかも、なんと、会社のために数百万ルピーを稼ごうとして、参事会は、冷酷なことに、何百万人もの人間を死に捧げたのである。しかも残酷きわまりない死に。いやいや、そんなことはけっして信じたくない。あえてわれわれは、そんなことはありえない、とさえ言いたい。なぜかというと、こんな暴虐非道が多くの人間の頭のなかと心のなかに、一度にはいってくるすべがあったなどと、ありえない話だからだ。……しかしながら、災禍は、すみやかに、ベンガル地方の全域にその姿を現わすところとなった。通常、三重量リーヴルにつき一ソルしかしない米の値段が少しずつにあがりはじめ、ついには、一重量リーヴルにつき四ソルで売られるようになった。米の値段は、とうとう五ソルないし六ソルにまではねあがりさえした。しかも米は、ヨーロッパ人が自分たちの需要を賄《まかな》うために、米を集める注意を払ってきたところにだけ存在していた」。

アヘン戦争を引き起こす前に、イギリスの支配階級は、ドルバック男爵がヒュームの招待でイギリスを訪れたときにすでに議会制度ともども、腐りきっていたのである。

「この食糧欠乏のなかで、不幸なインド人は、手だてもなく、元手もなく、ほんの少しの食べものも手に入れることもできないまま、毎日数千人単位で死んでいった。インド人の集落でも、道に沿っても、われわれヨーロッパ人の植民地のまんなかでも、青ざめ、やつれ、疲労困憊し、飢えで憔悴しきったインド人を目にすることができた。或る者は土のうえに寝転がり、死を待っていた。別の者は、苦しそうに自分を引きずりながら、あたりになにか食べ物はないかと探していた。そして、ヨーロッパ人の足に口づけをしながら、奴隷として自分を引き受けてくれと彼らに懇願していた。人間性を戦慄させるこの絵に、これまた同じように人間性にとって悲しむべき別の対象をいくらでも付け加えてみるがよい。できるのであれば、いくらでも想像力を彼らのためにふくらませてみるがよい。棄てられた子。母親の胸元で息絶えだえの子。いたるところに死人と死にかけた人間。いたるところにある苦痛のうめきと絶望の涙。これらをさらに思い描いてみよ」[39]。

これはまるで、同時代のシモン＝ニコラ＝アンリ・ランゲが描いたようなフランスの腕力しか持たない日雇い人夫の哀れな姿であり、ランゲが『パンと小麦について』で告発したような、人為的な飢餓に襲われたフランス農村の破滅的光景である。アンシアン・レジーム下のフランスでは、国王と小麦商人が結託して飢餓を創り出し、小麦の値段を釣り上げる「小麦陰謀」が農民のあいだでは、まことしやかに噂されていたのである[40]。イギリスの植民地では、早々とランゲの近代の地獄絵が完成を見ていたということである。

とはいえ、『両インド史』は、飢餓を描く章のすぐ前の章で、一九世紀の半ば、ムガル帝国の消滅とともに生じるセポイの大暴動まで予言している。どこにおいても、いつの時代にも、無権利な奴隷に叛乱はつきものである。自由への希求が永遠の人間像だからである。

「分裂していた君主たちも、おそらくいずれはその不和に終止符を打ち、共通の自由のために一致団結するだろう。現在は、征服者イギリスの兵力となっているインド人兵士たちがいつかイギリスに対して、イギリスから使用法を教わった武器を向けるということがありえないわけではない」。

『両インド史』はここでも、黙示論的にイギリス植民地の倒壊を予感する。それは、とりもなおさず、イギリス人がベンガル地方を「幻想のみにもとづいて」支配していて、「理性と公正」の原理にもとづいた支配をしていないからである。

「そういう場合には、彼らがその植民地から追い出されなくとも、偉大なる栄光はおのずから倒壊することさえありうる(41)」。

原理の上にしっかりと立ったときの観察者の刮目すべき予知能力である。永遠の人間観は、およそ植民地支配とはなじまない人間像を提示しているということである。

前の二つのケースでは、いずれにせよ、「人が住んでいない部分」で、慎ましやかに土地を耕すという文字通りの平和な植民活動が許されるのだが、しかし、それについても、まだ問題が残っている。フロンティア、すなわち境界線の問題である。ディドロの境界線の定義は、完全にジョン・ロック的な所有権の原理に即したものである。「私の労働で占有することができる」限りでの面積に所有権が認められるのである。この限られた土地を植民者は耕し、近隣の先住民とのあいだでは、平和な交易を営まなければならない。

この「永遠の真理」に照らしてヨーロッパ人の植民活動を判断するならば、スペイン人を筆頭にして、ヨーロッパ人が新世界の至るところに武力を用いて、「この土地は俺たちのものだ」と看板を立てて回ることほど、「不正で常識外れ」なことはない。この自己労働なき占有欲は、一九世紀の植民地主義にも、現代の資本のグローバリゼーションにも、共通して見られるところである。そして、それは一種の「フロンティア精神」として美化されてさえきたのである。しかしながら、一八世紀末においてすでに、この占有欲のアバターは、ディドロによって、原理的に峻拒されていたということである。

植民地主義の告発

『法の精神』のモンテスキュー、『習俗試論』のヴォルテールがそうであったように、ディドロも、植民活動が本国の経済や産業や人口にとって利益をもたらすかどうかを問う。啓蒙主義に特有のこの問題設定は、スペインの場合のように、金銀の過大な流入に対する恐れや、奢侈に慣れたために自国の農業とマニュファクチュアを衰退させてしまったポルトガルの悪例やイギリスの東インド会社にはびこった「すべての情欲のなかで一番貪婪で、残酷さにおいては群を抜いている黄金欲(42)」に対する批判——スペイン人の残虐な征服行為も黄金欲に駆られた結果である——と結びついている。

しかし、植民地の保持に関するこうした功利主義的貸借対照表の作成はともかくとして、『両インド史』のあちこちに散りばめられたディドロの激しい告発のトーンは、あらゆる経済的な顧慮を一掃してしまう。

ディドロは、スペイン人、ポルトガル人、オランダ人、イギリス人、フランス人、デンマーク人のあとを追って東西両インドを経巡ってきたが、結論として言えば、遠く祖国を離れた、彼らヨーロッパ人は、「法律の束縛から解放されて、かつてなく邪悪になり」、「がつがつ貪り食うべき豊かな獲物」としてしか、新世界を見られなくなってしまった。しかも僻遠の地には、本国の合理的な「管理」も、啓蒙の光も、人道的関心も届かない。ヨーロッパ人には、この地域を幸福にはできない。ディドロは叫ぶ。

「アメリカが発見された瞬間よ、呪われてあれ。そして汝ら、ヨーロッパの君主たちよ、それらを幸福にする望みがないのなら、この領土を彼らの手に返せ(43)」。

これが結局は、植民地問題に関するディドロの最終判断となる。そしてそこには、新大陸の「善良な未開人」を絶望と死の淵に追いやったヨーロッパ人に対する激しいディドロの怒りと復讐への呼びかけが含まれている。それほどまでにディドロは、新世界で犯されたヨーロッパ人の大罪に憤怒を隠せないでいる。とりわけ、黒い伝説のスペイン人が破壊し、略奪した生命と財産を、元通りにしてインディオたちに返すように、ディドロは、スペインの君主に強い口調で迫る。この告発の激越なトーンは、『両インド史』へのディドロの介入に共通している。

「スペインの帝王たちよ。あなたがたは、両半球のもっとも輝かしい部分に至福をもたらす責任を背負わされている。かくも高貴な運命に値するところを示したまえ。あなたがたは、この厳かで神聖な義務を果たすことによって、あなたがたの先王たちと彼らの臣下たちの犯罪を償いたまえ。この人たちは、発見した世界の人口を減らしてしまった。この人たちは、何百万人という人間に死を与えた。この人たちはもっと悪いことをした。何百万人という人間を鎖につないだ。この人たちは、さらにもっと悪いことをした。彼らの剣を逃れた人びとをへとへとにさせた。この人たちが殺した人びとは、一瞬苦しんだだけだった。彼らが生かしておいた不幸な人びとは、首を斬られた人間の境遇を何百倍も羨ましく思わなければならなかった。未来があなたがたを許すとするなら、それは、ただ、あなたがたが田園を無実の人間のおびただしい血で潤したあとで、そこから収穫物が芽を吹くときだけだ。未来があなたがたを許すとするなら、それは、ただ、あなたがたが荒廃させた広大な空間が幸せで自由な住民によって覆われたのを未来が見るときだけだ。あなたがたが犯した大罪すべての罪障消滅が、いつ頃になれば、おそらくなされるのか、その時期をあなたがたは知りたいと思うか？　それは、メキシコとペルーを治めていたかつての帝王たちのだれかひとりが想像のなかで蘇り、かつての所領の中央に彼が座り直したときに、あなたがたが彼に次のように言上できたときである。『あなたの国とあなたの臣民たちの現状をご覧あれ。彼らにお尋ねあれ。それから私どもをお裁きあれ[44]』」。

北米の反乱者にディドロが寄せるメッセージも、千年王国を待ち望む反乱者のエネルギーを代弁している。「気をつけろ。アメリカ人の血は、いずれ君達の頭上に降り注ぐだろう。彼らの流血は君達自身の手で復讐されなければならない」[45]。このような血塗られた復讐へのディドロの呼びかけが、その頂点に達するのは、「癒しがたい黄金欲が生んだ、この上なく不名誉で、残虐きわまりない」取引、「自然に反する犯罪の内で釈明の余地のまったくない」[46]奴隷貿易を前にするときである。

奴隷貿易廃止論

『両インド史』は、スリナムの奴隷王子を扱ったベイン夫人の小説やプレヴォー、サン=ランベールと続く奴隷解放文学の流れとデュポン・ド・ヌムール、テュルゴーらの重農主義の見地からする奴隷解放論の流れの合流点に位置していたから、第一一篇の第二二章から二四章まで[47]を黒人奴隷論にあて、奴隷の起源から奴隷貿易の現状までを解説し、アメリカから徴発してきた黒人奴隷が、いかに悲惨な境遇にあるかを詳しく叙述している。

ディドロもまた、第二二章では、不幸な黒人奴隷の宿命にヨーロッパ人が関心をもつことを訴え、第二四章のほぼ全部を使って、「人間性にとって重要な真実について黙っているのは恥だ」として、「この残酷非道を許している」ばかりか、奴隷制を「権勢の基礎に据えている統治体」を理性と正義の法廷に告発するのを恐れてはいない。

ディドロの奴隷解放論は、人間の本源的な自由の観念と結びついている点で、普遍的意義を持っている。

人間には「三種類の自由」がある。第一は自然的な自由で、これは、人間が自分の身体を自由に用いる権利に由来する。ついで「市民としての自由」がある。これは、社会が各市民に保証するもので、「法に反しない限りであらゆることをなしうる」権利を意味する。最後に「政治的自由は、人民が主権をいささかも譲り渡さなかった状態」である。

これら三つの自由のうちで、人間が人間であることを示す指標となる自由は、当然、自然的な自由、言いかえると「自己の肉体の所有と精神の享受」を内容とする自由である。「この世には、私の身体組織を変えて、私を動物にしてしまえる力」など、どこを探してもない。だとするなら、人間であるネグロからこの自然的自由を奪うヨーロッパ人たちは、欲に目のくらんだ「大胆な人間殺し」の大罪を犯していることになる。ギニアの海岸から動物同然の状態でカリブ海へ運ばれてきたネグロを、金鉱山や農場で苛酷な労働に従事させる残忍な植民者は「ヨーロッパの恥だ」とまで、ディドロは言う。

「私の身体中の血は、この戦慄すべき場景を前に逆流する。私は憎む。私は、犠牲者と死刑執行人とからなる人類なのだ。人類がもっとより良いものにならぬのなら、人類など滅びてしまえ！」

しかし、ディドロのゾラばりの「われ告発す」(J'accuse !) は、単なる人道主義的義憤にとどまってはいない。その人道主義は、奴隷叛乱の地平に移しいれられる。

「自然は哲学と利害よりも声高に話す」。奴隷の本源的自由の叫び、言いかえれば、自然のはからいは、ヨーロッパの国民の「寛大さも忠告も必要としない」。「彼らを抑えつける罰当りな軛《くびき》を打ち砕くためには」彼ら自身のうちなる自由への希求さえあれば十分なのだ。

ディドロは、ジャマイカ島とオランダ領ギアナ（スリナム）にできた逃亡奴隷（マロン）たちの国のことを、こうした人間の根源的欲求を実現した模範例として、誇らしげに語る。ディドロは、黒人の境遇を改善しようとするフィジオクラット的な現実的改革の「理性の微笑」に、どうしても抑えつけることのできない、アナーキーな、暗い、闇の衝動（自然の叫び）を注ぎこもうとする。ディドロには、このように常に改革とユートピア、明晰な理性と抑制のきかぬ感性、啓蒙の漸進的進歩と人民のアナーキーな叛乱への訴えが、混在し、折衷されているが、ときにその危うい均衡が崩れ、万人の首の上を歩き回る剣による厳格な法治主義と「街路の敷石」[48]をめぐって叛乱に立ち上れ、という民衆への呼びかけとが両極分解を起こしてしまう。

サンクト・ペテルブルクで、啓蒙の光も届かぬ未開の広大なロシアの原野に轟き渡るプガチョフ一揆の知らせに、啓蒙の無力を感じとったからだろうか。ルイ＝セバスティアン・メルシエの『二四四〇年、稀代の夢』の「奇妙な記念碑」の章に想を受けて、「恥ずべき暴政から世界を解放する不滅の人物」[49]を、ディドロは、七四年版では、簡潔に、「黒人法が消え、白人法が恐ろしいものになる」復讐をなし遂げる「新しいスパルタクス」[50]として示唆的に描き、八〇年版では、第二四章のしめくくりとして、予言的な筆致で黒いスパルタクスの到来を告知している。

「黒人には、彼らを復讐と殺戮に導く勇敢な指導者が欠けてはいない。自然は、この偉大な人物を、虐げられ、抑圧され、苦しめられた、その子供達に負うている。彼はどこにいるか？　この偉大な人物はどこにいるか？　彼は現われるだろう。そのことを疑わないでおこう。きっと彼は姿を現わし、自由の聖なる旗を掲げるだろう。この崇敬すべき合図は、彼の回りに不幸な仲間を結集する。彼らは、奔流をもしのぐ勢いで、至る所に正当な怨念の拭いがたい痕跡を残すであろう。……彼らのすべての暴君は、武器と火炎の餌食となる。アメリカの原野は、長いあいだ待ちに待った血に有頂天になって酔うだろう。三世紀にわたって累々と積み重ねられてきた夥しい不幸な者の骸骨は、喜びで打ち震える[51]」。

この凄惨な報復の呼びかけは、既に幾度となく起こっていた黒人奴隷やムラートの叛乱を想起させるばかりでなく、晩年のディドロ自身に内在するユートピア願望と反抗精神を髣髴たらしめる。現実の歴史は、ディドロのこの感性を具体化し、解放を武力で勝ち取った黒人たちがやがてハイチ島に共和国を誕生させる。のちに国連本部に奴隷制の告発を『帰還の大船』として建立するのは、彼らの子孫の黒人建築家である。

一七九一年八月に、「二〇〇以上の砂糖農場、七〇〇のコーヒー農園、二〇〇の綿花栽培場で一〇万人のネグロが不意に蹶起し[52]」、黒人のナポレオンと賞賛されたトゥッサン・ルヴェルチュールの卓越した軍事指導のもとに、数々の戦闘に勝利したのち、史上初めての黒人政権を樹立する。フランスの啓蒙主義思想を摂取していたトゥッサン将軍の枕元には、恐らく『両インド史』もあったであろうと言われている。J・ファーブルは『大革命の父達』のなかで、「サン＝ドマングの革命の仕掛人、トゥッサン・ルヴェルチュールは、彼の出現が予言されていたあのページを好んで示したものだった[53]」とレーナルを扱った節で書いているが、むしろこれは、彼がディドロを扱っている節で書かれるべきであったろう。

5　新しいスパルタクスをめぐるランゲとディドロ

白いスパルタクス

社会の起源を暴力による所有権の確立に求め、社会と所有権とを同義語にし、現前の所有権の変更につながる改革のすべてを社会に対する犯罪ときめつけた、哲学者と重農主義者のパラドキシカルな論敵、シモン＝ニコラ＝アンリ・ランゲは、その日暮しの日雇人夫＝賃金奴隷を大量に生みだす近代的自由主義経済よりも、アジア的専制の隷属制の方がはるかにましだと見なし、そのシニカルで透徹した観察眼で、ヨーロッパ社会の底辺部に、蓄積されてきた国民の四分の三の貧困が、国民の四分の一における繁栄と富裕の必須条件になっていることを見抜き、そこに莫大な社会戦争のエネルギーが潜んでいる有様を、不安な眼差で眺めていた。

この地点からヨーロッパを俯瞰したランゲは、「どの王国にも騒擾の不幸な仕掛人や共犯者」がいて、「悲惨の闇雲な緩和を要求してきた」。そしてそのいずれもが、武力で鎮圧されてきたにもかかわらず、「日々その憤怒を」募らせている、と指摘し、「だから事柄は二つに一つで、彼らを軍事機構で抑えつけるか」、または、これに失敗して、「絶望から大胆不敵になり、必要に迫られて知識を身につけた新しいスパルタクスが、真の自由を要求して彼の不幸な仲間を糾合する(54)」事態を招くか、どちらかだろうと予言している。

この白い「新しいスパルタクス」の到来を予感させるほど、七〇年代から大革命前夜にかけてのフランスの現状は、都市における食糧危機を基底に置きながら、一方に極端な富と奢侈の蓄積、他方に極端な貧困・悲惨の蓄積があり、それらがつねに危うい状態で社会の均衡を保つといった有様だった。

アンシアン・レジームの病根

晩年のディドロもまた、こうした状況を見ていた。フランスでは「お話するのも無駄な多くの有害な手段によって」と、ほうほうの体でサンクト・ペテルブルクに到着し、エカチェリーナ二世の御前に平伏し、彼女の尊大極まりない御下問に答えて、ディドロは言う。「同じ市民のあいだに考えられないほどの財産の不平等が生じます。実際に富裕な中心部が形成され、その富裕な中心部のまわりに、窮乏が支配する広大な区域が存在するようになります」。こうした不平等な世界では、「かねがすべてなのです。かねがすべてで、それが国民の崇める神になってしまいました。貧しさだけが悪徳になり、豊かさだけが徳になります。金持ちになるか、それとも軽蔑されるか、どちらかしかありません[55]」。

アンシアン・レジームの社会は「ほとんど癒しがたい宿痾にやられている[56]」。フランス大革命の前夜であることを思わせるディドロのエカチェリーナ二世に対する慨嘆は、ランゲの警告と並んで、現在にも十分通ずる響きを持っている。

テュルゴー、ネッケルと続く改革派の試みは、君主の優柔不断、高等法院の復権、そして「哲学者党」がリードする公共世論の、啓蒙専制、中間団体、穀物取引の自由化等々の改革テーマをめぐる分裂状況によって、相次いで挫折する。この挫折の思想的含蓄は、自由・啓蒙の「宣伝熱」と現実の経済改革とが、振子のように揺れ動いているということだった。後者が行き詰まると、諦念と反抗の意志が同時に表面化する。七〇年代のフランス公共世論において、諦念を代表するのはランゲであり、反抗を代表するのは『両インド史』のディドロであった。ディドロは「天分に恵まれた人間、勇気ある人間、有徳な人間」として、世の中の「役に立ちたい」と考え、「迫害をまったく恐れない」で、

「真実を語ろう(57)」とした。真実は、ランゲも見ていたし、ディドロも見ていたが、ランゲは、啓蒙の自由主義には反対して、最低でも、すべてが現状に留まることを要求していた。また、彼は、できうれば、原初の奴隷制を引き継いだ東洋的専制に似た家父長的システムに社会を戻すことが最善と考えていたのである。

ここで、ランゲは、ルソーと反対物の一致を起こしてしまう。かのルソーは、いまやディドロによって、「反哲学者」呼ばわりされる境遇に落ち込んでいたが、ディドロのそのような評価の正しさを裏づけるように、ルソーも、ランゲと実質的に意見を一致させながら、始源的状態に戻ることの不可能さを知りながら、なおもそうした状態を夢見ていたのである。人間の想像力が普遍的なもので、その意味で不変であることの証左である。

革命的宣言

しかし、ルソーは、この「第一行目での嘘」のほかは、不正を告発し、所有権を非難したのだから、「真実」を語る「雄弁」家であった。それに反して、ランゲは「真実を言っているときでさえ、彼には原理がないから、僕には嘘と感じられる(58)」とディドロは、自分と同じくパラドックスの達人であったランゲをこき下ろしていた。

ここでディドロの言う「原理」とは、現状の改革であり、不公正の摘発であり、人民の蓄積された盲目的なエネルギーに火を着けないように注意しつつ、自由を説き、一刻も早く正義を行なわせることである。しかし、正義を行なわせるには、勇気が必要である。そして、この勇気は、有徳と、古来、同義である。

ディドロにあっての徳の理想は、「研ぎすまされ、激昂すると、残忍さに至る」ほど強い。「カトーとブルトゥスは有徳だった。彼らは二つの大きな犯行、すなわち自殺か、カエサルの死かを選ばざるをえなかった[59]」からだ。そして「ブルトゥスを生む本」の著者も、彼らを見習って、あらゆるたぐいの専制君主の首を切る。

「たとえ一般意志」にさからって「善をなした最良の君主でも、越権行為をしたというそれだけの理由から、犯罪的であろう」。「公正で堅実で啓蒙された専制君主」は、国民を「奴隷化」するような「権威」を「世襲財産として譲り渡す[60]」がゆえに許すことはできない。御前にディドロが跪《ひざまず》き、這いつくばった啓蒙専制君主エカチェリーナ二世といえども、君主であることに変わりはない。専制君主の存在を許す権威体制自体が問題なのだ。

このように、すでにディドロの政治的考察の発展は、君主制度一般の廃棄にまで到達していたが、この廃棄を可能ならしめる力はどこにあるのか？　専制君主の「権威」と「人民の眠り[61]」とは、相互依存の関係にある。人民は、自分たちが奴隷であることにいまだに気づかない盲目状態と交換に、ランゲの望んでいたような「万人共通の幸福を作り出す不動状態[62]」にまどろんでいる。しかし、このまどろみは、「自由の喪失の前触れである」。略奪と放火のあげくに新しい暴政を招じいれてしまう人民の暴動が生じる前に、人民を啓蒙するために、「国と宮廷に目を見開き」、「政治が閉じこめられている官房」に「はいりこみつつある公共世論[63]」に急いで訴えなければならない。「暴君を追い出し」、「隷属を廃止」したあとは、健全な「第三身分を作り出す[64]」必要があろう。これが千尋の谷への斜面を辿りつつある古いヨーロッパと峻険な斜面をよじ登りつつある新世界との哲学的・政治的対比の壮大な試みに託された、ディドロの革命的宣言であった。こうして、新世界の百科全書は、ディドロの火を吐くような雄弁を介して、文字通り、ショワズールからネッケルに至るアンシアン・レジーム末期の啓蒙主義運動の夢と情熱、勝利と敗北の百科全書となったのである。

第5章 蘇るランゲ

動物を殺すことが彼らの職業だったのに、いったいどのような良心の呵責を彼らは味わったというのだろうか？

シモン＝ニコラ＝アンリ・ランゲ

ランゲには資本主義的生産の本質が明らかであった。

カール・マルクス

黄金の仔牛に対するかつての崇拝の情け容赦ない、新たなバージョンが人間の顔を失い、人間的目標を持たない、貨幣の物神崇拝、経済の独裁となって登場してきている。

ローマ法王フランシスコの使徒的勧告

1 忘れられた天才的社会理論家

反啓蒙のジャーナリスト

フランス革命前夜の激動の時代には、これまでになく、人びとは、政治、経済、文化、社会の諸問題を公然と論じ合うようになった。出版界にも政治ジャーナリズムという新しい分野が生まれ、新聞、雑誌が創刊され、パンフレット、論考の類が出版市場を大いににぎわした。こうした出版物の作者である政治ジャーナリストたちが、ときには、出版禁止の憂き目を見ながらも、著作を公にしはじめたのは、ディドロとダランベールの『百科全書』の最終巻が刊行された一七六五年頃からであった。一八世紀後半のフランスの著名な弁護士、シモン＝ニコラ＝アンリ・ランゲもこの時期にジャーナリズムに華ばなしく登場した政論家のひとりであった。

当時、政治ジャーナリズムの世界で主流の座を占めていたのは、言うまでもなく、モンテスキューの『ペルシア人の手紙』に始まり、とりわけヴォルテールによって広められた理神論思想であり、啓蒙思想であった。それらの批判対象になったのは、主として蒙昧なカトリック・イデオロギーであった。

この初期の、いわば高級で、貴族主義的な啓蒙主義は、近代的市民層の伸長とともに、ディドロらの平民的啓蒙主義へと転換を遂げ、さらに一層大勢の書き手が啓蒙主義の宣伝に加わることになった。彼らは、哲学者《フィロゾーフ》と呼ばれた一派を形成した。世は自由主義的改革ばやりとなった。哲学者たちは、徐々に批判の矛先を宗教そのものから、宗教と結託していると見なされたアンシアン・レジームの専制主義的政治支配に向けるようになった。だが、啓蒙主義の経済学者たちは、向かうところ敵なしだった。ひとりの自由主義経済学者も、ひとりの重農主義者も、自由に改革案を発表しても、獄につながれることはなかった。

哲学者たちの功利主義的自由主義哲学を批判するだけでなく、勃興しつつあった経済自由主義の理論家たちをも真っ向から批判し、持ち前の華麗なパラドックスを駆使して、笑いものにしたのがランゲであった。彼は、根っからの貴族嫌いのうえに、自由のスローガンが「飢えて死ね」という恐ろしい命令に聞こえる貧民層の利益代弁者だった。実際、彼自身がパリでの彷徨時代には、貴族の馬を盗んだり、友人からの借金を踏み倒したりするところにまで追い込まれたこともあった。彼は、友人の家に転がり込んで、餓死寸前の生活を送っていたのである。

当時は、重農主義経済学が創始されたばかりの時代で、重商主義を批判する重農主義者たちは、おもに穀物貿易の自由化をめぐって論陣を張り、さかんに政府の保護貿易政策と国営両インド会社の経済特権を批判していた。穀物貿易の中心となる農産物は、言うまでもなく小麦である。ランゲの明敏な頭脳にフラッシュ・バックしてきたのは、ディドロも若いころに味わった国王と小麦商人とが結託して引き起こした、小麦価格を吊り上げるための飢餓であった。小麦商人たちは、小麦価格の高騰を狙って、収穫された小麦を不作でもないのに、倉庫に隠匿したのである。もはや、小麦商人たちの買い占めと隠匿は、慈愛の欠如どころではなく、警察沙汰とすべき段階にまで到達していた。ランゲは、『パンと小麦について』で、この買い占めと隠匿を治安維持の問題として提起している。

こうした飢餓を招きかねない小麦商人たちの跳梁跋扈を許す経済自由主義思想の危険性を暴いたのがランゲである。彼は、経済統制主義と東洋的専制を擁護して、大向こうの喝采を浴びた。彼は、勢いに乗って、一七六七年に『市民法理論』[1]を、出版場所をロンドンと偽って匿名で出版した。著者はラ・バール事件で大勝利を収めた弁護士である、と序論で自慢している以上、問題の書の作者が反啓蒙の旗手ランゲであることは、巷間に周知の事柄であった。

この『市民法理論』は、旧約聖書などを論拠に、古来の家父長的経済を賛美し、自由主義経済を呪詛した書物で、アンシアン・レジーム末期の一大ベストセラーとなった。しかし、彼が書き散らした書物が売れに売れた期間は短かった。彼のジャーナリストとしての名声も、二〇年間くらいしか続かなかった。彼の思想が専制主義と宗教を擁護する点で反革命的であるとして、彼自身が大革命のテロルで処刑されたことが決定打となった。彼の『市民法理論』は、穀物取引の自由化を批判する『パンと小麦について』などの著作とともに、一九世紀フランスでは、ほぼ忘れられた著作となっていた。いや、それ以降、今日まで、まったく読まれることのない書物の仲間入りをし、多数の図書館の闇のなかにこれらの著作はひっそりと眠ってきた。

ランゲとマルクス

しかし、『市民法理論』に注目したばかりでなく、その自由と奴隷制のパラドックスを思う存分、みずからの著作で活かした思想家がただひとり、一九世紀にいた。それが『資本論』につながる経済学研究のなかで、資本主義経済の秘密を暴いたカール・マルクスであった。

マルクスがどのようにして図書館の闇に埋もれたランゲの『市民法理論』を発見し、みずからの経済学批判に役立つ部分をそこから引き出してくるに至ったかは、具体的な事実としては分からない。しかし、推測するに、これは偶然ではない。というのも、マルクスという人は、研究テーマに沿って、関係する文献を手当たり次第読み、研究に役立つと思った箇所は、そのままノートに原文を書きつけるという習慣を持っていたのである。これが幸いした。今日でもTh・ピケティ以上に有効なランゲの階級的経済観を示す『市民法理論』の諸断片は、マルクスの経済学史研究の膨大なノートである『剰余価値学説史』へ忠実に写されたのである。

思うに、マルクスは、まず、古典派経済学の元祖アダム・スミスに多大の影響を与えた重農主義経済学の創始者ケネーに注目したのである。すると、当然その論敵であるネッケルの著作を彼は読むことに導かれた。マルクスは、ネッケルが王国財務総監として国王へ上申した財務報告書がアンシアン・レジーム末期のフランスでベストセラーだったことを知っていた。その後、すぐに、ネッケル以上に激烈な資本主義批判の書、『市民法理論』に行き着いたというわけである。すでに述べたように、ネッケルと同じくランゲは反重農主義者であったし、財務報告書と同じく彼の『市民法理論』は、ネッケルの報告書より少し前のベストセラーだったからである。

しかし、マルクスがランゲを発見したルートはもうひとつある。それは、マルクスも『資本論』で引用する、ドイツ歴史法学派の「思想的先駆者」とみなされている思想家・政治家のユストゥス・メーザーを介したルートである。メーザーは、早々とランゲの『市民法理論』を読み、そのモンテスキュー批判を除いては、おおむねランゲの反自由主義を高く評価している。メーザーを通じてランゲに行き当たることも可能である。このモンテスキューの『法の精神』に対するランゲの「法の精神は所有権である」という言い換えは、マルクスのパラドックス好きの精神を刺激したことは言うまでもない。

ところで、マルクスがランゲを通じて発見し、共感し、理論化しようとしたと思われる概念のひとつは、マルサスの人口論に対する反論でマルクスが用いた「産業予備軍」の概念である。この概念は、これまでの生産・再生産論一辺倒の理論構築に、マルチチュードの視点、労働者の消費の視点を取り入れるうえで、救貧法の対象となる「受救貧民」の概念や、今日のワーキング・プアの概念とともに、ますます重要性を帯びた概念となってきている。

ランゲの経済観に学ぶとすれば、資本主義経済システムが本来的、本質的に「悪」なのは、労働と賃金との交換なしには、寸刻たりとも生きていけないマルチチュードからなる社会でありながら、働き口を求める人びと全員に、最低限生きていくのに足る雇用を本来的、本質的に保証できないシステムであるという点である。これは、資本主義システムの本来的、本質的欠陥なのであって、ケインズほどの明敏な経済学者にも、解決できなかった問題である。いや、どのような経済学者にも解決できない問題であると言わねばならない。だからこそ、マルクスは、産業予備軍の概念を資本主義時代の人口法則として、位置づけたのである。言い換えると、マルクスによれば、資本主義システムそのものを終わらせることなしには、ランゲの言う「富裕が大地を踏めば、彼の指図のままに動く、名誉を得たいと争う働き者の軍団が」、そこから、いくらでも「跳び出てくる」のをやめさせることはできない。この無産者からなる軍団は、資本主義システムでは、「不幸なポンペイウスが根拠もなしに自慢していた秘密を[2]」富裕が実際に握っているようなものだから、次から次へと法則的に地中から跳び出てくるのである。

その意味で、とくとくと語られるマルサスの人口法則には、ほとんど現状描写の意味しかない。それは現状を眺めているだけである。問題なのは、相変わらず、資本主義システムを含めて、これまでの社会いっさいを廃棄することである。マルクスは、まだ真の人類史は、始まっていないと考えている。ランゲは、天地創造以来、人間は堕落の一途をたどっているので、社会という奴隷制とともにでしか、歴史は進み得ないのだと見ている。まさしくマルクスが言うとおり、ランゲは「労働者の自由を退歩だととらえる」(3)「反動主義者」でありながら、「ブルジョワ支配の開始にたいする論難」(4)には、まともな部分があるのである。

自由と社会は両立しない

ランゲも産業予備軍の存在そのものが現前の社会の固有の産物であることに気づいており、この社会をやめにするのでなければ、彼らの存在が終わることはないだろうと考えていた。自由を獲得し、自由を謳歌することは、この「働き者の軍団」を野放しに膨張させることであり、それは社会不安につながる、とランゲは見ていた。彼は、啓蒙主義者あるいは重農主義者の言う自由は、国民の四分の三を不幸にすると主張した。

「大演説の作者は、すべての人間が自由であるのを見たいのだと言う。しかし、彼らは思いもつかない。その祈願の成就は、彼らがほかのだれよりもこだわっている社会の存在と並び立ちえないのだ」(5)。

人間の自由が社会の存在と両立しないとして、社会一般が奴隷制であること主張した社会思想家は、ランゲのあとにも、先にもいないであろう。なにしろ、いまわれわれが生きている社会も含めて、いままでのすべての社会組織が奴隷制であると彼は言うのだから。自分が奴隷だと思える現代人など果たして存在するだろうか？

その意味で、空前にして絶後のこの天才的思想家は、われわれが置かれている真の経済学的・階級的立場に気づかせてくれる稀有な思想家でもあるのだ。

テュルゴーやアダム・スミスやコンドルセに至って、「経済外的強制」という名の奴隷制は、資本主義経済システムによってあらゆる人間に財産権を認めた以上は、廃止されたも同然で、今後は、人間は一切の強制なく、「自由に」働くのだから、人類史は人間を自由にするという課題を最終的に解決したのである。その意味で、かのフランシス・フクヤマが『歴史の終わり』という著作の第二〇章で述べたように、この世には「自由主義的民主主義に残されたまともなイデオロギー的競争者は存在しない」のである。

ところが、ランゲに言わせれば、彼らは「ものすごく危険な意味を帯びる」こと、「もはや無益どころではない」こと、「きわめて恐るべきもの」になること、一言で言えばとんでもない「絵空事」を語って、「人道に軽蔑を吐きかけている」のだ。なぜなら、単純な話で、彼らは嘘つきで、お調子者なのである。ランゲは、『市民法理論』の末尾の章で社会をはっきりと階級的に定義する。

「従属、奴隷制、卑しさが人類の四分の三の運命であるということだ。この四分の三を支配する四分の一の悦楽的ゆとりが形成されるのは、彼らのつらい隷従によるのである。どのような名前を社会のこれらふたつの動因に与えようと、どのような仮面でそれらを覆っても、それらの一方を、奉公人制度あるいは隷属制、他方を支配あるいは自由と名づけようと、それは、前者にとっては、いつも自分自身の全面的な自己犠牲であり、人間という資格に結びつけられた諸権利の完全な犠牲である。それは、後者にとっては、これらの同じ諸権利の倍加であり、あるいは、なんなら、それは諸権利の濫用である、と言ってもよい[6]」。

さらに、ランゲは言いつのる。

「肉食動物が臆病な獣を殺して生きているように、社会も自由の破壊によって生きている[7]」。

この「働き者の軍団」の概念は、ともすれば、再生産という名の生産概念に偏重しがちな経済学一般に衝撃を与える。今後は、生産に携わる労働者が同時にパンの消費者でもあるという、『パンと小麦について』でランゲが採用した人間学的・生物学的な「永遠の相の下に」(スピノザ)、経済学を批判的に研究しなければならない。

社会が先か、奴隷制が先か

では、このように、宿命的に自由を破壊する社会という人間関係システムは、どうして生まれたのだろうか？

ランゲの社会生誕に関する理論の核心は、きわめて衝撃的かつ印象的なものである。それは、先に指摘しておいたように、社会と奴隷制が同一の原理で支配されているという基本認識に立っている。このことを前提とすると、社会はいつ生まれたのかという疑問に対しては、従来の考え方とは、まったく異なる解答が可能となる。

従来の歴史観では、奴隷制を産むのは社会であり、ある程度社会が発展した段階で奴隷が生まれると説明されている。いわゆる社会発展説をとる思想家は、すべて平等な社会から奴隷制社会に移行すると考えている。この限りでは、社会は自然に奴隷制を生み、やがて農奴制を生み、……という順序になる。この歴史の説明では、平等な社会には、身分を落として苦しい労働を強いられる奴隷にどうしてもなりたいという人間が存在していた、という話にならざるを得ない。これが有名な自発的奴隷説である。グロティウスも、プーフェンドルフも、モンテスキューも、ルソーも、そしてヘーゲルまでもが、この説に感染している。世の中にこれほどおかしな仮説はない。人間はみずからすすんで、奴隷を希望するようにはできていない。

ランゲにおいては、順番が逆になる。つまり、ランゲは、社会を産んだ原因が奴隷制であると考えるのである。これは、どういうことか？

社会が成立する前に、すでに世界は、主人と奴隷という二階級に分裂していた、という答え以外に、この問いに答えるすべはない。社会が生まれたのは、主人と奴隷が誕生したからなのだ。人間の本性を勘案したときには、これとは逆にはならない。

この社会生誕に関するランゲ理論は、従来の社会契約論的な自然法思想の一切を廃棄してしまう。自然法思想の人為性は、社会の効用に気がついた人間が契約を結んで成立させるのが基本である。そこには、なんら暴力的要素はない。ところが、ランゲのこの転倒された社会生成観からは、暴力こそが社会を誕生させたというエンゲルスまがいの結論が導き出される。歴史における暴力の役割である。ランゲの場合は別の前提がある。この原初の奴隷制では、主人が狩猟民で、奴隷が農耕民・牧畜民であるという原初世界の人類学的対立が前提とされているのである。

この社会すなわち奴隷制は、ランゲによれば、狩猟民と農耕民・牧畜民との運命的出会いがもたらしたものである。だが、どのような出会いか？

狩猟民は、食料調達様式と食料分配様式から、すでに社会の萌芽を持つに至っていた。たしかにそれは、共同労働・平等分配の社会であった。マルクスが夢見る社会である。彼らに欠けていたのは、もちろん私的所有制および所有観念である。ランゲが想定する狩猟民は、その共同性の本質から、原始共産制のようなものと考えられる秩序のもとに生きていた。それゆえ、これは、原初のスパルタクスと考えられる。武力にも優れ、肉体的にも強靭な、そしてなによりも剣闘士奴隷のように、自己犠牲を恐れぬ萌芽的社会であった。ランゲの理論に従えば、このように素晴らしい社会からは、奴隷になりたがる人間が出てこようはずもない。

他方、農耕民・牧畜民は、と言えば、彼らは、すでに田畑というみずからの家すなわちオイコスの延長物と収穫物の私的所有者であり、すでに十分すぎるほどの所有観念を持っていた。しかし、そのことを通じて、逆に、彼らには社会性がまったくなかった。つまり、彼らは孤独で、孤立していた——かのルソーの『不平等起源論』の未開人のようでもあった。「公益」といっても、せいぜいのところ父親を中心に結束した家族の利益でしかなかった。これは、小生産者の孤立した世界で、他者というものを知らなかった。したがって、彼らの世界にもまた、他者の軛《くびき》にみずからすすんで、くくりつけられたいと望む者は、ひとりもいなかった。第一、主人がいないところに、奴隷はいない。雇おうとする人間がいなければ、雇われる人間もいないという、現代社会の現状でもある。しかしながら、彼らには、重大な弱点がひとつだけあった。他者との接触が希薄なために、外敵の侵入には耐えることができない、という弱点がそれである。守る必要がないところに兵隊も武器も必要ないという理屈である。

ところが、地球上で、この両者が遭遇するという事態が起こったのである。それとともに、最初の邂逅で、前者による後者の所有剝奪が必然的に起こった。もとよりそれは、暴力的収奪であった。これがランゲの言う最初の否定である。最初の所有者に対する暴力的否定、つまり原初の暴力が奴隷制を産み出し、続いて社会を産み出したのである。そして法律がそれを聖化するものとして、誕生する。

この社会の生成原理は、再度強調されねばならない。というのも、一般に、奴隷制というものは、暴力的強制がなければ、生まれることはないし、成立し、存続することもないのである。プーフェンドルフから、モンテスキューを経て、ルソーに至るまで、自発的奴隷制などは、ランゲに言わせれば、「絵空事」であり、「破壊的な妄想」である。これらの思想家は、なにか勘違いしている。永遠の人間観によれば、そもそも人間の思考は自由であるから、肉体的強制なしには、自由の観念を棄てることなどできないのである。ランゲは、ヘーゲルをも軽々と飛び越えている。

しかしながら、狩猟民の方も、人間本質として暴力的なのではない。彼らは、暴力団でもなく、軍隊でもない。狩猟民もまた、ひとつの鉄の必然性に導かれて暴力的収奪に及んだのである。暴力による征服行為を引き起こす契機は、狩猟世界の貧窮、つまり食料危機である。われわれは、ここにランゲの社会思想と人間観の核心を見ている。しかも、この点は、彼の変わらざる定数項となる。

狩猟社会の食料危機

暴力による奴隷制の誕生に至るまでは、すべて必然性で根拠づけられた。平等な共産制の狩猟社会と孤立した農耕民・牧畜民の存在。前者は巨大動物を仕留め、その生き血をすすって生きる凶暴な武装集団である。しかし、彼らの凶暴さは、もちろん獲物にしか向けられていなかった。獲物になるのは、あらゆる種類の「動物」である。それに対して、農耕民・牧畜民は平和でおとなしい。孤独に親しみ、敵というものを知らない。したがって武力もない。しかも、扱っている対象は植物か、おとなしい小型動物である。この両者のあいだからおそらく数学や天文学が生まれる可能性さえあった。いずれにせよ、これは孤立していることを除けば、文明状態でもあった。この両方の世界のどこにも奴隷的要素はない。人間であるかぎり、自由を愛好し、だれも奴隷などになりたくはない。

ところが、この二つの異なる世界が地球上で、出会ったというのである。これは必然だろうか？それとも偶然だろうか？ 偶然だとすれば、この仮説は虚偽になり、歴史の説明としては、失格となる。探偵小説には、偶然が都合よく出てくるが、この機械仕掛けの神《デウス・エクス・マキナ》は、全体の筋書きを全部ぶち壊してしまう。

もちろん、ランゲは、この二つの世界が必然的に邂逅したと考えている。邂逅に至るシーンを彼は印象的に描いている。

「野獣の肉に餓《かつ》えた協力者たちが企てる狩猟行では、不幸な結果にならないことは不可能である。飢えに醸成された彼らの必死の探索が例の小さな農地の近辺に彼らを導かないことも不可能である。そこでは、農耕民が自分たちの家畜の群れのまんなかで、戦慄していたのである(9)」

なぜ、狩猟民は「野獣の肉に」飢えていたのだろうか？ ここで、ランゲが想定しているのは、狩猟民が身近な巨大動物をとりつくし、遠くにまで猟に出かけなければならなくなったという必然性である。この必然性は、マーヴィン・ハリスなどによる文化唯物論的な立場に立つ現代人類学者によって確認されているところである。ランゲの慧眼は二〇〇〇年の時間を軽々と飛び越える。狩猟民は動物を食べる習慣を身につけている。実は、人間も動物である。獲物として捕らえるのは簡単きわまりないことだった。ただ、人間というものは、よほどのことがなければ人肉を食べるものではない。人肉を食べるには、さまざまな条件をクリヤーしなければならないことは、これまたハリスが古代アステカ文明を例にとって証明してくれたことである。彼らは、まずは農耕民の蓄えている見たこともない食料と、なによりも、牧畜民が飼っている「動物」を食べたのである。

農耕民や牧畜民は、オイコスに定住している。しかしながら、防衛観念は乏しい。それは環境のなせる業《わざ》である。彼らは、ルソーが『人間不平等起源論』第二部の冒頭で言うように、突然狂ったように「ここからここまでは俺の土地だ」と叫んで、杭を打つのではない。隣人がいないから、あるいは遠く離れているから、農耕民に境界線《フロンティア》は必要ない。『イワンの馬鹿』に登場するロシアの農夫でなければいいのだ。自分が耕せるだけの土地で満足している——それが農耕民である。ジョン・ロックなら、さしずめ自己の労働にもとづくもののみに私的所有権を主張できる、と言うであろう。ただ、牧畜民の場合は、夜になって動物たちを飼っておく空間が必要である。しかし、これも家畜を襲う動物を追い払うためだけの杭と柵があれば十分だ。農耕民には蔵があって、収穫物を蓄えている。狩猟民はおそらく、最後にこの収穫物に手をつけ、それを慣れぬ歯で何度も噛み、そのまま飲み込むはめに陥ったであろう。料理の習慣はほとんどなかったからである。

こうした状態から、徐々に農耕民の収穫物を略奪することを狩猟民は覚えたであろう。だが、柵のなかに家畜がおらず、倉庫に収穫物がない日をやがて支配者たる狩猟民は迎えるであろう。そのときである。狩猟民に奴隷制の概念が思い浮かぶ。この観念連合のおそらく中心的な媒介者は、牧畜民が飼っている家畜の姿であろう。ランゲが想定する人類最初の奴隷制＝社会は、これまた一八〇年の時を飛び越して、ジョージ・オーウェルが描く永遠の「動物農場」（アニマル・ファーム）であったろう。

いずれにせよ、ランゲの社会形成論を導くキー・タームは、人間による食料獲得の必要性である。食料獲得が危機に陥ったときに限って、人類は凶暴な暴力を振るったのである。したがって、人間本性に暴力性は書き込まれてなどいない。平和な人間こそが外部環境の必然性の赤い糸に導かれて、コンラッド・ローレンツが確かめたとされる攻撃本能を発揮せざるを得なくなるのである。

生きることはパンを食べること

ランゲは、人間の生命と食料の外部依存性とを同一視するというきわめて生物学的な発想を持っていた。だから、初めから人間は自由ではないのである。このことから、ランゲは、人間の食料調達様式と食料分配様式が人間の生存を決定づけ、したがって人間社会の歴史的変遷を決定づけると考えている。ランゲは、この食料調達がままならない社会に生きていた。調達不能のところに分配はない。

われわれをランゲ研究へと誘ってくれる『パンの歴史』(10)のスティーヴン・L・カプランは、アンシアン・レジームにおけるパンの超歴史的な支配的価値を強調して、歴史学者に注意を喚起している。

「食料は権力と民衆とを結びつける共通の強迫観念(obsession)である。この強迫観念が権力と民衆とを対立させたり、行動に駆り立てたりする。食料は、まずもって食料供給であり、一番の必要である。しかし、結局のところ、経済全体がそれに依存しているのである。穀物は先導部門である。工業は、農業の繁栄に依存する。雇用、エリートの収入、国家の税収は、農業の繁栄によって決まる。ジャン・ムーヴレは、要素ごとに穀物のかの専制支配を論証しつつ、穀物の専制を理解しようとしている。……小麦の問題はまずもって政治的問題である。それは、時期と構造に従いながら、政府の行動に、否応ない制限を強制する。国家の歴史は、食料を集めてくる国家の能力の発展の歴史である。食料は、いくつかの限界の内部に政治を縛りつけるけれども、国家自身がみずからを変えていきながら、これらの拘束を変化させようと努力する。これは、みのり豊かな、論争を呼ぶ仮説である。ムーヴレは、行政的中央集権化が食料の領域で国家の影響力を強化したと言っているが、これは正しい指摘である」。

トクヴィルがアンシアン・レジームの特徴として引き出してきた行政的中央集権化は、トクヴィル自身の診たてとは違って、やはり権力側の食料問題へのやむにやまれぬ対応策だったのである。それは法曹官僚の特権に起因するものでもなければ、王権側の対貴族政策の一環であるわけでもない。ただし、カプランに言わせると、ムーヴレは、食料問題に対する国家権力の対応の歴史を「心理的問題に還元しているように思われる」。ムーヴレによると、ルイ一五世の時代、まさにランゲが活躍した時代には、フランスの小麦生産がヨーロッパ随一となっていたので、飢饉への強迫観念も民衆のなかでは、後退していたというのだが、カプランはこの解釈に反対している。カプランもまた、ランゲと同じ永遠の人間観に立っているからである。

「これではまるで、この現実は、物価と死亡曲線が記録している現実よりも、より軽いと言っているようなものではなかろうか。しかるに、『穀物相場の過度な上昇が死の前触れである時代と、循環性の嵐しか告げていない時代とのあいだに目にも鮮やかなコントラスト』があるとしても、消費者大衆はそんなことは知らない。ランゲはすでにそのことを強調していた。人民は、価格上昇と飢饉とのあいだにほとんど違いを認めていない、と。そのほかに、人民がなにを考え、なにを恐れているかということ以上に、人の命を奪うような食糧危機が一八世紀には消え去ったと断言するのは早計にすぎよう。死亡率の危機が一七七〇年にあったし、一七四〇年にもあった。さらに別の時期にもあった。人口が特別な指標にまったくならないのに、ときには恐るべき危機が起きる。死はもっとも野蛮な危機の象徴である。しかし、それは必ずしも最良の社会的、経済的、政治的指標ではないし、心理学的に最良の指標でさえない」。

そして、カプランの締めくくりの言葉は、『パンと小麦について』におけるランゲの主張を、引用指示なしに、借用したものである。

「賃金生活者は、賃金を支払われる人間であるよりもむしろ、消費者である。そのうえ、都市生活者が特別な消費者であるとしても、農民もやはり穀物の買い手である。都市は飢饉の精神的、政治的大舞台だとしても、田舎はその被害を受け、それ以上に死んでいく(11)」。

もし、ランゲが言い、カプランが引用した「賃金生活者がむしろ消費者である」としたら、富の生産のみに目を向けるあらゆる種類の経済学は、的外れだということになる。民衆、つまりマルチチュードにとって、食料品の値上がりと飢饉への強迫観念はワンセットであり、この対概念は民衆の暴動を招来するとするなら、経済を司る少数の支配者たちは、一国の食料問題を治安維持の問題、すなわち「警察」(police)の問題として、権力問題として考える必要があるのではないか?

この食料保障という社会的課題が緊急性を帯びているのは、国家の安全に挑戦する新たなるスパルタクスの登場が危惧されるからである。それは、雇用主の所有に対する第二の否定である。人口の四分の三を占める労働者の貧困を放置する一方で、人間の自然的自由を啓蒙主義者のように、高唱し続けると、またもやスパルタクスが必然的に登場するだろう、というのである。

だから、その意味では、ランゲは、アンドレ・リシュタンヴェルジェが『十八世紀社会主義[12]』で言うとおり、論理的、科学的な社会主義思想の元祖であり、したがって「カール・マルクスの先駆」ではあったが、しかし、この第二の否定は無秩序であり、無秩序で得をするのは貧民ではないことから、現状の安定を最後まで希求するという意味で、彼は、反自由主義者であり、反進歩主義者であり、反啓蒙主義者であった。

社会の発展と自由の主張

ランゲは、『市民法理論』において、社会がそもそものはじめから主人と奴隷という二階級に分裂していたという社会形成史に、主人の富と財産を守護するための「人類の最大部分を敵とする陰謀[13]」としての法律をめぐる歴史を付け加える。だから、そもそものはじめから、法律は、この不平等な社会から不安定性を取り除くために制定されたのである。『市民法理論』は、階級的性格を帯びた法律の歴史的展開を、婚姻制度と家父長的家族制度の歴史的変遷のうちに見ている。それが『市民法理論』の第三、第四篇のテーマである。女性の売買としての婚姻制度と遺言抜きの家父長的遺産相続の慣習とを成り立たせている男性優位の太古の慣習と法体系から、男女平等もしくは女性解放の近代的法体系への進化のなかに、ランゲは近代の洗練がもたらした災厄を見ている。

次に、ランゲは、『市民法理論』の第五篇で、自由を鼓吹する啓蒙主義者と重農主義者に対抗する形で、近代における奴隷解放の問題をとりあげる。

歴史の進歩を信じる思想家たちは、ここで陥穽に落ち込む。奴隷解放と奴隷制の廃棄によって、成立したかに見える万人の自由な社会がひとつのもっとも強力で、残酷で、腐朽した形態の非人道的奴隷制を自由の観念の陰に隠しているからだ。地球上の自然のすべてに所有原理をいきわたらせる形で、自然を奴隷化している完成された社会は、食料を、飢えた貧乏人、つまり国民の四分の三の自由に対する十分な等価物に変える。[14] もっとも恐るべき飢餓への恐怖は、働き口を求めて、主人にすがって生きようとする膨大な産業予備軍を産み出す。彼らこそは、自由になった無所有者であるために、食料確保からも自由になってしまっている。自由が飢餓を招くゆえんであり、現代もまた、飢餓から自由ではありえないことの証明でもある。

モンテスキュー批判

ランゲは、『市民法理論』のなかで、かなりの紙幅を『法の精神』への批判に割いている。そこで、彼は、モンテスキューの社会の基本原理とも言える風土論がなんら根拠を持たず、成り立ちがたいことを東洋の実例とそれらの正確な解釈で示した。つまり、『法の精神』のもっとも独創的な視点とされた部分、言い換えると、『法の精神』に漂う魅力的な東洋趣味をおおっぴらに彼は斥けたのである。

モンテスキューの『ペルシア人の手紙』以来の東洋趣味のなかには、粗野で、文明開化以前の東洋（とくにオスマン帝国、サファヴィー朝ペルシア、ムガル帝国）という西洋中心主義的優越感が潜んでいる。モンテスキューのこの優越感に啓蒙主義の本質を感じ取るランゲは、むしろ東洋の方がより好ましい政体であり、法律に代わる習俗や慣習の点でも、西洋が学ぶべき点が多くあるという見解を対置するのである。だから、ルイ王朝的文明批判としてのモンテスキューの著作の価値自体にもランゲは否定的である。それは、法服と剣の貴族の利害を絶対王政に対して守ろうとする立場で、そこには、臣民の四分の三の利害とその社会的影響力に関する真剣な顧慮が感じ取られないというのである。

また、『法の精神』では、東洋やアフリカや新大陸に言及する場合、現地に入った宣教師や旅行家や冒険者や征服者たちの記録をそのまま信用して、それを都合よく解釈しているきらいがある。つまり、著者自身が直接、この世界を観察して回ったわけではない。そうすると、モンテスキューをはじめとする啓蒙時代の著作家たちは、結局、資料の写し合いをしていることになり、それが真実かどうかは、二の次という話になってしまう。

ランゲと同じ、アンシアン・レジーム末期の世界植民史を書いたレーナルは、この資料の写し合いの危険性を察知していた。だから、彼は、新大陸の特産物である、コチニールを題材としながら次のように歴史の書き方に関して警告を発している。

「われわれは、コチニールから美しい深紅色と鮮紅色の染料をとっている。このコチニールは、いままでのところ、メキシコにしか存在しなかった。私は、この赤色染料の本性が今世紀初頭までは知られていなかった、と主張してしまったのだが、それは、スペイン人をも含む最良の書き手たちにもとづいてのことだった。ところが私自身が原典に遡ってみると、一五三〇年にはアコスタが、そして一六〇一年にはエレーラが、当今の博物学者たちにひけをとらないほど見事にその本性を描写していたことを発見した。したがって私は前言を撤回する。私は、スペイン人たちについて書いてきたことで、もっと頻繁にまちがいをおかしていなかったことを遺憾に思う。旅行者たちは無知であり、動植物・鉱物の全界で軽率に自然の産物を見ている。そのために、旅行者の話は、虚偽で溢れかえっており、そのうえ、この虚偽は作品から作品へと移っている。著者が次から次へ、お互いに写し合うために、虚偽は、時代から時代へと伝えられてゆく。よく知っていると信じこんでいる事柄については、人は余り調べようとはしないものだ。だからこそ、観察を遅らせる証言は、誤謬を広げてしまったあとでも、いまだにその寿命を保っているのである。もうひとつの不都合がある。それは、哲学者たちが体系づくりに、貴重な時間を無駄に費やしてしまうことである。しかし、われわれに畏怖の念を抱かせるこれらの体系も、その根拠として使われている、いわゆる事実なるものが打ち消されるときまでしか続かない[15]」。

奴隷制廃止の原因

ランゲは、奴隷制廃止の原因をキリスト教の「恩恵」に求めるモンテスキューの議論が歴史的事実として間違っていることを指摘した。この点は、近年、ポール・ヴェーヌがコンスタンティヌス帝のミラノ勅令との関連で明らかにしたところであり、それは、ランゲの見解とも一致する。すなわち、キリスト教の人道主義イデオロギーが奴隷制の廃止を実現したのではまったくない。イデオロギーと現実的利害のあいだには深い溝が走っており、それこそが現実的利害の横暴を隠蔽する役割をイデオロギーに果たさせるのである。これは、ちょうど、唯名論の練習問題であって、現実的利害が先で、イデオロギーはあとからついてくる。その逆ではないのである。

奴隷解放に関するモンテスキューのキリスト教原因説は、その後、通説となったが、しかしながら、ランゲによれば、奴隷解放の原因は、キリスト教の教義に起因するのではない。それは、ローマ教会と国王の金銭欲と権力欲が十字軍の遠征で貧窮した封建領主から農奴を買い取った売買行為にすぎないのである。[16] 問題の実際的、経済的把握は、ランゲの定数項である。これも、彼が国民の四分の三の立場に立っていることの証明である。

東洋的専制の擁護

モンテスキューの名声の少なからぬ部分を構成する異国趣味や比較文明的記述の不正確さについて

も、ランゲは『市民法理論』で、皮肉まじりに指摘することを怠らなかった。ランゲによれば、モンテスキューは不正確な旅行記の記述をそのまま鵜呑みにしているというのである。

彼は、啓蒙の旅行記ブームの思想的弱点を突いている。つまり、モンテスキューのそれをも含めて、啓蒙主義の言論は、ヨーロッパ中心主義および文明対野蛮の図式からしか、東洋を評価せず、東洋においても、西洋となんら変わるところのない人間としての生活があるという視点が欠落しているのである。

このことは、ヨーロッパ全体のオスマン帝国に対するアンビバレンツな批判にも表れている。永遠の人間観に立つならば、地理的国境線などなんの意味もない。東にも西にも、同じ人間が同じ「日の下に」暮らしているのである。そこに、比較しての進歩、遅延などはない。生産物と生産量の違いはあっても。

ランゲは、モンテスキューにも表れている偏見に満ちた東洋的専制主義論をひっくり返している。『法の精神』において、モンテスキューは、オスマン帝国ではスルタン以外はみな奴隷であり、政務担当者は全員宮殿から出るときに自分の胴体に首がついているのを喜ぶ、とか、あるいはそこでは私的所有が認められず、不安定であるとかと書いているが、これらの記事はまったく信用する値打ちもない妄想である。

ランゲによれば、こうした東洋的専制主義と奴隷制は、同じ意味でもなく、シャム双生児でもない。

アジア地方において見られる家父長的奴隷制は、専制主義の反対物であり、原始のよき習俗の名残である。むしろ、アジア的家父長制が崩れ、女性と子供に市民的・民法的自由が与えられると、それとともに専制主義がはびこるというのである。彼は、モンテスキューの専制主義と奴隷制の一体説を次のようにして転倒させている。

「一般に、どのような風土においても、どのような政体のもとでも、女性の民法的自由は、いつでも男性の公法的自由と逆比例している。彼女らは、国家がより自由な政体になるにつれて、より奴隷的になり、より幽閉されるが、反対に、専制主義と男性の奴隷制が国家において進んでいけば、それだけ彼女らは、より自由になり、より抑制が利かなくなる[17]」。

緯度の高さとか、行政の異なる形態とかが、習俗の堕落または厳格さを決定するのではない。東洋の習俗として名高い女性のハーレムへの閉じこめか、あるいはユスティニアヌス帝のビザンチン帝国に見られた女性の独立性と市民的自由かを決定するのは、彼女らの夫の公法的自由の度合いなのである。それは、専制主義のバネとは無関係で、むしろ男性優位社会とのあいだに密接な関係を持っているのである。

要するに、専制主義は、習俗の堕落からしか生まれることはできない。しかし、堕落は、習俗が女性に与えていた隷属の鎖を断ち切ることに伴って生じるし、恐らくは、その原因ですらある[18]。

2　ランゲの社会観

真に自由な状態とはなにか

最初に彼は、原始状態での人類の姿を想像する。彼のこの想像は、恐らく啓蒙思想のヨーロッパにあってきわめて特異なものと言わなければならない。彼の視点は、最初から食料獲得という人類の歴史的、宿命的原理から出発する。

「人間は自由なもの、まったく平等なものとして生まれることを、自然は心という心で叫び、目という目に見せてくれている。自然は、すべての人間に、自分を守るための腕や、危険を予知したり、食料を見つけたりするための感覚や、食料をつかむための手や、自分たちの種を永続させるための器官をわけ隔てなく与えている。

各人は、他人に頼ることなく、自己の肉体を保持するために必要な補助手段を持っている。人間の原始状態を仮定したとき、……地上には、人間ほど強靭で、生き生きとしており、食料を得るのに容易で、正確な意味で自由な生き物は存在しなかった。原始状態での人間の運命は、拘束なく生まれ、良心の呵責なく生き、恐れることなく死んでいくというものであったろう」[19]。

つまり、ランゲによれば、自然状態の人間は、スピノザ的意味で、善悪観念とは無縁な完全性のうちで誕生するのである。言い換えると、人間は、キリスト教の神によるアダムとエヴァの目的論的創造とはまったく違って、与えられた自然環境のなかで、「他人に頼ることなく、自己の肉体を保持するために必要な補助手段を持って」生まれてくるのである。だれの助けもいらないで、自分で自分を養う。だから、「自由」だというのである。その上に、「自分たちの種を永続させるための器官」も備わっている。種の再生産である。これが真の意味での自由でなくてなんであろう。

欠けているものはなにもない。したがって、善悪観念もない。だから自然状態の人間は、「拘束」も、「良心の呵責」もなく、死を恐れない。これが自由の状態であった。自由の状態をこういう風に考えると、人間の自由とは、人間に備わっている生命諸器官とその種の再生産のための器官のほかに、生きるためには、なにも必要としない状態であることがわかる。このスピノザの自由観と共通したランゲの自由の定義は、永遠の自由観として、どの時代にも適用できるものである。

現代社会が人間に備わっている生命諸器官とその種の再生産のための器官を用いさえすれば、生きることができ、子孫を増やすことができる状態にないことは、明らかである。すでに指摘したように、雇用が十分ではないし、さりとて、食料を調達するために農業を営むための備えも、土地もない。分業と交換で生きていくために、職人仕事を営んだり、商人となったりしても、競争的社会では需要を確保できない。

これは、すでに現代人が潜在的に受救貧民の状態に置かれていることを意味する。受救貧民は、生活保護給付を受けることができていても、自由であるとは言えない。なるほど、彼は、働かずに自由に振る舞いながら、最低限の給付を受けているように見えるから、あくせく働いている人間から見れば、自由であると見なされるかもしれない。しかし、ここがスピノザにおける自由の定義においても、ランゲにおける自由の定義においても、肝心なところだが、受救貧民は、自分ひとりで生きられる状態にはないのである。彼は、税金を支払う他者に依存してのみ生きることができているにすぎない。

したがって、真に自由な状態とは、神ならぬ限定された人間存在にとっては、絶海の孤島に上陸したロビンソン・クルーソーの状態を言うのである。彼はひとりでなんでもできる。しかし、この状態は決して永続きしない。やがてフライデーが現われ、奴隷制社会が形成される。人類の歴史はこのようであった。

忘れてならないのは、相互依存の社会でも、真に自由な状態に接近することはできるということである。スピノザはレンズ磨きの技術を身につけて、生活の糧を得ていたから、自由に思考することができた。こうした状態をすべての構成員に保障することが自由を目指す社会の任務となろう。

自由の喪失と社会状態＝奴隷状態

ランゲは、この人類の自由で、幸せな「原始状態」からの「脱却」については、原理的考察を加えない。キリスト教の楽園追放神話をほのめかすのみで、いきなり、社会を必要とする拘束の状態へと人類を誘う。これは、どうしてだろうか？　さしあたり考えられる答えは、「原始状態」へは二度と帰れない以上、それを研究することは無駄だということだけである。それほど、人類の社会状態は宿命的である。

ただし、もう一度確認しなければならないのは、すべての啓蒙思想家とは異なって、「原始状態」の人間は、「善良な」未開人（ルソー）でもなく、自分の無力さからくる「弱さを自覚」するひ弱な原始人（モンテスキュー）でもない、ということである。ましてやホッブズのような「狼」人間でもない。そして、人間の自由な状態とは、まさにスピノザ的な意味で、完全な至福状態なのである。いずれにせよ、至福状態を喪失した人間は、「目を開くやいなや、社会と呼ばれるこの広大無辺な鎖につながれている」のを見る。

「人間は、どうせいつかは鎖の環のひとつになるのだからという口実のもとに、社会という鎖とひとつになるように急かされる。人間は、いまだに知ることもできず、実行することもできない義務を契約によって背負わされる。人間は、こういう代価を払ってはじめて、もう自分の涙が降り注がれている地上で、ひとつの地位を割り当てられるのである[20]」。

たとえば、税金である。人頭税は古くからあった。「人間は、目を開くやいなや」人頭税の対象となる。だれが選択したのでもない。ましてや生まれてきたばかりの赤ん坊にどのような責任もありえないのに、すでに赤ん坊には値段がつけられているということである。貴族の赤ん坊には税金はかからない。庶民に生まれれば、税金から免れることはない。社会に生まれた「人間は、いまだに知ることもできず、実行することもできない義務を契約によって背負わされる」とは、そういう意味である。

この契約状態と引き換えに、人間は社会で「ひとつの地位を割り当てられる」ことによって、はじめて生きていくことが許されるのである。その「地位」とは社会的身分であり、近代においては、階級的区分である。たとえば、生きていくためには、われわれは、労働する必要性がある。それでなにがしかのあてがいぶちを得るのである。生きていくことが社会的規定と密接不可分に結びつけられてしまっている。だからこの状態は、すでに奴隷状態なのである。しかも、問題なのは、のちにわかるように、享受のみを本質とする別の身分が不平等なことには、誕生してしまっている。つまり、社会状態と主人対奴隷から成り立つ奴隷制社会とは、等号で結ばれてしまっているということである。

ランゲにとっては、今後とも、死によって以外には、限定されていない自由の状態へは「立ち返ろうにもすべはなく」、そのような「幸せな状態にまで人間が昇ることができる」などということは考えられない以上、社会が生まれた瞬間の姿を想像する方がはるかに生産的である。

そこで、ランゲは、社会がいかにして誕生したかを考察するなかで、これまでの諸思想家の社会形成論を個別に点検したうえで、一括して否定する。その意味で、ここで彼が語る社会生成理論は、啓蒙の世紀にあっては、完全に自由であった「原始状態」の記述と同様に、まったく特異なものである。おそらく現代においても特異なものとさえいえよう。それとともに、これは、ひとつの創見であり、卓見でもある。

社会の根本原理

社会観におけるランゲの特異性は、人類を二種類の食料調達・分配様式に初めから分割し、略奪型の様式のもとで暮らす人間たちのあいだに社会を想定し、資源再生型の様式のもとで暮らす人間たちは、社会性を持たないと想定したことである。彼らは、食料という人間存在にとっては否応ない生物学的必然性に強制されて社会形成に至るのである。原初の暴力の必然性はそこから出てくる。

人類の自然な営みとしての食料獲得こそが社会を生み出すのであり、社会形成は、人間の心理状態、あるいは知的状態とは無縁である。人類は、個々人の意識とは無縁な社会関係のうちに入る。

奴隷制が始まると同時に、自動的に社会が始まるのだから、社会形成にはいかなる種類の契約も存在しない。契約は、社会が成立してから締結され、有効性を発揮する。つまり、社会の支配者である主人が主人の利益を奴隷から守り、主人のあいだでの利益の分配を定めるために法律を作り、それを、権力装置を用いて社会全体に適用するということである。

だから、社会の根本原理そのものが人為的社会創成神話を支える社会契約論と自然法理論の否定になっている。奴隷化に契約は存在しない。奴隷化が必要とするのは暴力だけである。こうした主人と奴隷の区別にもとづく社会がひとたび成立すると、主人はあらゆる存在物の奴隷化に突き進む。奴隷のグローバリゼーションが生じるのである。とくに、文明国では、この種のグローバリゼーションが進行する。

「われわれのような文明国にあっては、すべての要素が奴隷である。それらすべてには主人が存在し、それらを使用してもかまわないという許可を主人から買い取らなければならない[21]」。

これはランゲの天才的発見である。この発見は、自然要素である水や空気までもが商品化される現代世界にも通用する私的所有の普遍化の論理を持っている。ランゲもまた、社会を「永遠の相の下に」見ているのである。

言い換えると、一方では、人類の「進歩」と「啓蒙」は、自然科学の発展を意味する。それとともに、それは、人類社会による自然界の万物の奴隷化の進行を意味し、万物の私有化、「民営化」を意味するのである。

社会的要素は、もちろんのこと、自然的要素にまで所有権が定まったことから、文明諸国においては、国民の四分の三には、そしてとりわけ賃金「奴隷」には、ひとつの苛酷な運命が待ち構えることになった。すなわち、自然の宝庫から食料という宝物を掘り出すには、その所有者の宝庫をみずからの労働によって富まさなければならないのである。マルクスが剰余労働と規定したものがこれである。

「このようにして、とりこになった自然の全体は、その子供たちに生活を維持するための手に入れやすい資源を提供するのをやめてしまった。自然の恵みに対してたゆまざる労役によって支払いをしなければならず、自然の贈り物に対して、根気強い労働によって支払いをしなければならない。わがもの顔に自然を排他的に占有する富者は、この代価と引き換えでなければ、そのほんの一部でも、再び公共のものに戻ることを承知しない。自然の財宝の分け前にあずかることを許されるためには、それを増やす努力を払わなければならない。

富者から身ぐるみ剝ぎ取られた貧者に対しては、いつも富者の疑念が向けられている。その猜疑心は、富者に独立を侵害と見なさせ、自由を叛乱と見なさせる。思考する権利は自分たちだけのものである、と富者は声高に言う。富者は、赤貧が再び起きあがって、自分が赤貧に対して要求している力の使い道以外のことに、赤貧がその力を用いる気になりはしまいかと恐れるあまり、赤貧を絶え間なく押しつぶすことに専念している。……富者は、赤貧が自分たちの不運について考える時間を赤貧から奪うために、労役を余分に彼らに課している[22]」。

このような社会では、人間にとって最低限必要な食料を獲得するのに、みずからの唯一の所有物であるみずからの身体を活用して、労働しなければならない。生きるためには、かねを稼がなければならないのである。
「したがって、自由や独立というような奇怪な絵空事には、おさらばしなければならない。これからは、民事契約の諸原理に自分の振る舞いを合わせていかなければならない。つまり、それは、『生活費を稼ぐ』と称される状態に到達することができるようにしなければならない、ということである」(23)。

生活費を稼げない人間には、生きていく資格が無い、というのがそもそもの社会の根本原理なのである。生活費を稼ぐとは、もちろん人間が働くことである。つまり、ランゲの言う社会状態では、働かない人間は、享受を専門とする「主人」であるか、それとも、主人を持たない「解放」奴隷であるかのどちらかである。前者は享楽のうちに自由な人生を終え、後者は、死ぬ自由しかない瞬間を早晩迎える。ところで、後者は、のちにランゲが暴き出す、あらゆる雇用主から「自由」になった産業予備軍としての、近代的奉公人＝奴隷、すなわち第四階級としてのプロレタリアである。

苛酷な競争社会

この社会状態において、「生活費を稼ぐ」必要のある大勢の健康な無所有者たちは、ここでまたもやひとつの苛酷な境遇に落ち込んでいる。すなわち、彼らのひとりひとりが同一の必要から生活費を稼ごうとするために、職を求めて、お互いに同じ原理から出発して、冷酷無比な競争の大渦にまきこまれてしまうということである。それが働く者たちから共通利害を取り去る。各労働者の賃下げ衝動が生じる。個々人の貧困化を目指す競争社会である。人びとの緊密な結合と相互扶助を消し去る社会が、いかにもランゲ的なパラドキシカルな「社会状態」の宿命なのである。ここでは、相互扶助を原則とするあらゆる社会形成原理のユートピア性が批判されねばならない。「完成された」社会状態に生きる人間にとっては、社会状態とはあらゆる意味で自由を喪失した「必要性」の世界である。

「利害精神に身をゆだねる必要性でもある。それはまた、同じ原理によって、すなわち生きんとする欲望、服を着たいという欲望、快楽という名を授けられているあの片時の気晴らしのいくつかを享受したいという欲望によって突き動かされている残りの人間の利害に対抗して戦う決心を、あらゆる動機のうちでもっとも差し迫った動機によって、固める必要性でもある。

そこから、対立する計画が生まれ、秘密の戦術が生まれ、おおっぴらな暴力が生まれる。そもそも人間は、たったひとつの道にしかはいりこめないものである。そこから抜け出ようと努力している一群の競争者たちのあいだで、みんながお互いに押し合いへしあいしているのが感じられる。少しばかりの水と土がミツバチのあいだに投げこまれることで、互いに激しい敵意を抱くふたつの群れにミツバチが分かれるように、もし政治が人間たちのあいだに『正義と法律』を投げこみに来なければ、そこからは、たちまちのうちに、血みどろの戦いが結果しただろうに(24)」。

これは、ランゲの新たなる奴隷制の『蜂の寓話』である。ランゲ版『蜂の寓話』は、マンデヴィルのそれとは正反対の状態から出発する。社会状態とは、「利害精神」が奴隷たちのあいだでの弱肉強食の法則として現われる恐るべき競争社会である。そこに投げこまれるのは、悪徳ではなく、法である。だから、社会状態での「正義と法律」の目的は、端的に所有権秩序を守ることにある。

3 近代の奴隷制

市民諸法があらゆる種類の所有権を確立しているので、この市民諸法の厳正な遵守を統治体がやめた瞬間から、叛乱という病気がすべての統治体を襲う。

ランゲ

法律の制定

混沌とした社会状態に、「正義と法律」の一滴を垂らし入れなければならない、すべての要素が奴隷となったこの文明社会において、所有権を明確にするために、正義と秩序を打ち立てる必要が出てきたのである。つまり法律の制定である。

法律の目的として据えられるのは、富者の所有権の擁護である。マルクスが好んで引用したランゲの警句は、この万物隷属社会に関する鋭い観察とモンテスキューの論説の検討から生じたものである。ランゲは、第一篇、第二章で早くも、法律の精神を見破っている。それは強盗どもなら考えそうなひとつの計画である。

「法律の目的は、社会の平和を維持することであり、情熱によって社会のなかでかきたてられずにはおかない言い争いをやめさせることであり、あるいは、少なくともそれを沈静化することである。そのことに成功するためのもっとも確実な手段は、所有権を固定することであった。そして、法律がやってきたのはこのことである。強欲が法律に先行してきたことを、われわれはもっと先の方で見ることにしている。享受は名目に先だっていたが、しかし、法律は、ほぼ同じくらい早くからやってきて、所有を正当なものとして認め、最初の横奪を聖化することによって、新たなる横奪を防止しようとした(25)」。

まさに法律の精神は、横奪された原初の所有権を擁護することに尽きるのである。社会契約や法律が先で、社会があとではない。富の独占的所有の現状が法律を産み出すのである。社会状態が先で法律は、当然のことながらあとに生まれた。

「法律は、結果以外のものではけっしてありえず、組み合わせの成果以外のものではけっしてありえない。したがって法律はいつでもその原因よりも新しい。しかし、社会が法律を産み出すのでなければ、法律に関しては、この原因なるものはいかなるものでありうるだろうか？　法律の精神は所有を聖化することである」。

この文言をモンテスキューの『法の精神』にことよせて、マルクスは、その『資本論』において、「法の精神は所有である」と言い換えたのである。つまり、所有権が法律に先立つという点でランゲとマルクスの認識は一致していたということである。

奴隷はなにを持っているか

それでは、所有権はどこから生まれたのか？　これが問題となるとき、原初の暴力に突き当たらざるをえない。モンテスキューの表現では、所有権は法律から生まれることになって、論理的には原初の暴力という原罪が隠されてしまうことになる。

ところで、万物が隷属する文明社会では、マルチチュードの所有権とはなにか？　ランゲはシニカルにそれは、貧者の肉体だという。まさに奴隷は、昔もいまもプロレタリア[26]すなわち、子供以外に持ち物がない存在なのである。しかも、ランゲの慧眼は、この肉体という唯一の持ち物が近代の文明国においては、新たな奴隷身分すなわち第四階級をなす賃金奴隷に属さないものに転化するというのだ。これは、早くからマルクスが見抜いていた、人間からの人間的本質の疎外であり、労働の疎外である。簡単にいえば、近代の奴隷は、なにも所有していないのである。その意味で、驚くべきことに、近代の奴隷制は、古代の奴隷制よりも、恐ろしく苛酷である。

いずれにせよ、古代の奴隷制も、近代の奴隷制も、その淵源は、この個人の無所有化にある。疎外はなにも近代人の専売特許ではない。古代人も疎外の被害者だったということであり、その源には、所有剝奪があったということである。

「それ以後、自分自身の制度によって束縛された人間は、家畜の群れが家畜小屋に閉じこめられているように、大地に閉じこめられて生きてきた。人間には、法律が命令する動き以外の動きをすることは、もはや不可能となった。彼は、彼の牧草を食べるのに、法律が彼に割り当てた牧場でしか、牧草を食べてはいけないことになった。人間には外出する権利があると言っても、法律がどの門を通って行くかを決める任務を負っているのだから、法律が彼に指定する門を通ってしか、外へ行けないことになった」。

この瞬間から、いわば彼の存在は、彼自身に属することをやめたのである。これがすでに古代ローマに生じていた「疎外」である。彼の腕、彼の思考、彼の命——なにもかもが社会という共同倉庫に閉じこめられてしまい、それを使うことは、もはや彼の裁量には属さなくなった。「ほんのちょっとした足取りにも、彼に指針が与えられた。唯一神聖なものとなり、唯一尊重すべきものとなった一般利害を傷つける恐れがあるときには、なにか自然な動きに負けた人間でも、自分の意志を貫くことはできなくなった。彼は、逆方向の衝撃にも従わざるを得ないと感じるようにさえなった。それはまるで、外科医が、関節や筋肉に痛みが走るのもおかまいなく、四肢が動かなくなった病人をひっくり返して、治療のためにもっとも適した体位に彼を置くようなものだった(27)」。

近代の奴隷にも、同じような無所有化が起こるが、しかし、その結果は古代社会とはまったく別のものとなり、ランゲの見るところでは、どちらの奴隷が幸せであるかわからなくなる！

近代の奴隷制の特徴

自分の肉体が自分の持ち物でなくなった奴隷は、日々の糧を得るのに、主人の膝にすがりついて、あなたの富をどうか私に増やさせてくださいと懇願せざるを得なくなる。しかし、古代の奴隷は、近代の奴隷とは異なって、この懇願は、必ず聞き入れられたのである。農業と大土地所有制には、飽きるほどの数の奴隷が必要だったからである。

科学の発達した近代の奴隷のこの懇願は、主人に聞き入れられない。主人の膝にすがりつく人口が社会法則的に、必ず仕事の数を上回るからであり、貧者の従属の度合いが古代に比べてまったく無きに等しいからである。つまり、彼は、主人からは自由だから、当然主人の奴隷に対する関心も薄い。ランゲは、この凄まじいばかりの近代の転倒、疎外をたくみに描写している。人間はなにも好き好んで市場に出かけて、みずからを売るのではない。

「わが日雇い労働者は土を耕すが、とれたものは食べられない。それなのに、彼らが大地の耕作を無理強いされるのは、まさに別な形で生きていくことが不可能であるためである。建物には住めないのに、わが石工が建物を建てるように強いられるのも、別な形で生きていくことが不可能であるためである。まさしく貧窮が彼らを市場に無理やり連れていく。そこで彼らは、彼らを買うという慈悲を示したがる主人が出てくるのを待つ。彼らは、貧窮ゆえに金持ちの膝にすがり、あなたを儲けさせてさしあげることをどうかお許しくださいと頼まざるを得ないのである(28)」。

この客観的な必然性が物語る真理は、人間が自分の腕を使って労働する以外に生きるすべがない社会が到来したのに、労働する場所の確保は、主人の「慈悲」任せになったということである。このような社会では、人間の主体的な必要性が完全に外的必然性に転化してしまっている。だから、主人にすがりつく奴隷は、雇われる場合もあり、雇われない場合もあるが、それはすべて主人の意志にのみ依存しているのである。これはまるで、スピノザが偶然とは、荒波に浮かぶ木の葉の如きものだ、と

図5-1●ランゲ（*Memoirs of the Bastille*, 1927, p. 162）

表現した事態である。働く場所が必要であるのに、それを提供する義務が主人にはないので、近代の奴隷は、この木の葉のごときものとなり、偶然に左右されることになる。偶然に左右される彼らは、当然のことながら投機的・自暴自棄的になる。ここに近代の奴隷たちの不幸がある。

どうして、このようなことになったのだろうか？　答えは簡単である。パラドックスを恐れないランゲが言うには、奴隷解放が起こったからである。すなわち、近代の奴隷の不幸は、あげて彼が自由な個人となったことから生じているということである。

自由になった人間は、他人への依存からも自由になるのである。雇い主から自由である人間は、働かなければ、賃金をもらえないような経済では、餓死する自由しか持たない。

「奴隷制の廃止がその部分にどういう実益をもたらしたかが問題だ。私は率直に、かつ同じほどの痛みをこめて言うが、彼らがそこで得たのは餓死の恐怖に四六時中さいなまれることだけだった(29)」。

昔ながらの奴隷身分であれば、少なくとも餓死することはない。

「奴隷は、労働をしていないときでさえ、食べさせてもらえていた。仕事をしているときに、奴隷から引き出せる奉仕を期待しているから、休息のときでも、食料が奴隷には保証されていた(30)」。

なぜ、主人はわざわざ奴隷を養うのか？　それは主人のかね勘定に由来する。つまり、「蓄財欲」に由来するのである。

「奴隷は、奴隷主にとって貴重だった。彼にはかねがかかっていたからだ[31]」。

しかし、日雇い人夫は、彼を雇う享楽趣味の金持ちには、費用がなにもかかっていない。奴隷市場だけが存在しない自由な市場経済だからである。

「奴隷制の時代には、人間の血は、なにがしかの価値を持っていた。彼らは、少なくとも、市場で売られたときの金額の値打ちはあった。もはや彼らが売られなくなってから、彼らには内在する価値が現実には、いっさいなくなった[32]」。

現代の賃金奴隷制のもとでは、「近代の洗練が産み出してしまったもっとも忌まわしい災厄のひとつ[33]」である自由を持つ人間は、逆に「内有的価値」をまったく持たない。だから、「自由な日雇い人夫」(manouvrier libre) が餓死しても、だれひとりそれに利害関係を持つ者はいない。

「しかし、自由な日雇い人夫となると、働いているときでも、しばしば報酬の支払いが悪いから、働いていないときには、彼はどうなるのか？　だれが彼の運命について心配するだろうか？　彼が衰弱と窮乏でたまたま死ぬことになったときに、なにがしかの価値を彼はだれに対して持つだろうか？　それゆえ、だれが彼の死を妨げることに利害関係を持っているだろうか？(34)」

このように、雇い主と日雇い労働者との関係は、奴隷主と奴隷の関係よりはるかに苛酷である。雇い主は、労働者の境遇と運命に一顧だにしない。その必要がないからだ。日雇い労働者は、代替の利く機械の部品にすぎない。日雇い労働者の身分に陥れられた人間は、近代経済においては、数えきれないほど存在する。それは、ローマの将軍ポンペイウスの自慢に登場する軍団に似ている。彼は、大地を踏めば、いくらでも兵士は飛び出てくると豪語したのである。近代経済においては、このポンペイウスの自慢が現実化する。

こうして、近代社会は、最低身分にとっては、食料さえ確保できない、聖書に言う「涙の谷(35)」となる。社会が消費と労働とに、怠惰と労苦とに完全に分裂し、前者が富裕な階級によって担われ、後者が貧しい階級によって担われている。これこそが近代社会の重大欠陥である。

マルチチュードの叛乱権

以上見たように、近代の日雇い労働者もまた、奴隷制の軛《くびき》につながれた奴隷である。ただし、この軛《くびき》の色が異なるだけである。ランゲは、社会という巨大な檻に永遠の奴隷制の冠を授ける。

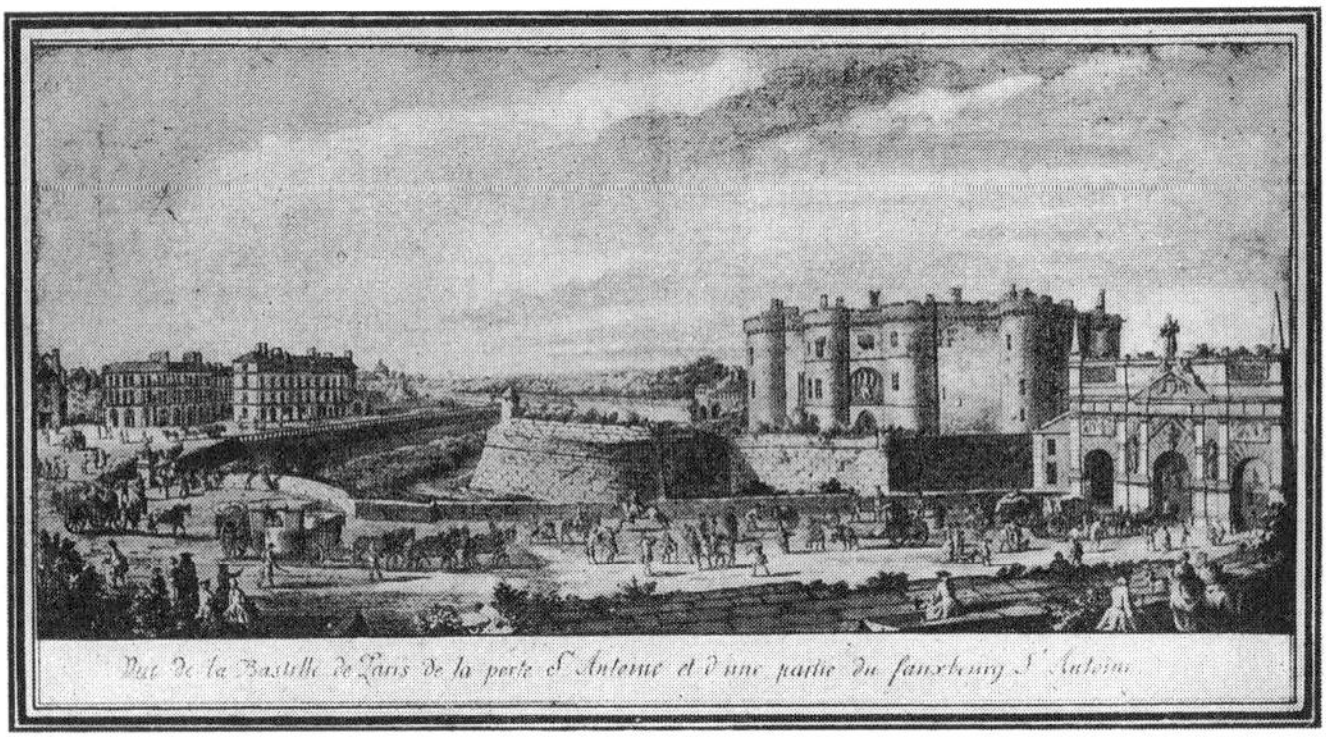

図5-2●バスティーユ牢獄（*Memoirs of the Bastille*, 1927, p. 200）

「農奴が彼の主人に対して苛酷な従属状態にあるのと同様に、日雇い労働者も窮乏に対して苛酷な従属状態にある。同じ材料からできた彼らの鎖は、色合いだけが異なるにすぎない。こちらにある鎖は黒くて、いかにも重そうに見える。あちらにある鎖は陰気さがあまりない見かけを持ち、中がもっと空っぽであるように見える。しかしながら、重さを公平に量ってくれたまえ。あなたがたは、そこにいかなる差異も認めないだろう。どちらの鎖も、必要から作られたものである。それらは、正確に同じ重量を持つ。というよりむしろ、一方の側に何グランか余分にあるのは、他方の側がもっと軽いぞと外部に知らせるためなのである(36)」。

啓蒙の世紀の同時代人は、社会と奴隷制が一体不可分のものであることを無視して、人間は自由だ、と叫んでいた。しかし、ランゲに言わせれば、それはまったく笑止千万なことなのである。貧困の実情など知らない彼らは、この「自由人」が雇い主から自由なだけであることに気づいていない。この自由を除けば、人間は奴隷主か奴隷かのどちらかである。人口の四分の三は、自己所有の自由な疎外された肉体以外には、その他の生命維持に必要なすべてのものを所有していない。言い換えると、生きていくために必要とされるすべてのものに、本人とは別の所有者が法的に存在するのである。その結果は、労働の成果の全面的略奪である。

たしかに、労働市場によって人間の値段が決められるというのは、昔もいまも同じである。しかし、近代の奴隷制では、市場に奴隷もどきの自由人が登場するか否かは、奴隷商人の恣意と気まぐれに任されている。奴隷人口、言い換えると労働者人口があまりにも多いからである。つまり、近代の奴隷制においては、マルクスの言う膨大な産業予備軍のさらなる増大とその人間的価値のさらなる低下とは、正確に比例しているのである。

しかし、人間的価値の喪失に怯《おび》える国民の四分の三にも及ぶ数の第四階級は、フランス大革命前夜に見られたように、「飢餓の恐怖」という噂だけで、叛乱に立ち上がり、穀物倉庫を打ち壊すことがあり得るのである。慧眼なランゲは、すでに一七七四年の『パンと小麦について』というパンフレットで、民衆が凍死や飢餓に襲われているときには、自然権つまり人間的価値の回復のための叛乱権が民衆には厳然としてあることを警告していた。

ランゲは、「働く人びと」すなわち第四階級に属する人びとの身体の「保全状態」を確保できないときには、統治権力は、持てるあらゆる権力を行使して、元の安全な状態を回復しなければならないと主張した。

「したがって、なんと言われようと、われわれのあいだで、日頃から生活の糧として捧げられている食料品と大商人たちが投機の才を行使しても罰せられないような他の物品とのあいだには、いかなる類似点もないのだ。警察は、警察を自分たちの支えと見なしている働く人びとの保全状態に責任を負っているから、それを危うくする方向に傾くあらゆるたぐいの策略に歯止めをかけることができるし、また、そうしなければならない。働く人びとの保全状態がほんの少しでも危機に見舞われるなら、その瞬間に、保全状態の安全を確保するために用いるべきではないような手段などなにひとつない。そのときこそ、『人民の安寧が最高の法たるべし』(Salus populi suprema lex esto)という公理がその全面的広がりにおいて、適用されなければならない。そのときこそ、小麦は、それがあるところに求められなければならないし、それがあるところであれば、どこにでも小麦は求められなければならない。そのときこそ、いかなる代価がかかろうと、市場を守らなければならない。いわゆる持てる者は、もはやその守護者でしかない。彼の大権は、例外なく、他の大権すべてと同じく、それよりさらに神聖な権利、すなわちあらゆる権利の源であり、暗礁である窮乏に屈服するということである」。

「持てる者」すなわち、金持ちが「暗礁である窮乏に屈服」せず、事態を傍観し、あまつさえ貧民の犠牲のうえに安逸と豪奢に耽るなら、そのときこそ、民衆はみずからの自然権を回復するために叛乱に立ち上がる権利を手にする。

「人間たちが自発的に集まって社会を作り、この集合体が契約にもとづいて成立したと仮定してみたところで、これらの契約は、畑の領有権を授けられた所有者が例外もなく、どのような制限もない所有権者となり、専断者となるなどということを決して定めたものではなかった。隣人たちは、彼の享受を尊重すると約束したとしても、彼の生垣のそばで、寒さに凍えて死ぬなどということを決して誓ったわけではない。そんなときには、むしろ、彼の生垣を彼の許可なく切って、暖を取ることを誓ったということであり、彼の納屋の扉の前で飢えて死ぬことを誓ったわけではなく、むしろそんなときには、彼の意向を聞かずに納屋のなかにはいって、そこで穀物を手に入れることを誓ったのである。昔のような共同所有に戻ることを放棄したのは、自己ないし他人の労働により、食糧や雨露をしのぐ場所を手に入れられる限りでしかない。その点で万策尽きたときは、生垣も納屋も再び共同のものとなる。少なくとも欠乏が存在し、地主の隣人たちが絶対的な必要によって、法を破るか死ぬか、どちらか一方を選ばざるをえないあいだは、そういうことになるのだ」。

ここで注目すべきは、「労働により、食糧や雨露をしのぐ場所を手に入れられる限りでしかない」というランゲの主張である。もう一度復習するが、文明社会においては、「労働」しなくては生活が成り立たない。国民の四分三にも及ぶこの階級に、文明社会が労働に対する雇用とパンを保証できなければ、社会契約を反故にしても構わないということである。同じランゲのパンフレットは、大革命の年に『穀物取引について』と名前を変えて出版されて、「平等派陰謀」のグラッキュス・バブーフの愛読書となったという。途轍もない「歴史反動主義者」の思想が途轍もなく未来志向のコミュニストの蹶起に役立ったのである。思想が環境と思考のあいだの力関係にかかわって、共通パターンを持っていることの現われではなかろうか。

第6章……思考する「力」に関する考察

一元論を語る勇気

限定された環境のなかで生じる事件には、限定されているからこそ、必ず必然的・客観的原因があり、しかもその原因は、無限の過去へと共通的、連鎖的に連なっている。偶然は科学には捕捉できないが、世界には偶然はなく必然しかないと断定するなら、科学で捕捉できない神秘や奇蹟は存在しないことになる。

しかし、この必然性に関する一元論的思考を展開するためには、思考活動そのもののなかで「勇気」が必要である。それが、なにごとも複数の原理で、それ専用（ad hoc）の原理を用いて説明するのではなく、たったひとつの原理で世界全体を説明しようとする思考法だからである。さらに、この考え方を公に主張しようとする段階に至ると、のちに触れるあるひとつの理由から、大変な勇気が必要となる。

一般に、二つの相反する原理の両立を認める二元論にはさほど勇気が必要とされない。一「元」つまり、一方の原理を肯定しながら、他方の一「元」をも肯定するということは、そもそもどちらか一方の原理が論理学的に言って、偽物であることを知りながら、そのことについては、黙っていることになるか、それとも、現実的な力関係から見て、一方が他方よりも必ず強力であるので、強力な方に賛成しつつ、「それでも地球は動いている」と呟《つぶや》くか、のどちらかにならざるを得ない。

デカルトの二元論とカントの二元論の違いも、ここにあることがわかる。前者は、結局、科学的真理の公表を諦めた。地動説を基礎に打ち立てられた著作『宇宙論』がそれである。彼は、『方法序説』でも言っているように、キリスト教信仰というような習慣的な事柄においては、既成秩序に従うべしというのを人生のモットーにしていた。彼は一「元」を放棄した。それとともに、外部環境と思考とをつなぐ「物質」の存在を仮定しただけで、思考を突き動かすものはなにか、を問題にすることをやめた。

カントの二元論は、神学の次元が理性では証明できないと言っているだけだから、理性が一「元」を認識の「彼岸」に追いやって、「此岸」に戻ってこないように、思考の上で両岸に厳しい境界線を引いたことになる。しかし、現実の国境線がそうであるように、「彼岸」にあるものが「此岸」に戻るかどうかは、此岸にある個人的思考の力によってのみ決定される問題ではなく、いつもそうであるように、外部環境の物質的強制力が個人の思考に対して、どの程度の威力を持っているかによって決まる問題である。それは、いわば既成観念対独創的思考の争いである。カントの敷いた境界線は、思考の上に敷かれたものであるから、いつでも既成観念によって突破されるひ弱なものであった。純粋にそれが精神的なものにとどまったからである。そこに境界線がある、と、声高に主張しないとだれもが無視してしまうだろう。境界線は物理的、明示的に敷かれなければならないのである。

われわれの立場から、この事態を眺めてみると、われわれはひとつの重要な歴史的事実を発見する。すなわち、カントの生きたケーニヒスベルクは、科学的真理を語っても、宗務当局からさほど弾圧を受けない社会環境であったということがそれである。

カント二元論の謎とき

晩年カントは、『単なる理性の限界内における宗教』で理神論の正当性を慎重に語るが、この著作は、啓蒙専制君主で、敬神家嫌いのフリードリヒ二世が亡くなったことを契機に、ケーニヒスベルクの宗教当局が出版干渉に乗り出してきたので、発禁処分となった。しかし、著者本人はこの結果を素直に受け入れた。というよりも、カントという哲学者は、『啓蒙とはなにか』を読めばわかるように、本来、出版の自由をきわめて限定されたものとして考えていたから、みずからの主張を実践に移しただけのことであった。

この点については、拙著『啓蒙主義の辺境への旅』で、すでに指摘しておいた通りだが(1)、「慎重さを欠きはしなかった」カントは、「あたかも二年後のフリードリヒ大王の死と一七九三年の『単なる理性の限界内における宗教』に対する言論弾圧に備えるかのように」、『啓蒙とはなにか』のなかで、出版の自由を含む学者の「理性の公的使用」にも、「公職にある人が」公民として酒場で政府に対する不満を漏らす「理性の私的使用」にも、きわめて厳重な「規制」をかけていたのである。それは、とても近代的な理性の自由の主張とは見なし得ないほどのものである。実際、『啓蒙とはなにか』で、カントの言う「理性」の使用とは、一般的な理性の使用ではない。

「ここで私が理性の公的使用というのは、或る人が学者として、一般の読者全体の前で彼自身の理性を使用することを指している。また私が理性の私的使用というのは、こうである。公民として或る地位もしくは公職に任ぜられている人は、その立場においてのみ彼自身の理性を使用することが許される、このような使用の仕方が、すなわち理性の私的使用なのである」。

「その立場」が「公共体」に勤務する公務員であった場合には、「理性の使用」には厳しい「規制」がかかっており、公共体の「目的を顛覆」させないようにするために、自由な「論議はもとより許されていない、ただ服従あるのみである(2)」。

こうして、われわれはここに重大な真実が隠されていることに気づく。カントの二元論哲学は、完全にケーニヒスベルクの政治の在り方の「従属」関数であったということである。この都市は、マルシリウス的な状況ではあるが、君主権力と宗教権力の「二元」的原理によって統治されていた。この状態を真理として確立するときには「慎重さ」だけが必要で、勇気はさほど必要としなかった。自由の範囲をはみ出していると判断されれば、修正すれば済むことだった。ここでもっとも肝心なのは、二元論哲学という思考パラダイムが環境の「従属」関数である、ということの一点である。「従属」は自由の反対物である。

だから、こういうことは、ケーニヒスベルクに生涯住み続けたカントの哲学にあってはいつも起こることなのである。それは、あたかも「先験的自由」が人間には与えられていると言いながら、実は、この自由には、正義の格率を守り、「道徳的法則に従う」ことという厳しい制限がつけられていたことに似ている。

第一章で指摘しておいたように、「ア・プリオリに人間に与えられている自由なるものに、制限を付けていた」カントは、「制限があることと、制限のない自由という本来の自由概念とを統一的に、一元的に説明することはできない」。この「先験的」自由に付けられた制限は、マルチチュードのレベルにまで降りてくると、人間の生か、死かを賭けた選択となる。欲望に任せた罪を犯す自由か、ランゲ的な環境による制限としての餓死か――この厳しい二者択一を拙著『倫理の大転換』では、『レ・ミゼラブル』の主人公ジャン・ヴァルジャンの例をとりあげて論じておいた(3)。果たして、この選択肢のどちらがより勇気を必要とするだろうか？

欲望一元論への恐れ

それでは、なぜカントはこのように自由の行使に対して厳しい制限を加えたのだろうか？　それは、彼が抱いていた永遠の人間観に起因している。その人間観は、いまでは、そこらじゅうに転がっているものである。これは常識に属することだが――ひとたび、人間に無制限な自由を許すと、人間は必ずおのが欲望の命じるところに従って、最終的には犯罪に至る、という人間性に関する基本原理を人びとは一般に信じているのだ。

欲望に任せた人間の自由な行動は、必ず社会秩序を乱し、社会の無政府的混乱を生じさせるということである。パンに対する欲望が革命を引き起こす場合もある。こうなると、話は大規模なフランス大革命のような怪物じみた騒乱事件となる。一時、カントも熱狂したと言われるが、革命によって生まれる「自由の木」は勝手放題に伸び広がって、他人の私有地に日陰を作ってしまい、他人に迷惑をかけてしまう。欲望は人間を行動へと突き動かす直接原因と考えられているから、これに対する規制を外してしまうと、破壊行動にまで行き着くのは容易になる。そのような危険を看過することは絶対にできない。それゆえ、欲望一元論を認める哲学は間違っている、というわけである。

しかし、このカントの人間観は、欲望一元論の誤りを示しているというよりは、むしろフランスに比べて、ドイツにおいては経済的自由がさほど認められてはいなかったという歴史的事情を裏書しているように思えるのである。そこに横たわっているのは、経済における両国間の社会的諸関係の相違である。

ところで、ひとたび、人間が欲望一元論に対して恐怖感を抱くと、恐るべき欲望＝人間がひとり歩きしてしまう。欲望が人間の想像力にすぎず、現実ではないことを、簡単に人びとは忘れてしまうからである。言い換えると、人間は、みずからの想像力に限界があることを簡単には知り得ないので、想像力に制限はなく、無限の想像が可能である、と頭ごなしに信じ込んでしまいがちだということである。この欲望の肥大化と悪魔化については、拙著『倫理の大転換[4]』で、ホッブズの人間観に関係して、指摘しておいた。

第一章で言及した目的原因にとらわれやすい人間は、自分の能力がどれぐらいであるかを理性的に判断できない生き物である。目的が結果から逆算されるために、結果が出てみないことには、目標達成能力があるかないかは、事前にはわからないからである。科学的算定なきところに、科学的目標設定なしでである。人間は、いつも身の丈知らずの途方もなく大きな目的を立てがちである。当たり前である。目標が高ければ高いほど、得られる成果（ベネフィット）もそれだけ大きいと思えるからだ。そこで、人間は目標を高く掲げ、目標実現のために最大限努力する。そのために今度は、目的「原因」の原因の方が作用し、この原因すなわち自己能力を高めに見積もることになる。こうして欲望の無限拡大サイクルのスイッチが入る。

欲望一元論の極端な肥大化・怪物化が行為主体に起こる。そこから、欲望一元論へのさらなる恐怖が起こる。恐怖の悪循環である。『薔薇の名前』のウィリアムが警告していたとおり、恐怖の肥大化につれて、理性の力は弱まる。理性の力が弱まると、ますます恐怖心が幅を利かせるようになる。

スピノザの哲学は、この常識的な欲望一元論＝性悪説とは異なっている。欲望一元論の罠を恐れないスピノザの哲学は、マキアヴェッリの政治哲学と肩を並べて、「欲望は人間の本質」であり、人間は本来「理性に従うことは稀である」と断定する。

この哲学は、愛も結局は欲望だと考えるディドロにも受容されている。ランゲの場合は、この欲望のうちで、食料摂取に関する欲望の根源性にもとづいて社会観を確立している。だから、逆に、ランゲにあっては、この欲望に人間は拘束されていて、およそ自由では、永遠にありえないのである。

スピノザは、欲望を人間の本質ととらえたが、欲望を自由で無制限な状態にあるものとは見なさなかった。言い換えると、彼は、欲望がフロイトのリビドーのような本質的存在物であるとは、決して考えてはいなかったということである。

本質と本質的存在物とは、まったく違う。なにが違うかと言うと、本質は観念であるのに対して、本質的存在物となると、それは現実に存在する物理的な存在物になるからだ。しかしながら、現に存在する事物のなかで、本質と存在性を一にするものは存在しない。言い換えれば、欲望を管轄するのは、精神あるいは知性であるのに対して、存在物を管轄するのは、物質界の自然法則であるということだ。この区別は、決定的に重要である。両者は次元を異にするからであり、直結しているわけではないからだ。欲望を抱いたからといって、すぐにそれを実現すべく行動に走らない人間はたくさんいる。

欲望を抱くこととそれを実現しようとする実際行動のあいだには、人間理性が介在していることがこのことからわかる。つまり、人間理性には、欲望という本質的観念を限定づける「力」があるということなのである。理性もまた精神「力」である。しかも、この欲望の実現には、どうしても自然法則をクリヤーしなければならない。欲望を満たすには、このように現実には二重三重の制限があるということだ。

真理と「舌」

ここで、理性もまた精神「力」であることを見るために、理性が発見する真理の本質を考えてみることにしよう。

スピノザは、若い時代から成熟期に至るまで、一貫して、目を剥くような真理観を持ってきた。彼の『神・人間及び人間の幸福に関する短論文』から、『エチカ』に至るまで、彼は、真理とは、現実との一致を肯定あるいは否定することだと定義している。真理を主張する勇気と真理は結びついているということである。つまり、それそのものが真理ではなく、否定形であれ、肯定形であれ、人間が真理だと「主張した場合」にだけ、それが十全な意味で真理となるということである。第三章、第三節で指摘しておいたように、真理を主張するのは、「生物学的・身体的な舌」である。真理の完全な確立には、「舌」が働くことがどうしても必要である。それが条件である。「舌」を動かす――真理を公然と他者の前で表明することである。

ここではっきりわかることは、スピノザがデカルトの二元論を正確に受け継いでいたということである。思考と身体の峻別である。それとともに、彼は、みずからの一貫した一元論にもとづいて、思考の真理と身体の行動とを舌という身体器官で結びつけたのである。デカルトとは違って、精神伝達物質として松果体で交換されるエーテルを仮想するのではなく、二元論を身体器官そのもので克服したということである。この器官は、声を発すると言う唯名論的役割しか果たさないのである。声そのものには、どのような「真理」も含まれていない。デカルトは、物質でもない精神を物質と想定されたエーテルが運ぶことはできない、という肝心な点を忘れていたのである。

真理の定立には、もちろん、科学的思考を展開する人間精神すなわち知性のみが関わっているから、さしあたり真理は、精神世界という次元での出来事である。その意味では、真理は思考体系の一部をなしている。したがってそれは、信仰体系の一部でもある。それは、そのようなものであるからこそ、いつでもイデオロギーに転化しうる。脳のなかは、すでに想像力を扱う第一章で見たように、思想体系や信仰体系や両者の混合体であるイデオロギーや想像が断片化されて、そこら中に散らばっている。どれが真理の断片なのか、まったく区別がつかないのである。だから、真理はイデオロギーの酵母でもある。イデオロギーとなった真理は人間の欲望と同じく人間を突き動かす。地球の果ては滝ではないという「信念」がコロンブスを突き動かしたように、それは人間を行動へと駆り立てる推進「力」である。この力が「舌」を動かし、発せられた声は共通信号であるから、この声が人びとの耳に聞こえ、理解される。すると、この信号が人びとの思考をまたもや触発する。こうして、真理の精神的「力」は、声となって人びとのあいだを伝わっていき、やがてマルチチュードの意見を形成し、ひとつの大きな勢力となる。そこではじめて精神界での真理は物質界での大事件となる。

　この真理の自己循環的パワーの秘密は、真理が持つ独特の性格にある。真理とは、そもそものはじめから、二つ以上の事物の共通性についての正確で妥当な観念である。ところで、観念とは、人間認識の明確な決断である。決断とは、力が観念連鎖をある適切な場所で断ち切ることである。だから、真理という観念は、みずからの共通性を実現しようと、観念の無限連鎖を破断するバネをみずからのうちに持っていることになる。この真理の観念というバネは、強い欲望となって身体を動かすように衝迫する。共通性は公共性である。欲望は「舌」を動かし、真理を公表させようとする。

　となると、結局、精神世界に思い浮かんだ観念たる真理を私的メモとして紙に書きつけることだけでは、真理にはならないことになる。ガリレオが自分の研究ノートに、地球は動いていると書きつけても、現実的にどんな問題を引き起こすというのか？　だれも知らない真理など、真理とはいえず、それはただの判じ物の文字連結にしかすぎない。ところで、スピノザの『エチカ』という書物は、そういう慎重な配慮(5)を蒙り、生前に公表されることはなかった。だから、生前、スピノザは、『エチカ』に関しては、なんの非難も受けなかったし、批判されることもなかった。だいたい、『エチカ』という本自体がないわけだから、問題を引き起こしようがないのも当然である。非難があがるのは、友人がそれを出版したからである。スピノザが出版を死後にして欲しいとの遺言を残したことは、スピノザ自身が生前に自分の舌を切り取った行為に匹敵する。

真理は力である

この点をもう少し詳しく説明しよう。スピノザは、『エチカ』の第二部定理四三で、「真の観念を有する者は、同時に、自分が真の観念を有することを知り、かつそのことの真理性を疑うことができない」と言っている。この場合、「真の観念」とは真理のことである。つまり、スピノザは、ここで人間の意識とは独立した実在物として真理を設定しているのではなく、精神的に内化された論理的な観念連鎖として真理をとらえているのである。だから、人間は理性によってしか真理を定立しえず、そして定立しえた真理が真理であることを人間は知っていることになる。これが有名な「真理は真理自身と虚偽との規範である」という定理四三の備考での付言の意味である。どこまで行っても、人間の精神という次「元」で真理はとらえられている。

では、その真理の持つ内面的な強力なパワーの秘密はどこにあるか？　真理を「知り、かつ疑うことができない」という人間精神の論理能力にその秘密がある。知る「力」、疑う「力」、疑わない「力」――つまり人間精神の対象たる想念のなかにある真理を語る論理学には、力が付随して回っているということである。力とは、この際、勇気のことである。

ところで、スピノザは、『エチカ』第三部定理五九備考において勇気を理性と欲望とに結びつけている。それは、前代未聞の定義である。スピノザは言う。勇気とは「理性の指図に従って自己の存在を維持しようと努める欲望である」と。このように、スピノザにあっては、勇気は日常の生への合理的な欲求と緊密に結びついているのである。

知るにも、疑うにも、反対に、確信するにも、精神「力」、つまり勇気が必要であることは、われわれは、日々実感しているところである。

恐ろしいテロ事件の真相を「知る」ことには、とても勇気がいる。首を切り落としかねない凶暴なテロリストを正視して、その真実を知ろうとするのである。まかりまちがえば、ＰＴＳＤになってしまう。だから、新聞でニュースを見ない人やテレビを見ない人はいくらでもいる。あまりにも怖いからだ。

上司からいじめにあっている社員は、上司が「悪党ではないか」と「疑う勇気」を持っていなければならない。そうでないと、いじめという真理が定立できない。普通の会社組織では、上司を疑うには勇気がいる。とはいえ、反対も真なりで、上司の正しさを信じて疑わないことにも勇気がいるという反論が成り立つ。

勇気は相対的なもの

しかし、ちょっと待って欲しい。上司の正しさを信じて疑わないことと上司が悪党ではないかと疑うこととどちらが勇気をより多く必要とするだろうか？　まさに、問題の核心はここにある。つまり、勇気にも力関係があるということだ。これをスピノザ風に言い換えれば、勇気というのは、人間本質に備わっている本質的ななにかではなく、それは、相対的なもので、なにか他のものと比べて、より多いか少ないかという付随的なものなのである。なにに付随しているかというと、自分の身体的環境に付随しているのである。観念が物質に付随すれば、それは現実的な力となる。

「付随的」という用語は、スコラ哲学用語では、「偶有的」と言い換えられる。つまり、偶然、当事者がそのような勇気が出せる身体的環境にあったということである。しかし、偶然と言ってしまえば、スピノザの必然性の法則に違反してしまうように思われる。

だが、必然性は貫徹している。というのも、われわれが物事を偶然と考えるのは、われわれの思考対象が唯名論的個物であるからなのである。この個物を共通性の認識のもとに置けば、それは必然ととらえることができる。もちろん、スピノザにとって、こういう意味で、偶然は存在しえず、世界は必然で支配されているのである。

個物は相対的存在でしかあり得ないから、したがって、他のなにものかによって、作り出され、支配されている。この他のなにものかが、さしあたりは、この個物の原因であり、支配者である。つまり、両者は必然の赤い糸でつながっているということである。個物は本質的な存在ではない。それはいずれ消滅する。消滅するものは、本質と存在の一致を欠いている。だから相対的な存在である。相対的な存在は本質的存在ではないから、存在したり、なくなったり、産み出されたり、産み出されなかったりする。それが人間には偶然と映る。

さて、こうした比較の問題として勇気を考えることは、まったく正しいことである。勇気を限定して考えるから、勇気は思考の対象となり得るのである。

勇気の中身

アリストテレスの時代から論理学という学問がある。現代では、論理学の出発点には真理論が置かれている。この現代論理学に照らして、先ほどの真理論はどのように裏づけられるだろうか。それには、ひとつの論理学的公理を思い起こすだけでよい。すなわち、論理学では、絶対に正しいという真理命題があるのである。それはなにかというと、同語反復である。つまり、スコラ哲学の悪しき習癖とされた「アヘンには眠らせる力がある」式の命題がそれである。人は、なぜアヘンはわれわれを眠らせるのですか、と聞いているのに、その答えがこれなのである。アヘンと眠らせる力を同一のものとすれば、アヘンが人を眠らせるのは当たり前ということになる。これは絶対的真理である。この「当たり前」ということが肝心である。

「当たり前」をもたらすものは、命題の絶対性である。通常の世界では、先ほども指摘したとおり、物事はみな相対的だから、ここで言う「命題の絶対性」とは、命題の「当たり前」さ加減、すなわち、常識の程度ということになる。先ほどのいじめ問題に帰ろう。

上司の正しさを信じて疑わないことと上司が悪党ではないかと疑うこととどちらが勇気をより多く必要とするだろうか、という問いを立てたが、この問いに対する答えは、だれにでもわかる。前者は昇格につながるが、後者は降格、下手をすると解雇につながりかねない。人間は功利的動物で、欲望重視の世界に生きている。しかも、もっとも安楽な道を選択するようにできている。だから、「上司の正しさを信じて疑わないこと」にはなんの勇気もいらない。それは当たり前のことだからだし、世間常識に従ったまでのことだ。

ここには、おそらく全員が納得できる真理がある。なぜ、当たり前のことが、すなわち世間常識がこれほどの力を持っているのだろうか、ということを考えたときに、そこに物理的な数量としての人間個体数の身体的パワーが隠れていることに気がつくだろう。つまり、われわれが通常よく口にする「それは常識だ」という言葉には、日本人の少なくとも四分の三程度の人数による同意という言い知れぬ強力な身体的パワー、すなわちマルチチュードの身体的パワーがひそんでいるのだ。だから常識は途轍もなく強い。したがって、強い力に屈することになんの勇気もいらないという結論となる。ちなみに、このことは、嘘を付く場合にも妥当する。だから世の中に嘘がしばしばまかり通るのである。ただし、嘘は、真理ではないから、いずれは、現実と衝突して、嘘であることがわかってしまうが……。

常識を打破する勇気

ガリレオの場合、はっきりしていることは、ガリレオを裁きにかけようという意志を持った人間は、ローマ法王ひとりではないということである。当時の常識、いまもなお明白な目に映る真実は、太陽が地球の周りを動いているという火を見るより明らかな事実である。絶対的と言ってもよい。人間には絶対的にそのようにしか見えないからである。その意味では、ローマ法王は、アリストテレスの天動説を真面目に読む必要すらなかった。

しかし、脳細胞が語る真理は、それとはまったく逆の科学的・学問的命題である。地球が動いているなどと常識では考えられないことを言い出したガリレオは異端でなくてなんであろう。奴《やつ》を裁判にかけろ、と言ったのはおそらくピサ市民の一〇〇パーセントのマルチチュードではなかったか？　このように強力なマルチチュードのパワーに勝てる個人など存在するのか？　この強力なパワーを凌ぐパワーで、真理を語るために「舌」を動かした人間はどこにいるか？

これが最後の問いである。思想史は、ガリレオ断罪の少し前には、そのように絶大なパワーを持った個人が少なくともひとりはいたことをわれわれに教えてくれる。それがジョルダーノ・ブルーノである。彼は、地球が動いていることをみずからの宗教的信念にもとづいて、ひとつのイデオロギー的な思想体系として語ったために、舌を獄吏に引き抜かれたうえで、油を振りかけられ、薪の山に火をつけられて、焼き殺された。それは、キリスト教イデオロギーの真理性に肯《がえ》んじなかったあの新大陸のインディオの首長と同じ処刑方法である。キリスト教は、悪魔にそそのかされた心を改めさせるためには、身体を壊滅に追い込まなければならないことを、古来、知っていたのである。

しかし、もっと恐ろしいことを世界の原理として主張した科学者でも、命ながらえた例があることは付け加えておかなければならない。それは非ユークリッド幾何学を提唱したロバチェフスキーと相対性理論を提唱したアインシュタインである。彼らは、途轍もなく常識はずれのことを真理として主張したにもかかわらず、顕彰されこそすれ、極刑に処されることはなかった。自然科学研究が宗教から完全に独立した社会環境が生まれていたからである。社会環境を、思考の自由を保証するような環境に変えることが自由な思想をもたらすという原理をもう一度確認しておこう。

この意味では、あらゆる類の真理は社会的諸関係という力関係の知的産物なのである。それは、社会的諸関係の歴史的変遷とともに、浮沈を繰り返す。

真理に口なし

ガリレオは地動説を撤回した。それでは、地球は動きを止めたかと言うと、そんなことはない。「地球が動いている」という客観的、法則的真理の方は、微動だにしていない。そしてこの真理は、真理という名で呼ばれている自然な物理的作用を人間に及ぼし続けている。そのこと自体には、道徳的意味合いもないし、正義・不正義もない。その意味で、通常、真理と呼ばれている人間の意識からは独立した客観的「真理」には口がないのである。あらゆる客観的事実という真理には口がない。

真理そのものに口がないということは、真理は、例えば日本人というような人間的主体ではないのである。それは、主体ではなく、なにかから生まれ、なにかに従属し、他の原因によって滅ぶ客体である。主体ではないから、真理は自分から動くことはない。だからこそ、この真理を動かすためには、脳のなかでも、身体の世界でも行動を触発する器官が必要となるのである。

地球は、自分が動いているとは言わないし、道を歩いている犬は、自分が犬であることを語ってくれようはずもない。これは、オッカムの唯名論における哲学的原理のひとつでもある。そして、迷信と欺瞞は、真理に口がないことをいいことに跳梁跋扈する。

真理には、これが真理だと主張する人間が存在しないと、世界から真理は消えてなくなり、レーナルやディドロが恐れた、無知蒙昧の闇に世界は帰るというわけである。それでもよいと考えるならともかく、われわれは、このように虚偽がはびこる世界には我慢できない。グローバル化を遂げるヨーロッパ人とその諸国家の新世界における行動を批判して、世の真理を語る勇気を持ったレーナルとディドロを第四章でとりあげているのもこの意味合いにおいてである。

恐怖はどこから？

舌という身体器官を用いて、真理の言葉を発する人間存在を沈黙に追い込むのは、ガリレオの例では、守旧的な宗教勢力である。しかし、この宗教勢力は、マルチチュードを味方につけなければ、現実的な力を持たないことは、いま指摘したとおりである。ではいったい、どうやって宗教権力は、マルチチュードを味方につけているのだろうか？　宗教勢力が現実的に利用するエージェントはだれだろうか？

オッカムと目されるウィリアム・バスカヴィルは、黙示録どおりの恐ろしい殺人事件が次から次へと起こっても、弟子のアドーゾに、何度も繰り返し、呪文のように「恐れるな！」と言って聞かせる。なぜだろう？　それは、人間が真理を知るために理性を働かせるには、まず恐怖心を取り除かねばならないということをウィリアムが知っているからなのだ。恐怖心を心のなかから取り除くには、いかなる事態に直面しても、恐れない勇気を持つことが必要である。なにごとにつけ、観念を行動へ変換するには、勇気がいるのである。だから、ウィリアムは、残忍な殺人事件を目の当たりにしても、それを恐れるのではなく、正視する勇気を持て、と言って聞かせていることになる。

恐怖はどこから生まれるのか？　これに対して、スコラ哲学風に思考する人は、「アヘンの眠らせる力」という名文句が示す、本質の自己還元論に陥りやすい。つまり、恐怖（アヘン）は、恐怖感を持っているとされる人間精神の本質（眠らせる力）に含まれているものだ、というのである。しかしながらこの考え方は間違っている。

恐怖は、なにものかによって引き起こされる相対的な心理的反応であり、人間の心理の特性ではないし、心に固有のイメージでもない。恐怖は、人間精神の内部から本質的に生じるものではは明らかにない。生まれたばかりの赤ん坊に恐怖感はない。恐怖感を教えるのは親である。そういうわけで、恐怖が生じるのは、人間精神に外部環境の恐怖的物質及び恐怖的関係が影響を及ぼすからなのである。

人間には、自然環境からの恐怖があり、宗教からの恐怖があり、そして、強制装置を備えた国家権力からの恐怖と社会経済システム及びそのなかに生きる人間たちの諸関係からの恐怖がある。これらはしばしばまじり合っている。だから、たとえばドルバックやディドロの主要な敵は、玉座すなわち国家権力と宗教との結託だったのである。宗教からの恐怖とは、地獄の恐怖であり、神による劫罰への恐れである。社会経済システムからの恐怖とは、たとえば、ランゲが人間社会の鍵を握ると考えた食料欠乏による餓死の恐怖である。近代社会においては景気の動向に連動して木の葉の如く揺れ動く人びとの暮らしである。これらいずれをとっても、その解決策は、人間精神の外にあり、恐怖を引き起こす物質とその客観的システムのなかにある。一言で言えば、外部環境に解決の鍵はあり、アヘンの眠らせる力のごとき力は、人間精神のうちにはない。

その意味で、本書、第二章は、宗教からの恐怖を人間社会はいかにして除去してきたか、ということを中世末期の哲学を例にとって説明している。オッカムと彼の唯名論思想は、スコラ的神学者による神の客観的存在証明が成り立たないことを暴き、個々人の経験が実在性の証拠となることを哲学的に裏づけることによって、神信仰を個々人の内面へ返した。つまり、神の実在は、個々人の内面的な精神的経験によるしか、証《あか》しできないとオッカムは考えたのである。これは、ルター以前の宗教改革にほかならない。

同じ章で扱われるマルシリウスの思想は、オッカムの信仰と理性に関する主張を現世に現実的に適用したものである。彼にあって、もはや政治権力は、恐怖の対象ではない。それは、宗教的権威を引き剝がされた結果、現世での懲罰を取り仕切る有限な強制権力として、可視の個別存在物となった。しかも、マルシリウスによれば、いかなる権力にも人民の権力授与行為が必要であり、人民が主権を有しているのである。この権力授与行為は、民主的選挙によって行なわれるのが普通である。権力が授けられる先は、問題ではない。皇帝でも、ポリスの市長でも、貴族の合議体でも構わない。そしてこの執行権力が地上の人間に対して強制権をもって法律を守らせるのである。いよいよ世界に無名のマルチチュードが登場してきた感がある。

第五章で扱われる恐怖は、飢餓の恐怖である。この恐怖は社会システム全体を破壊する力を持つ。

その伝染性の強さは、食欲という本質的な身体維持に関わるだけに並大抵のものではない。社会から飢饉の恐怖を取り除かない限り、マルチチュードの苦悩は続く。ランゲは、治安問題として食料問題をとらえ、「市場警察」による食料価格の強力な国家統制を主張したのである。これが奴隷制を維持しながら提案できるぎりぎりの社会対策であった。

理性と自由の実現

ところで、スピノザはなぜ、これらあらゆるたぐいの恐怖からの解放をこれほど重視したのだろうか？　それが、第三章の分析の課題である。それは、恐怖感を除去することが人間理性の働きと密接に関わっているからなのである。人間が恐怖に囚われている限り、理性の働きとその効果は鈍る。したがって事物を永遠の相の下に見ることができず、真理は闇のなかにとどまり、人間は、環境に対して、しばしば間違った対応をとる。現に、オランダ共和制の瓦解とマルチチュードによるウィット兄弟の惨殺は、仏英軍の陸海からのオランダ侵攻とオランダの敗北がきっかけとなって生じた。

したがって、この外部に存在する恐怖の源泉を除去することが肝心だということになる。そのためには、共同の力を用いなければならない。恐怖の源泉の除去が国家最大の目的となるゆえんである。

理性が働くとき、人間は「誰もが互いに傷つけ合うことなしに暮らし行動するという、みずからの自然権を最良の様式で享受する」。なぜなら、理性は、諸現象の根底に共通性を発見するからである。

人間同士の関係においても同じである。だから万人が理性的に行動する社会は平和な社会となる。最後に、『神学＝政治論』の第一六章におけるスピノザの自由と奴隷の定義をここに掲げて、締めくくりの言葉としよう。あまりにも、明白な真理を彼は語っている。

「行動の目的が行動者自身の利益にあるのではなく、行動を命令する命令者の利益にあるとするなら、その行動者は自己自身の利益を実現できない奴隷にすぎない。これに反して、命令者の福利ではなく、民衆全体の福利が最高法則（salus totius populi）である国家ないし政治にあっては、万事につけて最高権力に服従する者は自己に益なき奴隷と呼ばれるべきではなく、臣民と呼ばれるべきである。それゆえ、諸法律が健全な理性のうえに制定されている国家は最高に自由な国家である」。

ここでスピノザが言う「民衆全体の福利が最高法則である国家」という国家観は、第五章末尾で引用されるランゲの警告を根拠づける国家観とまったく同じである。ランゲもまた国家の最高目的は人民の福利にあるとして、「人民の安寧が最高の法たるべし」（Salus populi suprema lex esto）というキケロが定立した公理に背く国家を打倒する権利を人民が持っていると宣言した。

この国家観にもとづいて、スピノザが提案する国家は、民主制の国家である。言い換えると、欲望を持つ身体ひとつひとつに生きる権利を与え、生きる権利すなわち人権を最大限、共同で実現しようとする社会である。

おわりに

当初、本書の出版の話を頂いたときには、すでに他の雑誌、紀要などに発表されていた論文が数点あったために、それらに少し手を入れて読みやすくすれば、本ができあがるのではないかと思っていたが、いささか安易にすぎた。オッカムの哲学や神学に関係したものは、ラテン語が頻出する体裁の論文だったので、たちまち全面的に書き直さなければならなくなった。こうして、第二章は純粋な書き下ろしとなってしまった。宗教的思考からの人間精神の解放というテーマでは、ルートヴィヒの宮廷でともに偽法王と戦ったマルシリウスの政治権力観と人民主権論をぜひとも紹介しなければならないと考え、彼に関する二節を追加した。彼の主著である大小の『平和の擁護者』は、ラテン語対訳版がイタリア語とフランス語で出ていたので、思いのほか作業が捗った。実は、この章ではイスラム哲学者のアヴィセンナ（イブン・スィーナー）とアヴェロエス（イブン・ルシュド）に関する節を書いていた。それにブラバンのシゲルスを加えて、世界創造論や二重真理説や知性単一説を紹介することにしていたが、あまりにも紙幅をとりすぎるために、第五章のマンデヴィル、スミスの慈善観を取り扱った節と同様、今回は、掲載することを断念した。しかしながら、二重真理説が、本書が取り扱っているオッカムにも、マルシリウスにも、もちろん、スピノザにも強い影響を与えていることに改めて気づかされたことは幸いであった。機会があれば、スピノザ論と合わせて、再びまとめてみたいと考えている。第四章は『両インド史』に対するディドロの寄与に焦点を絞って書かれた論文に、その後、拙訳の進捗もあり、大幅に手を入れるとともに、レーナルについても伝記的記述を補足した。『両インド史』の「主戦場」とも言える『西インド篇』に関しては、その上巻を読者にお届けすることができた。さらに翻訳を進めていきたいと考えている。

最後に、異端の社会思想家ランゲについては、食料調達と一七－一八世紀のフランス王政の政策との関係に関連したスティーヴン・カプランの諸研究とマーヴィン・ハリスの人類学的研究を新たに考察の触媒とした。後者については、是非、『ヒトはなぜヒトを食べたか――生態人類学から見た文化の起源』（鈴木洋一訳、ハヤカワ文庫）をお読みいただきたい。彼の文化唯物論の斬新な考え方は、スピノザとランゲを理解するうえでとても役に立つように思われるからである。

第一章と第六章は、純粋な書下ろしとなっている。もちろん、長年付き合ってきたスピノザ哲学がこの二章の動力因となっている。この部分ではとくにカント哲学について多く言及していたのだが、紙幅の関係で省略した。これらも含めて、機会があれば、新たな著作で論じてみたいと思っている。

拙い西欧思想史研究の一端を紹介できる機会を作ってくださった田中秀夫愛知学院大学教授と京都大学学術出版会編集部に感謝申し上げたい。田中教授には、ランゲの『市民法理論』の翻訳を京都大学学術出版会（近代社会思想コレクション）にご紹介いただいて以来、近代社会思想史について、いろいろとご教示いただいている。また、本書には、田中教授の退官記念論集への寄稿論文や氏の編集になる『野蛮と啓蒙──経済思想史からの接近』(京都大学学術出版会)への寄稿論文をベースにした論考も含まれている。機会あるたびにお誘い下さり、大変感謝している。

思想史研究は独立した研究分野をなしてはいない。そのような学会も存在しない。ここで扱った西欧諸思想が宗教＝哲学思想であったり、政治思想であったり、経済思想であったり、社会思想であったりすることにも、そのことは表れている。どの学問分科にも属さない思想史研究を、著者は、現代社会に対する強い批判意識から、現代の社会的諸関係のルーツを探るために、過去の思想を歴史的、系統的に学ぶというのが思想史研究の意味だと考えている。その点では、思想史研究はマキアヴェッリ的、トクヴィル的研究分野なのである。だから、本書を通じて、若い世代の人びとが、自分が生き抜かなければならないこの現代世界を批判的に見ることから、過去の思想を学ぶように触発されることを望んでいる。

今回も京都大学学術出版会の國方栄二氏にご苦労をおかけした。いろいろと示唆を下さり、多少、本書も読みやすくなったかと思う。努力の至らないところをお詫びしつつ、この場を借りて、氏をはじめとする学術出版会のスタッフの皆さんにも謝意を評しておきたい。

二〇一五年初秋

著者記す

注

＊　引用文は叙述の都合上、著者が変更した場合がある。

第一章

（1）『ギリシア人は神話を信じたか？』（拙訳、法政大学出版局）と題して古代ローマ史家のポール・ヴェーヌは、信仰論と神話学について自由闊達に論じた。一九八三年のことである。私の議論の展開はこの書物に触発されている。

（2）『判断力批判』、篠田英雄訳、岩波文庫、下、七九ページ。

（3）同書、上、三八ページ。

（4）喜劇『気で病む男』でモリエールが皮肉ったスコラ哲学者の論理である。原文はラテン語で"in opium virtus dormitiva"、すなわち「アヘンはどうして人を眠らせるのですか？」と問われた学者が「なぜなら、アヘンのなかには眠らせる力が存在するからですよ」と答えたというのである。

（5）『判断力批判』、前掲、下、八〇ページ。

（6）『両インド史　東インド篇』拙訳、法政大学出版局、下巻、四三―四四ページ。

（7）この長篠の戦いをめぐっては、信長の鉄砲隊と武田勝頼の騎馬隊の激突という通説に対して、実にもっともな批判がある。批判者はこの時期の合戦の物理的常識に従っている。したがって、「三千丁の鉄砲を三列に分けて千丁ずつの一斉射撃」という通説はもう一度検討されるべきである。鉄砲の数は、ほぼ千丁程度と考えられる（藤本正行『長篠の戦い』、洋泉社、九一ページ）。とはいえ、織田信長の旗本だけでなく、信長配下の武将も鉄砲隊を持っていたというのだから、鉄砲の普及には目を見張るものがあることに変わりはない。

（8）『中世の秋』、兼岩正夫、里見元一郎訳、角川文庫、下、八ページ。

（9）『両インド史　東インド篇』、前掲、下巻、二六〇―二六二ページ。

（10）Francis Fukuyama, *The End of History and the Last Man*, Penguin, New York, 1992, Chap.20. 邦訳は渡部昇一訳（『歴史の終わり』、三笠書房）で出ている。

（11）ヘーゲルは真理を実体としてだけではなく、主観としても理解し、表現しなければならない、と『精神現象学』の冒頭で言っている。もっと端的には、こういう生きた実体は「自己が他者となることを自己自身に媒介する働き」をなすのである。ところで、「思惟において私は自由である」ということになれば、やがては「弁証法的に」自由である自己は自然必然性の実体と合一し、世界を完成させるのである。

（12）実際、レオナルド・ダ・ヴィンチは、鳥の飛翔を研究し、「おまえの鳥は蝙蝠以外のものを摸倣してはならない」（『レオナルド・ダ・ヴィンチの手記』、杉浦明平訳、岩波文庫、下、一一四ページ）と言っている。「おまえの鳥」とは飛行機のことである。

（13）本書、第三章、第二節参照。

（14）恐怖感については、第六章参照。

（15）『エチカ』、第二部定理二九系。『エチカ』、その他、スピノザの著作は、すべて畠中尚志訳、岩波文庫版を用いた

(16) 同書、第四部定理一八備考。

(17) マルクスの『資本論』がランゲの「法の精神」に狙いを定めていたことは、盟友フリードリヒ・エンゲルスが『資本論』で補った次の文言でも明らかである。「より高度な経済的社会構成体の見地からは、個々の個人による地球の私的所有は、ある人間による他の人間の私的所有と同じくまったく馬鹿げたものと見えるであろう」。(第三巻、第六篇、第四六章)この新しい人間結合では、一切の奴隷制が社会とともに廃棄されていると同時に、私的所有も廃棄されているのである。

(18) 本書、第五章、第一節参照。

第二章

(1) 『薔薇の名前』は著述の都合上、原書(U. Eco, *Il nome della rosa*, Bompiani, 2004)から自由に引用した。邦訳は、東京創元社から河島英昭訳で出ている。映画化したのは、フランス人の映画監督ジャン＝ジャック・アノー。一九八六年にショーン・コネリーがウィリアム役、クリスティアン・シュレーターがアドーゾ役を演じた。

(2) G.de Ockham, *Opera philosophica et theologica*, St.Bonaventure, New York, 1967, I, p.74. オッカムの著作については、フランシスコ会研究所編集のこのオッカム著作集を使用した。邦訳は、現在、創文社と知泉書館から刊行中である。

(3) G.de Ockham, *Reportatio*, II, q. 19.

(4) G.de Ockham, *Summa Logicae*, I, 64.『オッカム『大論理学』註解』、渋谷克己訳、創文社、第二巻訳註参照。

(5) 『マタイによる福音書』、新共同訳、第二六章、第二六－二八節。

（6）「祭壇の秘跡について」、『宗教改革著作集1』、出村彰訳、教文館、所収、一二四ページ。
（7）同書、一二一ー一二二ページ
（8）この実体の「無化」説はアヴィニョンの検閲に引っかかった。
（9）オッカムによると、このトマスの解釈は、神の無限の力を人為的に天上に限定するもので、受け入れられない。パンのなかに入り込むのは、神のパワーの拡張だというのである。
（10）ノーマン・コーン『千年王国の追求』、江河徹訳、紀伊國屋書店、三〇ページ。
（11）「教皇権力に関する八提題」、『宗教改革著作集1』前掲、七一ページ。
（12）『宗教改革著作集　第一巻』にこれらの諸作品の抄訳がある。
（13）「信仰を持った人びとにおいては、信仰は、いかなるやり方でも、人間的知性に結びつけられない」。(*Dialogus*, Ia, II, Cap.30, p.432.)
（14）イブン・ルシュドのイブンは、アラビア語で、息子を意味するが、当時イベリア半島で、お決まりの弾圧など受けずに、暮らしを営むことができていたユダヤ人がイブン・ルシュドのイブンをヘブライ語のアヴェンに直し、アヴェルシュドと呼んでいたところから、ラテン世界では、彼はアヴェロエスと称されるようになった。
（15）Marsilio, *Il difensore della pace* (Defensor Pacis), Rizzoli, 2001, vol. II, cap.XIX, §2, pp.800-801.
（16）*Dialogus*, Ius, IIIae, III, Cap.22, p.840.
（17）『コーラン』2s, 219. s の略号は章を示し、数字は小節を示す。
（18）2s, 219.
（19）16s, 69.

(20) 2s, 219.

(21) 4s, 46.

(22) 5s. 90–91.

(23) 「利息を食らう人びとは、悪魔の一撃を食らって倒された者のような振る舞いしかしない。……アッラーは、商売はお許しになった。だが利息は禁じ給うた。……利息を食らう人びとはそれこそ地獄の劫火に定められて、永遠にそこにとどまることになる！」(2s, 275.)

(24) 「イスラム教は東方人、とりわけアラビア人のためにできた宗教であり、したがって一方では商工業を営む都会人のために、他方では遊牧のベドウィン族のためにできた宗教である。だが、ここに周期的に繰り返しておこる衝突の萌芽がある。都会人は裕福で、ぜいたくで、『戒律』を守るうえでだらしないものとなる。ベドウィン族は貧しくて、そのために道徳堅固で、都会人の富や享楽をねたみとうらやみの念をもってながめる。そうなると、こういう背教者たちを懲らしめ、儀礼と真の信仰への尊敬を再建し、骨折り賃として背信者の財宝を手に入れるために、彼らはひとりの預言者、すなわちマハディーのもとに一致団結する」(F・エンゲルス、『原始キリスト教史によせて』、『マルクス・エンゲルス全集』(川口浩訳、大月書店、第二二巻所収、四四六ページ)。

(25) *Dialogus*, Ius, IIIae, III, Cap.22, p.840.

(26) G. De Lagarde, *La naissance de l'esprit laïque au déclin du moyen âge*, Editions E. Nauwelaerts, Louvain, vol. V, p.150.

(27) 『宗教改革著作集　1　宗教改革の先駆者たち』、池谷文夫訳、教文館、二五ページ。

(28) 同書、二六―二七ページ。

(29) 同書、三六ページ。

(30) Occam, *Contra Joannem, Opera politica*, t. III, p.73.

(31) Ibid., pp.47, 49, 54, 66–67.

(32) P. Bayle, *Dictionnaire historique et critique*, Amsterdam–Leide, 1730, III, p.379.

(33) G. Piaia, *Marsilio e dintorni,Contributi alla storia delle idee*, Editrice Antenore, Padova, 1999, p.108–109.

(34) E. Garin, *Storia della filosofia italiana*, Einaudi, Torino, 1966, vol. I, p.171.

(35) この時代のパリ大学学長は、学部への進学のための教養部に相当する自由技芸学部の学部長職を兼ねた役職で、任期は三ヶ月しかなかった。すでに述べたように、若くしてこの重責を担った教授は、マルシリウスだけではない。

(36) G. De Lagarde, *op. cit.*, vol. III, p.9.

(37) ギリシア神話では、パドヴァの創建者とされる。アンテノルの名はウェルギリウスの『アエネーイス』（I, 246）にも見える。

(38) Marsilio: *op.cit.*, I, cap.I, §6, p.12–13.

(39) Ibid., II, cap.V, §7, vol. I, pp.384–385.

(40) Ibid., II, cap.X, §3, vol. I, pp.498–501.

(41) Ibid., II, cap.XXV, §6, vol. II, pp.960–961.

(42) M.Clauss, *Ludwig IV.–der Bayer*, Verlag Friedrich Pustet, Regensburg, 2014, p.77.

(43) Ibid., p.78.

(44) 本書は一三四〇年から翌年にかけて執筆されたという説がある（Cf., M.Merlo, *Marsilio Da Padova. Il pensiero della politica come grammatica del mutamento*, Franco Angeli, Milano, 2003, p.41）。これを信じるなら、マルシ

リウスは、死の直前まで執筆活動を続けていたことになる。

（45） Marsilio, *op.cit.*, I, cap.IV, §2, pp.32–33.

（46） アリストテレス、『政治学』、山本光雄訳、岩波文庫、一二六ページ。ただし、マルシリウスは、「国民団」を「人民」（populus）もしくは「市民たちの共同体」（civium universitas）と見なしている。

（47） Ibid., I, cap.X, §1, pp.98–99.

（48） Ibid., I, cap. VI, §8, vol. I, pp.66–67.

（49） S.Simonetta, *Dal difensore della pace al leviatano, Marsilio da Padova nella'Inghilterra del Seicento*, Edizioni Unicopli, Milano, 1999, p.30.

（50） Marsilio, *op.cit.*, I, cap. IX, vol. I, p.82–83.

（51） Ibid., I, cap. IX, vol. I, pp.84–85.

（52） Ibid., I, cap.XI, §1, vol. I, pp.108–109.

（53） Ibid., I, cap.XI, §5, vol. I, pp.120–121.

（54） Ibid., I, cap. XII,§3. vol. I, pp.130–131. これは、注（46）で引用したアリストテレスの定義を発展させたものである。

（55） Ibid., I, cap.XVIII, §3, vol. I, pp.252–253.

（56） Ibid., II, cap. I, §1, vol. I, pp.282–285.

（57） Ibid., II, cap. I, §1, vol. I, pp.286–289.

（58） *Marisile de Padoue: Œuvres mineures, Defensor minor*, CNRS, Paris, 1979, pp.172–175.

（59） Gregorio Piaia, L'idea di sovranità poplare in Marsilio da Padova e Guglielmo Amidani, *op. cit.,* p.105.

第三章

＊ 本章は、京都大学経済学会の研究紀要『経済論叢』（二〇一三年四月、田中秀夫教授退官記念号）に掲載された論文「近代的国家観の異端――マキアヴェッリからスピノザへ――」に加筆修正を行なったものである。

（1） ディドロは、『君主の政治原理』（拙訳、『ディドロ著作集』、法政大学出版局、第三巻所収）のなかでフリードリヒ二世の偽善性を激しく罵っている。彼こそは「本当の無神論」であり、それは「玉座」にこそ隠れているのである。「大部分の君主にとっては、神聖なものなどひとかけらもない、神の法もない、人間の法もない。ほとんど全員がこう考えている。神を恐れる人間はそんなに長く臣民から恐れられないだろうし、正義を尊ぶ人間は隣人からすぐに軽蔑されるだろう、と」（同書、一一〇ページ）。「神を恐れる」云々はマキアヴェッリそのものである。

（2） Jacob Soll, *Publishing the Prince: history, reading, and the birth of political criticism*, University Michigan Press, 2005, pp.95-96, n.32.

（3） 『イタリア・ルネサンスの文化』、柴田治三郎訳、中公文庫、上巻、一一六ページ。

（4） 『君主論』、河島英昭訳、岩波文庫、五二―五三ページ。

（5） 『政略論』、永井三明訳、中公バックス、二一五ページ。

（6） 同書、二一四―二一五ページ。

（7） 一六七四年六月二日、ヤーラッハ・イエーレス宛。『スピノザ往復書簡集』、二三八―二三九ページ。

（8） 『政略論』、四八六ページ。

（9） 同書、三五三ページ。

（10） 同書、四八七ページ。

（11）『君主論』、一二六―一二七ページ。
（12）同書、一二七―一二八ページ。
（13）『市民法理論』、拙訳、京都大学学術出版会、二五九ページ。
（14）同書、一三三ページ。
（15）『君主論』、一三七―一三八ページ。
（16）『市民法理論』、五八二ページ。
（17）『君主論』、一二八ページ。
（18）同書、一三二ページ。
（19）『政略論』、一六八ページ。
（20）『君主論』、一三八ページ。
（21）S.-N.-H. Linguet, *Annales politiques, civiles et littéraires du dix-huitième siècle*, t. I, Londres, 1777, p.103. 拙著『思考の自由とはなにか』、晃洋書房、一五一―一五二ページ参照。
（22）『政略論』、一七九―一八〇ページ。
（23）ヤン・デ・ウィットの惨殺後、出された反ウィットのパンフレットによる表現。S.Nadler, *A Book Forged in Hell*, Princeton University Press, Princeton and Oxford, 2011, p.231.
（24）『神学＝政治論』、下巻、二七一―二七二ページ。
（25）同書、下巻、二七四ページ。
（26）とくに一一九―一二〇ページ。
（27）violentum というラテン語の語源は vis すなわち「力」である。訳者はここでは、「圧制的な」という訳語を当てている。

(28) 『神学=政治論』、下巻、二七一―二七二ページ。

(29) 「しかし、人間が万事について自己自身の気質にしたがって判断を下し、その範囲内において、あれこれの感情に囚われることを最高権力といえども、妨げることは決してできない」(同書、下巻、二七三ページ)。

(30) 「最高権力は絶対的な力を持たず、したがって、絶対的権利を持たない」、「最高権力の権利は、その力によって規定されている」(同書、下巻、二七三―二七四ページ)。また、「各人の自然権はその人間の力によってのみ決定される」(同書、下巻、一七二ページ)。

(31) 同書、下巻、二七二―二七三ページ。

(32) 同書、下巻、二七一ページ。ここで用いられている linguis というラテン語は、「言葉」と訳されるから、言論の意である。「考えていることを言う自由」(同書、下巻、二八七ページ)あるいはもっと直截に「人間が話す自由 (libertas loquendi hominibus)」(同書、下巻、二八一ページ)とも言い換えられている。

(33) 同書、下巻、二七四ページ。『国家論』では、大学における教育の自由が主張される。「国費で建てられる諸大学は、精神を涵養するためよりはむしろ、これを抑制するために設立される。しかし、自由国家にあっては、学問並びに技芸は、公然と教師として立つことを希望する誰にでも許し、しかもそれをその者の費用、その者の責任においてなさしめるときにもっとも繁栄する。」(『国家論』、一五二ページ) これはつまり私学における教育の自由である。

(34) 同書、下巻、二七二ページ。

(35) 同所。
(36) 同書、下巻、二八二ページ。
(37) この点については、『神学＝政治論』の第一三章の全体を参照。
(38) 同書、下巻、二七四ページ。
(39) 同書、下巻、二八五ページ。
(40) 同書、下巻、二八六ページ。
(41) 同書、下巻、二七五ページ。
(42) 『書簡集』、二三七―二三八ページ。
(43) 『国家論』、九―一〇ページ。
(44) 『書簡集』、三一四―三一五ページ。S・ナードラー『スピノザ、ある哲学者の人生』、有木宏二訳、人文書館、五〇六―五二〇ページ参照。
(45) 『書簡集』、三一五ページ。オルデンブルク宛。「『神学＝政治論』のなかで世の学者たちの疑惑を招いた箇所はどこかを私に指摘していただけませんか。私はこの論文の解説のために若干の註を付し、この論文に対して抱かれているもろもろの偏見をできる限り取り除きたいと思っているのです」。この書簡は一六七五年九月頃に書かれたと推定されている。さらに同年一一月一五日付けのスピノザ宛の返事でオルデンブルクは、「貴下は、『神学＝政治論』のなかで読者に衝撃を与えている箇所を解明し、緩和しようと御計画なさっているとのことですが、これは大変結構なことだと思います」として、まず訂正すべきは、「神即自然」という「混同」と奇蹟否定だと指摘している。しかし、一六七五年末のオルデンブルク宛の書簡（三二九ページ）で明らかなように、オルデンブルク自身の最大の疑問は、スピノザが自由意志を否定し、「すべての行動の運命的必然性を主張している」ことにあった。これは世間一般の疑問でもあった。

(46)『国家論』、一三ページ。「この学問に関することを、数学を取り扱うのと同様の囚われない精神で探求する」。

(47) Paolo Cristofolini, Peuple et Multitude dans le lexique politique de Spinoza, *in* Chantal Jaquet, Pascal Sévérac et Ariel Shuhamy, *La multitude libre, Nouvelles lectures du Traité Politique*, Éditions Amsterdam, 2008, p.51.

(48)『書簡集』、二三七―二三八ページ。ホッブズ『市民論』、本田裕志訳、京都大学学術出版会、一二八―一三〇、一四〇―一四二ページ。

(49) J. Freudenthal, *Lebensgeschichte Spinoza's*..., Leipzig, 1899, pp.64–65.

(50)『国家論』、一三ページ。

(51)『国家論』、一五三ページ。スピノザは、アムステルダムを民主制国家と見ていたが、全体としてのオランダは、各都市とも名士が支配する貴族国家に類似していた。

(52)『国家論』、一一三ページ。

(53)『国家論』、一一一ページ。

(54)『国家論』、一一一―一一二ページ。

(55)『国家論』、一七八ページ。

(56)『国家論』、一六六ページ。

(57)『国家論』、一六四ページ。

(58) コルネリウス・デ・ウィットが指揮した海戦では、オランダ海軍はイギリス海軍と互角に戦い、敵を撃退した。

（59）『国家論』、一六三ページ。

（60）『国家論』、一四八ページ。

（61）『国家論』、一六五ページ。

（62）『国家論』、一六六ページ。

（63）『国家論』、一七八ページ。

第四章

＊　本章のベースになったのは、雑誌『思想』（岩波書店）の一九八四年一〇月号に掲載された論文「啓蒙の植民史へのディドロの寄与」である。

＊＊『両インド史』には、初版（七〇年）、七四年版、八〇年の決定版と、基本的には三つの異なる版がある。筆者は、初版については、アムステルダム、八折判全六巻、七四年版については、ジュネーヴ、四折判全三巻（七五年刊）、八〇年版については、ジュネーヴ、十二折判全一〇巻（八一年刊）を用いた。なおヴォルテール・ファウンデーションから現在、注記を充実させた決定版が多くの研究者の国際的協力で刊行中である。日本語への翻訳では、法政大学出版局から『東インド篇』が拙訳で刊行され、『西インド篇』についても、中南米篇の上巻が刊行されているので、必要な場合には、これらを用いた。

（1）*Lettre apologétique de l'abbé Raynal à Monsieur Grimm*, *Œuvres philosophiques*, édit. de P. Vernière, Paris, 1964, pp.638–640.

（2）F. Venturi, *La caduta dell' Antico Regime*, Torino, 1981, p.69.

（3）*"Correspondance littéraire"*, édit. par M. Tourneux, Paris, 1879（réimpr. 1968）, t. X, p.454.

（4）F. Diaz, *Filosofia e politica nel Settecento francese*, Torino, 1962, p.519.

（5）T.8, Liv. XV, chap. 10, p.168（D.）.『両インド史』については、巻、篇、章の順にT.8, Liv. XV, chap. 10のように略記し、引用文のうち、ディドロの執筆部分については、（D.）と略記する。なお七五年版、七〇年版については冒頭に、75のように数字で示す。

（6）75, T.3, Liv. XIV, chap. 6, p.16.

（7）インドの植民地ポンディシェリ陥落の責任を問われたラリー伯爵は、本国に召還されて、裁判ののちに処刑されたが、ヴォルテールは、七三年に復権闘争を開始し、死の直前に、不幸な伯爵の復権を勝ち取る。

（8）六月一一日にランスで挙行された戴冠式に関して、寛容の士テュルゴーは「異端絶滅の約束を王の誓約から除くよう」申し入れるとともに、財政上の理由からその規模を縮小するように上申していたが、いずれもルイ一六世によって無視された。

（9）"*L'Année littéraire*", 1775, III, pp.233–253.

（10）ディドロもネッケルと親密な関係をもち、彼の登場に期待を寄せていた。そればかりか、ディドロは『両インド史』第三版に、救貧院設立に尽力したネッケル夫人を礼讃する長い文言を挿入した（T. 6, Liv. XII, chap. II, pp.274–282.）。

（11）『両インド史　東インド篇　上巻』、七ページ。

（12）T. 8, Liv. XV, chap. 4, p.55（D.）.

（13）『両インド史　西インド篇　上巻』、一三七ページ。

（14）T.10, Liv. XIX, chap. 15, p.390（D.）.

（15）『両インド史　西インド篇　上巻』、五九ページ。
（16）T. 6, Liv. XI, chap.24, p.154（D.）.
（17）T. 5, Liv. X, chap. 1, p.189（D.）.
（18）T. 6, Liv. XII, chap. 18, pp.312-313.
（19）『両インド史　西インド篇　上巻』、三〇七－三一三ページ。
（20）D. Diderot, *Essai sur les règnes de Claude et de Néron, et sur les moeurs et les écrits de Sénèque*, Londres, 1782, *Œuvres complètes*, édit. de R. Lewinter, Paris, 1972, t. XIII, pp.321-322.
（21）『両インド史　西インド篇　上巻』、二二二ページ。
（22）ピケテロスとは多国籍企業と禿鷹ファンドの横暴に抗議して道路封鎖に打って出た先住民たちのことである（C・エステベス、C・タイボ篇『反グローバリゼーションの声』、拙訳参照、晃洋書房）。
（23）『両インド史　西インド篇　上巻』、四一五ページ。
（24）同書、二〇〇－二〇一ページ。
（25）同書、四三九－四四〇ページ。
（26）同書、四八五ページ。
（27）『両インド史　東インド篇　下巻』、二〇二－二〇三ページ。
（28）J. I. Israel: *Radical Enlightenment, Philosophy and the Making of Modernity 1650-1750*, Oxford University Press, Oxford, 2001, p.710.
（29）ローについては、『両インド史　東インド篇　下巻』、六六－九二ページ、ルイ一六世への建言については、八四－九一ページ参照。

(30)『両インド史　東インド篇　上巻』、訳者解説、六八八ページ。
(31)『両インド史　西インド篇　上巻』、四ページ。商人が哲学者となる典型例はスピノザであった。
(32) T. 6, Liv. XI, chap. 10, p.60 (D.).
(33)『エチカ』、下巻、五二ページ。
(34)『神学＝政治論』、下巻、一六八ページ。
(35) T. 9, Liv. XVIII, chap. 42, pp.212–218 (D.).
(36) *Essai sur les règnes de Claude et de Néron...*, Lewinter, t. XIII, pp.329–330.
(37)『両インド史　東インド篇　上巻』、二三五ページ。
(38)『両インド史　西インド篇　上巻』、二七七－二八〇ページ。
(39)『両インド史　東インド篇　上巻』、四四七－四四八ページ。
(40) S.-H.-N. Linguet, *Du pain et du bled*, Bruxelles, p.54.
(41)『両インド史　東インド篇　上巻』、四三九ページ。
(42) 同書、四四三ページ。
(43) T. 5, Liv. X, chap. 1, pp.189–193 (D.). 邦訳、A・リシュタンベルジェ、前掲、五一二ページ。
(44)『両インド史　西インド篇　上巻』、三九四－三九五ページ。
(45) T. 9, Liv. XVIII, chap. 42, p.220 (D.).
(46) T. 10, Liv. XIX, chap. 15, p.388 (D.).
(47) T. 9, Liv. XI, chap. 20–22 (D.).
(48)『両インド史　東インド篇　上巻』、四六三ページ。

（49） L. -S. Mercier, *L'An deux mille quatre cent quarante, Rêve s'il en fut jamais*, Londres, 1774, p.141. 邦訳参照、原宏訳『二四四〇年　またとない夢』、『啓蒙のユートピア』第三巻所収、八二ページ。

（50） 75, t. 2, Liv. XI, chap. 74, p.414（D.）.

（51） T. 6, Liv. XI, chap. 42, pp.182–183（D.）.

（52） A. Seghers, *Das Licht auf dem Galgen*, Leipzig, 1968, p.18. 旧東独の女流作家アンナ・ゼーガースは『絞首台の光』で、トゥッサン・ルヴェルチュールの史上初の黒人共和国設立史を描いた。本書では、同時期のジャマイカ島における反英黒人暴動についても言及されている（p.30f.）。『精神現象学』執筆時と同時期に起こったトゥッサンの叛乱についてヘーゲルが無視していることに関連させて、最近では、スーザン・バック＝モースが、ヘーゲルの主と奴の弁証法のいんちきぶりと人種主義を暴いている（Susan Buck–Morss, Hegel and Haiti in *Critical Inquiry*, Vol.26. No.4, 2000, pp.821–865.）［邦訳、高橋明史、「ヘーゲルとハイチ」、『現代思想――ヘーゲル特集』、青土社、二〇〇七、一四四－一八三ページ］。この見解は、年来、著者と共通したものである（『思考の自由とはなにか』、晃洋書房、第二章、第三節参照）。

（53） J. Fabre, *Les Pères de la Révolution, De Bayle à Condorcet*, Paris, 1910, p.525.

（54） *"Annales politiques, civiles et littéraires du XVIIIe siècle"*, Londres et Paris, 1772–1792 (réimpr. 1970), t. I, pp.102–103.

（55） 『エカテリーナ二世との対談』、『ディドロ著作集、第三巻、政治・経済』、野沢協訳、法政大学出版局所収、二六一ページ。

（56） *Observations sur le Nakaz*, 1774, *Œuvres politiques*, édit. de P. Vernière, 1963, p.365.

（57） *Lettre apologétique de l'abbé Raynal à Monsieur Grimm*, in *Œuvres philosophiques*, édit. de P. Vernière, Paris, 1964, p.629.

（58） Ibid., p.632.

（59） T. 10, Liv. XIX, chap. 2, p.122.

（60） Ibid., pp. 33–34（D.）. 邦訳参照、A・リシュタンベルジエ、『十八世紀社会主義』（野沢協訳、法政大学出版局、一五九ページ）。

（61） Ibid.

（62） S.-N. -H. Linguet, *Du plus heureux gouvernement, ou...*, Londres, 1774 (réimpr.1970). t. 2, chap. 14, p.13.

（63） T. 9, Liv. XVIII, chap. 49, pp.294–295（D.）.

（64） T. 10, Liv. XIX, chap. 2, pp.36–37（D.）.

第五章

＊ 本章は、雑誌『思想』（岩波書店）の一九九二年八－九月号に「ランゲの社会生成論」と題して寄稿した論文と二〇一四年にまとめられた田中秀夫編、『野蛮と啓蒙――経済思想史からの接近』（京都大学学術出版会）への寄稿論文「ランゲと近代社会批判」をベースにして、新たに書き直したランゲ論である。

（1） この忘れ去られた思想家ランゲの主著は、*La Théorie des loix civiles, ou principes fondamentaux de la société.* と題されていて、わが国では『民法理論』という書名で知られていた。拙訳では、『市民法理論』（京都大学学術出版会）というタイトルを付けることによって、その思想のアクチュアリティを強調した。

（2） 『市民法理論』、七〇二ページ。

（3） K・マルクス『経済学批判要綱』、高木幸二郎監訳、大月書店、Ⅱ、二二一ページ。

（4） K・マルクス『剰余価値学説史』、岡崎次郎、時永淑訳、国民文庫版、3、八三ページ。

（5） 『市民法理論』、七三二－七三三ページ。

(6) 同書、七三一―七三二ページ。
(7) 同書、七三一―七三二ページ。
(8) 同書、七三八ページ。
(9) 同書、二三九ページ。
(10) 邦訳（抄訳）、吉田春美訳、河出書房新社。
(11) フランスの歴史年誌、『アナール』の、一九八一年、第三六号に掲載されたJ・ムーヴレの著作に関するカプランの書評。
(12) 邦訳、野沢協訳、法政大学出版局、二六一ページ。
(13) 『市民法理論』、一三三ページ。
(14) 同書、五四一ページ。
(15) 『両インド史　西インド篇　上巻』、八一―八二ページ。
(16) 『市民法理論』、七〇八―七一五ページ。『法の精神』、野田良之他訳、岩波文庫、中、六二ページ。
(17) 同書、二六二ページ。
(18) 同書、二六二―二六三ページ。
(19) 同書、一二三ページ。
(20) 同書、一二三ページ。
(21) 同書、一二七ページ。
(22) 同所。
(23) 同書、一二九ページ。

(24) 同書、一二九—一三〇ページ。
(25) 同書、一三〇ページ。
(26) プロレタリアの語源は、ラテン語のプローレス(proles)で、ローマ帝国時代、子ども以外に自分の財産を持たない貧民を指した。なぜ子どもが所有財産だったかと言えば、ローマ法に規定されているように、父親には、子どもを売り払う自由が認められていたからである。しかし、ここでも、罠にはまってはいけないが、ローマ法は、プローレスの存在を前提にしていたということである。無所有者がいなければ、子どもを財産と考える人間はいない。
(27) 同書、一三一ページ。
(28) 同書、一九二—一九三ページ。
(29) 同書、七〇〇ページ。
(30) 同所。
(31) 同書、七〇二ページ。
(32) 同所。
(33) 同書、七一三ページ。
(34) 同書、七〇〇—七〇一ページ。
(35) 同書、六八八ページ。『詩篇』第八四章、第五—七節。
(36) 同書、七三二ページ。

第六章

（1）『啓蒙主義の辺境への旅』、世界思想社、八－一一ページ。
（2）『啓蒙とは何か』、篠田英雄訳、岩波文庫、一〇－一一ページ。
（3）『倫理の大転換』、行路社、二六－二九ページ。
（4）同書、二九ページ。
（5）スピノザの座右の銘はラテン語でCaute!（「注意せよ」）であった。

事項索引

［サ］

人名索引（架空の人物、役職などを含む）

［サ］

［タ］

大津　真作（おおつ　しんさく）

1945年大阪府に生まれる。
甲南大学名誉教授。
専門はヨーロッパ社会思想史。

主な著訳書

『啓蒙主義の辺境への旅』（世界思想社、1986）、『市民社会思想史I』（高文堂出版社、1996）、『市民社会思想史II』（高文堂出版社、1997）、『理性と愛』（高文堂出版社、2004）、『倫理の大転換』（行路社、2012）、『思考の自由とはなにか』（晃洋書房、2012）など。

ヴェーヌ『歴史をどう書くか』（法政大学出版局、1982）、ヴェーヌ『ギリシア人は神話を信じたか』（法政大学出版局、1985）、ジャルダン『トクヴィル伝』（晶文社、1994）、フュレ『フランス革命を考える』（岩波書店、1989）、レーナル『両インド史　東インド篇』上巻（法政大学出版局、2009）、レーナル『両インド史　東インド篇』下巻（法政大学出版局、2011）、ランゲ『市民法理論』（近代社会思想コレクション、京都大学学術出版会、2013）、レーナル『両インド史　西インド篇』上巻（法政大学出版局、2015）など。

学術選書

異端思想の500年

―グローバル思考への挑戦　　学術選書 073

2016年1月20日　初版第1刷発行

著　　者…………大津 真作
発 行 人…………末原 達郎
発 行 所…………京都大学学術出版会

京都市左京区吉田近衛町 69
京都大学吉田南構内（〒606-8315）
電話（075）761-6182
FAX（075）761-6190
振替 01000-8-64677
URL http://www.kyoto-up.or.jp

印刷・製本…………㈱太洋社
装　　幀…………鷺草デザイン事務所

ISBN 978-4-87698-873-0
定価はカバーに表示してあります

学術選書［既刊一覧］

＊サブシリーズ「心の宇宙」→[心]　「宇宙と物質の神秘に迫る」→[宇]　「諸文明の起源」→[諸]

001 土とは何だろうか？　久馬一剛
002 子どもの脳を育てる栄養学　中川八郎・葛西奈津子
003 前頭葉の謎を解く　船橋新太郎　[心]1
005 コミュニティのグループ・ダイナミックス　杉万俊夫 編著　[心]2
006 古代アンデス　権力の考古学　関 雄二　[諸]12
007 見えないもので宇宙を観る　小山勝二ほか 編著　[宇]1
008 地域研究から自分学へ　高谷好一
009 ヴァイキング時代　角谷英則　[諸]9
010 GADV仮説　生命起源を問い直す　池原健二
011 ヒト　家をつくるサル　榎本知郎
012 古代エジプト　文明社会の形成　高宮いづみ　[諸]2
013 心理臨床学のコア　山中康裕　[心]3
014 古代中国　天命と青銅器　小南一郎　[諸]5
015 恋愛の誕生　12世紀フランス文学散歩　水野 尚
016 古代ギリシア　地中海への展開　周藤芳幸　[諸]7
018 紙とパルプの科学　山内龍男
019 量子の世界　川合・佐々木・前野ほか編著　[宇]2
020 乗っ取られた聖書　秦 剛平
021 熱帯林の恵み　渡辺弘之
022 動物たちのゆたかな心　藤田和生　[心]4
023 シーア派イスラーム　神話と歴史　嶋本隆光
024 旅の地中海　古典文学周航　丹下和彦
025 古代日本　国家形成の考古学　菱田哲郎　[諸]14
026 人間性はどこから来たか　サル学からのアプローチ　西田利貞
027 生物の多様性ってなんだろう？　生命のジグソーパズル　京都大学総合博物館・京都大学生態学研究センター編
028 心を発見する心の発達　板倉昭二　[心]5
029 光と色の宇宙　福江 純
030 脳の情報表現を見る　櫻井芳雄　[心]6
031 アメリカ南部小説を旅する　ユードラ・ウェルティを訪ねて　中村紘一
032 究極の森林　梶原幹弘
033 大気と微粒子の話　エアロゾルと地球環境　笠原三紀夫・東野 達 監修
034 脳科学のテーブル　日本神経回路学会監修／外山敬介・甘利俊一・篠本滋編
035 ヒトゲノムマップ　加納 圭
036 中国文明　農業と礼制の考古学　岡村秀典　[諸]6

037 新・動物の「食」に学ぶ　西田利貞
038 イネの歴史　佐藤洋一郎
039 新編 素粒子の世界を拓く　湯川・朝永から南部・小林・益川へ　佐藤文隆 監修
040 文化の誕生　ヒトが人になる前　杉山幸丸
041 アインシュタインの反乱と量子コンピュータ　佐藤文隆
042 災害社会　川崎一朗
043 ビザンツ　文明の継承と変容　井上浩一　諸8
044 江戸の庭園　将軍から庶民まで　飛田範夫
045 カメムシはなぜ群れる？　離合集散の生態学　藤崎憲治
046 異教徒ローマ人に語る聖書　創世記を読む　秦 剛平
047 古代朝鮮　墳墓にみる国家形成　吉井秀夫　諸13
048 王国の鉄路　タイ鉄道の歴史　柿崎一郎
049 世界単位論　高谷好一
050 書き替えられた聖書　新しいモーセ像を求めて　秦 剛平
051 オアシス農業起源論　古川久雄
052 イスラーム革命の精神　嶋本隆光
053 心理療法論　伊藤良子　心7
054 イスラーム　文明と国家の形成　小杉 泰　諸4
055 聖書と殺戮の歴史　ヨシュアと士師の時代　秦 剛平
056 大坂の庭園　太閤の城と町人文化　飛田範夫
057 歴史と事実　ポストモダンの歴史学批判をこえて　大戸千之
058 神の支配から王の支配へ　ダビデとソロモンの時代　秦 剛平
059 古代マヤ　石器の都市文明［増補版］　青山和夫　諸11
060 天然ゴムの歴史　ヘベア樹の世界一周オデッセイから「交通化社会」へ　こうじや信三
061 わかっているようでわからない数と図形と論理の話　西田吾郎
062 近代社会とは何か　ケンブリッジ学派とスコットランド啓蒙　田中秀夫
063 宇宙と素粒子のなりたち　糸山浩司・横山順一・川合 光・南部陽一郎
064 インダス文明の謎　古代文明神話を見直す　長田俊樹
065 南北分裂王国の誕生　イスラエルとユダ　秦 剛平
066 イスラームの神秘主義　ハーフェズの智慧　嶋本隆光
067 愛国とは何か　ヴェトナム戦争回顧録を読む　ヴォー・グエン・ザップ著・古川久雄訳・解題
068 景観の作法　殺風景の日本　布野修司
069 空白のユダヤ史　エルサレムの再建と民族の危機　秦 剛平
070 ヨーロッパ近代文明の曙　描かれたオランダ黄金世紀　樺山紘一　諸10
071 カナディアンロッキー　山岳生態学のすすめ　大園享司
072 マカベア戦記㊤　ユダヤの栄光と凋落　秦 剛平
073 異端思想の500年　グローバル思考への挑戦　大津真作